Ali Maffucci

Das große SPIRALSCHNEIDER Kochbuch

Ali Maffucci

Das große SPIRALSCHNEIDER Kochbuch

Leichte Low-Carb-Alternativen aus Gemüse und Obst

riva

Bibliografische Information der Deutschen Nationalbibliothek:
Die Deutsche Nationalbibliothek verzeichnet diese Publikation in der Deutschen Nationalbibliografie.
Detaillierte bibliografische Daten sind im Internet über http://d-nb.de abrufbar.

Für Fragen und Anregungen:
info@rivaverlag.de

1. Auflage 2017

Nymphenburger Straße 86
D-80636 München
Tel.: 089 651285-0
Fax: 089 652096

Die Originalausgabe erschien 2016 bei Clarkson Potter/Publishers unter dem Titel *Inspiralize Everything. An Apples-to-Zucchini Encyclopedia of Spiralizing*. Copyright © by Ali Maffucci. This translation published by arrangement with Clarkson Potter/Publishers, an imprint of the Crown Publishing Group, a division of Penguin Random House LLC

Übersetzung: Manuela Schomann
Redaktion und Satz: Antje Eszerski für bookwise GmbH
Umschlaggestaltung: Laura Osswald, in Anlehnung an das Originallayout von Amy Sly
Umschlagabbildung und Abbildungen im Innenteil: Evan Sung

Druck: Firmengruppe APPL, aprinta Druck, Wemding
Printed in Germany

ISBN Print 978-3-7423-0080-5
ISBN E-Book (PDF) 978-3-95971-490-7
ISBN E-Book (EPUB, Mobi) 978-3-95971-489-1

»Alles, was Sie hier sehen, verdanke ich Spaghetti.« Sophia Loren

Für meinen besten Kumpel
und die Liebe meines Lebens:
Lu, dieses Buch widme ich Dir!

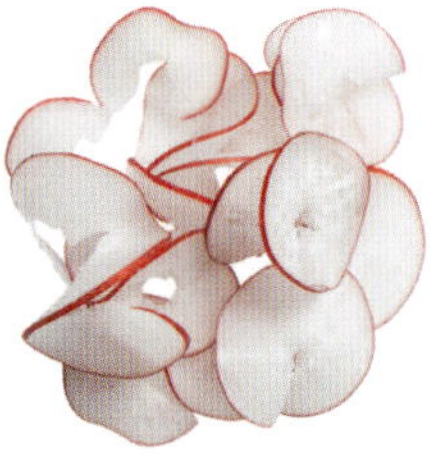

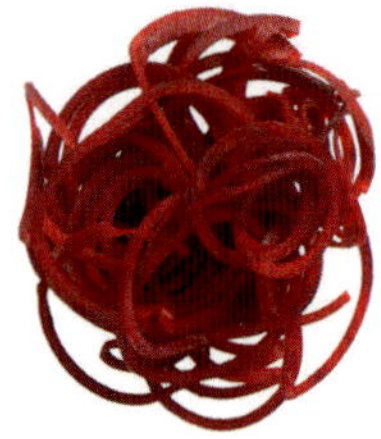

Inhalt

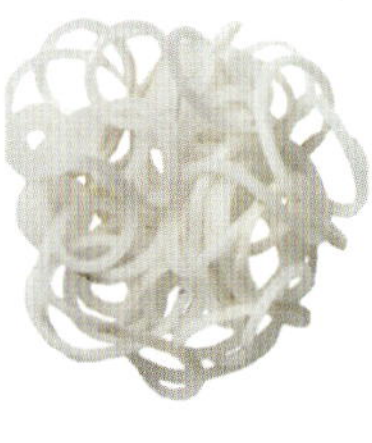

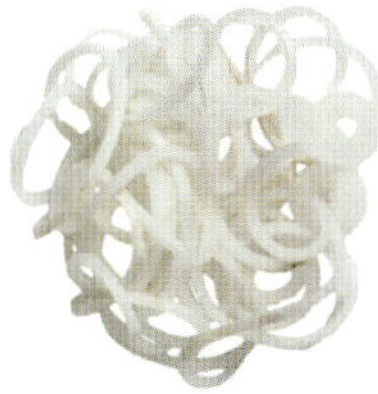

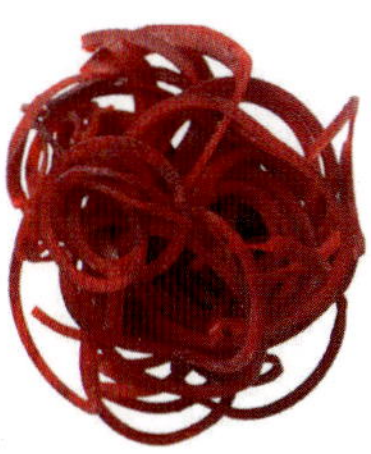

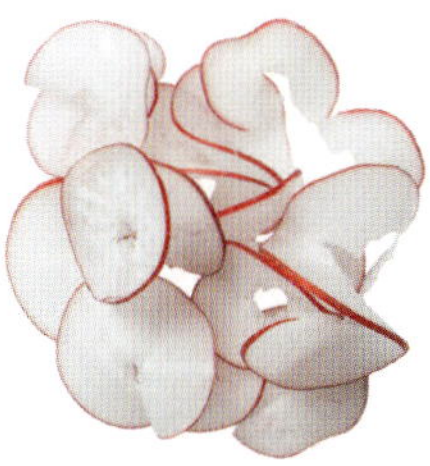

Einführung

An einem ganz normalen Samstagmorgen stehen mein Mann Lu und ich früh auf, gehen eine Runde joggen und steuern anschließend den Bauernmarkt bei uns um die Ecke an. Wir erkundigen uns, was es gerade Frisches auf dem Markt gibt, und plaudern ein wenig mit den Bauern. Viele unserer Mahlzeiten nehmen hier ihren Anfang – bei den Menschen, die unsere Lebensmittel anbauen und ernten. Wir schlendern über den Markt und füllen unsere Einkaufstaschen mit saisonalem Gemüse, das sich »spiralisieren« lässt (ein Wort, das sich zwar in keinem Wörterbuch findet, dafür aber in meinem ganz persönlichen Wortschatz). Eine bunte Palette an Gemüse wird auf dem Markt angeboten – rote Zwiebeln und Paprika, orangefarbene Karotten, Kartoffeln, Süßkartoffeln, Gelbe und Rote Beten, grüne Zucchini, Pastinaken, Steckrüben, Gurken, Kürbis und sogar violette Kohlrabiknollen. Beim Gang über den Markt überlege ich mir bereits, was wir die kommende Woche über essen werden – »Garnelen nach griechischer Art« (Seite 253), »Puten-Picadillo mit ›Nudeln‹ aus grüner Paprika« (Seite 50) oder vielleicht »Scharfsaure Suppe mit Daikon-Nudeln« (Seite 188)?

Ich erinnere mich noch gut an die erste Portion Zucchini-Nudeln meines Lebens. Meine Mutter, die Typ-1-Diabetikerin ist, experimentierte mit Rohkost. Dabei entdeckte sie die Technik des Spiralisierens und lud mich zu einem asiatisch angehauchten Gericht aus rohen Zucchini-Nudeln ein. Als ich die knackigen grünen »Nudeln« auf meine Gabel drehte, hatte ich so meine Bedenken. Da ich in einer italienischstämmigen Familie aufgewachsen bin, war ich daran gewöhnt, Riesenportionen Spaghetti zu essen und knusprige, im Ofen aufgewärmte Weißbrotscheiben in die Saucenreste auf dem Teller zu tunken. Wie sollten rohe, aufgeschnittene Zucchini da mithalten können? Nun, dieses spiralisierte Essen änderte tatsächlich mein Leben.

Wer meine Geschichte kennt, weiß, dass ich an jenem Abend den Spiralschneider meiner Mutter mit nach Hause nahm (Danke, Mom!) und von da an pausenlos jedes Gemüse in Spiralstreifen schnitt, das ich in die Finger bekam. Nach drei Monaten kündigte ich meinen Job, startete meine Website *inspiralized.com* und machte das Spiralisieren zu meinem neuen Lifestyle. Ich hatte Glück – ich fand relativ schnell ein Publikum und schrieb bald darauf ein Kochbuch, das zum *New-York-Times*-Bestseller wurde, nämlich *Inspiralisiert – Nudeln, Reis und Snacks aus Gemüse*. Dass Zucchini-Nudeln eine derartige Wirkung entfalten können, daran habe ich nicht einmal im Traum gedacht. Wer sie noch nie probiert hat, wird schon beim ersten Mal genauso begeistert sein wie ich – versprochen! Und auch Sie werden schließlich alles zu Spiralstreifen verarbeiten.

Pasta liebe ich immer noch, doch das Spiralisieren hat nicht nur unsere Mahlzeiten im Kreise der Familie komplett verändert, sondern auch meinen Alltag und meine Koch- und Essgewohnheiten.

Früher bin ich nach dem Essen regelmäßig ins Wohnzimmer gegangen, um mich auf die Couch zu legen. Dort gab ich mich dann dem Food-Koma hin. Heute spaziere ich oft nach einer Mahlzeit mit sprialisiertem Gemüse voller Energie zusammen mit Lu einmal um den Block. Wir freuen uns über die letzten Sonnenstrahlen und schlendern runter zum Hudson River, wo wir den grandiosen Ausblick auf Manhattan genießen. Das ist nicht nur ein Verdauungsspaziergang, sondern auch eine gute Gelegenheit, um in Ruhe über den Tag zu sprechen.

Seit dem Erfolg von *Inspiralisiert* habe ich nicht eine einzige Portion »normale« Pasta in meiner Küche zubereitet. Wenn ich in einem Restaurant esse, bestelle ich schon mal frische Gnocchi in aromatischer Tomaten-Basilikum-Sauce und bitte den Kellner um eine weitere Portion Brot – damit ja keine Sauce auf dem Teller übrig bleibt! Ich werde niemals meine italienischen Wurzeln vergessen oder meine Geschmacksknospen vernachlässigen. Aber im Großen und Ganzen esse ich jetzt wesentlich ausgewogener als zu der Zeit, bevor ich den Spiralschneider kennenlernte (außerdem kann ich jetzt das Essen in einem Restaurant als »Recherche« verbuchen – sozusagen als Job-Bonus).

Die Entscheidung für einen Lifestyle mit »Clean-Eating« bringt Veränderungen mit sich. Alles in allem optimiert man sowohl Körper als auch Geist: Der Energielevel schießt in ungeahnte Höhen, die Stimmung steigt, die Konzentrationsfähigkeit verbessert sich – und die Taille wird schlanker.

Durch das Spiralisieren änderte sich auch meine Einstellung zu gesundem Essen: Ich wähle nun vollwertige, gute Zutaten, anstatt mich mit lästigen Diätdetails herumzuärgern. Entdeckt habe ich für mich dadurch die Mäßigung – das Konzept, den Körper von innen heraus zu nähren. Im Prinzip geht es also um eine Ernährungsumstellung, nicht um eine vorübergehende Diät.

Durch die Verwendung des Spiralschneiders esse ich durchweg leichtere und nahrhaftere Speisen, kann aber die Gerichte, die ich am meisten liebe (wie zum Beispiel Pasta!), und deren Geschmacksnoten, beibehalten. Als ich das Spiralisieren ernsthaft betrieb, verlor ich 15 Kilo Gewicht und erreichte mein Wohlfühlgewicht, das ich auch halten kann, ohne ständig panisch darauf zu achten, was ich gerade esse. Endlich habe ich mich von den Zwängen des Jo-Jo-Effekts bei Diäten und vom ewigen Kalorienzählen befreit.

Diese positiven Ergebnisse haben mich dazu angespornt, den Spiralschneider nicht mehr aus der Hand zu legen. Ich möchte immer neue Tricks, Kochmethoden, Zutaten und natürlich Rezepte mit meinen Leserinnen teilen. Beim Schreiben dieses Kochbuchs habe ich gründlich spiralisiert, heißt recherchiert. Sie wollen dünnere »Nudeln«? Lesen Sie auf Seite 15 nach. Sie haben Schwierigkeiten beim Spiralisieren von großen, festen Gemüsearten? Kein Problem, auch darum habe ich mich gekümmert (Seite 15). Ich habe neue Gemüsesorten entdeckt, die sich für den Spiralschneider eignen (Seite 46)! Dank des Feedbacks meiner Leserinnen habe ich zusätzliche Kategorien für die Rezepte eingeführt, beispielsweise »laktosefrei«, »ohne Kochen« oder »gut aufzubewahren« (Seite 23).

In diesem Buch werden Sie Gerichte unterschiedlicher Herkunft entdecken – thailändische, chinesische, griechische, kubanische – und natürlich italienische. Jedes Rezept lässt sich leicht an Ihre Vorlieben und Ernährungsgewohnheiten anpassen und ergibt eine komplette Mahlzeit. Sie können zum Beispiel einen herzhaften Salat wie »Gebratene grüne Tomaten mit Kohlrabi in Avocado-Mandelmilch-Dressing« (Seite 148) als Mittagessen wählen und sich für eine Portion Suppe zum Abendessen entscheiden (z. B. »Carnitas-Suppe aus dem Slow Cooker mit Chayote-Nudeln«, Seite 116).

Nicht nur Nudel- und Reisgerichte lassen sich mit dem Spiralschneider neu kreieren: Auch einfache Alltagsrezepte werden spannender. Nach der Lektüre dieses Buchs werden Sie Zutaten meisterhaft spiralisieren – von Apfel bis Zucchini.

Wenn meine Großeltern anrufen, um uns zum sonntäglichen Abendessen einzuladen, dann schnappen wir uns die Schlüssel, stürmen zur Tür hinaus und machen uns auf den Weg. Unterwegs besorgen wir meist noch eine gute Flasche Chianti, Brunello oder Montepulciano (die Lieblingsweine meines Großvaters). Wir wissen, dass uns bei den Großeltern eine köstliche, mit viel Liebe zubereitete Mahlzeit erwartet. Wir stoßen auf die Gesundheit an und tun das, was wir am besten können – nämlich gemeinsam essen. Ich schätze diese Momente sehr. Doch am Montagabend wird mein Essen wieder »inspiralisiert« sein.

»Inspiralisiertes« Kochen

GRUNDLAGEN

Bevor Sie mit dem »inspiralisierten« Kochen loslegen, sollten Sie wissen, wie man einen Spiralschneider richtig handhabt. Folgende Definitionen sollen Ihnen dabei helfen:

Spiralschneider
Ein Küchengerät, das Gemüse und Obst in Spiralstreifen verwandelt.

spiralisieren (in Spiralstreifen schneiden)
Gemüse und Obst mit einem Spiralschneider in Spiralstreifen bzw. »Nudeln« verwandeln.

inspiralisieren

1. Gerichte durch spiralisiertes Gemüse oder Obst gesünder und kreativer zubereiten.
2. Traditionelle Pasta, Nudeln und Reis durch spiralisiertes Gemüse oder Obst ersetzen.

inspiralisiert
Ein Gericht, das mit spiralisiertem Gemüse oder Obst gesünder und inspirierender wird.

Was kann ich spiralisieren?

Damit sich eine Gemüse- oder Obstsorte gut in Spiralform schneiden lässt, sollte sie ...

- **keinen festen Kern und kein Fruchtfleisch mit großen, festen Samen haben.**
- **einen Durchmesser von mehr als 4 Zentimeter haben.**
- **mindestens 5 Zentimeter lang sein.**
- **kein zu weiches oder auch zu saftiges Fruchtfleisch haben.**

Es gibt Ausnahmen: Manche Gemüse- und Obstarten lassen sich spiralisieren, ergeben aber keine formschönen »Nudeln«. So erfüllt die Aubergine alle Kriterien, wird aber aufgrund ihres schwammartigen Fruchtfleischs beim Spiralisieren zerschreddert. Paprikaschoten dagegen sind hohl, lassen sich aber wunderbar spiralisieren (mehr dazu auf Seite 47). Cantaloupe-Melonen, Kaki und einige andere Fruchtsorten kann man ebenfalls spiralisieren, doch konzentriere ich mich in diesem Buch auf die gängigsten Produkte. Es steht Ihnen frei, selbst zu experimentieren und kreativ zu werden!

Fest steht: Verarbeiten Sie die in diesem Buch genannten Gemüse- und Obstarten, werden Sie immer ein ansprechendes Ergebnis erhalten.

Welchen Spiralschneider verwende ich am besten?

Es gibt viele Arten von Spiralschneidern, mit denen sich unterschiedliche Ergebnisse erzielen lassen. Mit jedem dieser Geräte können Sie die Rezepte in diesem Buch nachkochen. Falls Sie noch keinen Spiralschneider haben und sich überlegen, ob sich die Anschaffung lohnt, habe ich ebenfalls eine Lösung für Sie: Lesen Sie sich den Tipp in der rechten Spalte durch. Fast alle Spiralschneider bestehen im Wesentlichen aus Plastik und lassen sich leicht säubern und pflegen. Erhältlich sind die Geräte in Küchenfachgeschäften, beim Discounter, in Supermärkten oder auch online – also ziemlich überall. Dabei gibt es zwei Hauptkategorien: Hand- und Standgeräte.

Handgeräte: Bei diesen Spiralschneidern drehen Sie das Gemüse- oder Obststück von Hand durch das Gerät. Die Geräte sind klein und eignen sich am besten für dünnes Gemüse wie Karotten, Zucchini und Gurken. Für den Anfang, wenn Sie sich noch kein größeres Gerät zulegen wollen oder keinen Platz in Ihrem Küchenschrank haben, erfüllen Handgeräte ihren Zweck. Auch auf Reisen sind sie aufgrund ihrer leichten Handhabe und Größe ideal.

Standgeräte: Diese Art von Spiralschneider steht stabil auf einer Arbeitsfläche. Dadurch lassen sich Gemüse- und Obstarten aller Größe und Form mühelos und gut verarbeiten. Die Gemüse- oder Obststücke werden dabei nicht direkt von Hand vorwärtsbewegt, sondern durch eine Kurbelumdrehung. Für Standgeräte benötigt man allerdings ein wenig Platz in der Küche und etwas mehr Zeit bei der Reinigung (siehe Seite 16).

Welches Gerät verwende ich nun? Nachdem ich bereits so ziemlich jedes am Markt erhältliche Modell ausprobiert hatte, beschloss ich, mein eigenes Gerät zu entwerfen und dafür die besten Elemente zu kombinieren: Herausgekommen ist dabei der »Inspiralizer«, den Sie auf *Inspiralized.com* bestellen können. Doch im Endeffekt ist es immer auch eine Frage des Geschmacks – den perfekten Spiralschneider, der allen gefällt, gibt es nicht.

Wer noch keinen Spiralschneider hat und die Rezepte in diesem Buch dennoch ausprobieren möchte, hat verschiedene Möglichkeiten: Mit einem Gemüsehobel, einem Julienneschneider, einem normalen Gemüseschäler, einem Messer oder mit den größten Löchern einer Vierkantreibe lassen sich aus allen Gemüsearten »Nudeln« produzieren. Es dauert zwar etwas länger als mit dem Spiralschneider, lässt sich aber bewerkstelligen.

Wie funktioniert das Spiralisieren?

Sie gehen beim Spiralisieren folgendermaßen vor:

GEMÜSE ODER OBST VORBEREITEN

Zuerst bereiten Sie das Gemüse oder Obst für das Spiralisieren vor. Der Einführungstext zu jedem Produkt erläutert, welche Schritte dazu nötig sind.

Im Allgemeinen müssen die Enden des Gemüse- oder Obststücks entfernt werden, sodass es auf beiden Seiten flach und gleichmäßig geformt ist. Dadurch lässt sich das Stück sicher am Spiralschneider fixieren. Spannt man es schief ein, wackelt das Stück und fällt herunter – und letztlich kommen dabei keine formschönen »Nudeln« heraus.

Bei Äpfeln, Birnen, Beten (falls sie schön rund geformt sind) oder Paprikaschoten müssen Sie die Enden nicht vorher abschneiden, da sich das Obst bzw. Gemüse gut in das Gerät einspannen lässt.

Falls die Schale nicht essbar oder unangenehm ist (wie bei der knubbligen Sellerieknolle), sollte das Produkt vor dem Spiralisieren geschält werden. Eine essbare Schale, die Sie mitessen möchten, muss natürlich nicht entfernt werden.

Halbieren sollten Sie das Gemüse- oder Obststück, wenn es länger als 15 Zentimeter ist. Manche Gemüsearten sind rund, groß und schwer und lassen sich nur mit Mühe in den Spiralschneider einspannen. In diesem Fall schneiden Sie einfach die Kanten ab, sodass ein quaderförmiges Stück mit maximal 13 Zentimeter Durchmesser entsteht. Die abgeschnittenen Teile können Sie in einem anderen Rezept verwenden oder als Snack verzehren.

DIE RICHTIGE KLINGE AUSWÄHLEN

Verwenden Sie ein Gerät mit mehreren Messereinsätzen, dann erhalten Sie je nach Klinge andere Gemüse- oder Obststreifen. Alle Spiralschneider produzieren ähnliche Formen und haben Klingen, die ich hier A, B, C und D nenne.

KLINGE A: Ergibt flache, bandartige »Nudeln«, wie Pappardelle.
KLINGE B: Ergibt dickere »Nudeln«, wie Bucatini oder Fettuccine.
KLINGE C: Ergibt »Nudeln« in Linguine-Form.
KLINGE D: Ergibt »Nudeln« in Spaghetti-Form oder bei manchen Modellen auch in Form von Capelli-d'angelo (Engelshaarpasta). Wenn Ihr Gemüse weniger als 4 Zentimeter Durchmesser hat, verwenden Sie am besten diese Klinge. Sollten Sie einen Spiralschneider mit drei Klingen besitzen, nehmen Sie stattdessen **KLINGE C**.

Beim »Inspiralizer« werden diese Buchstaben am Knopf angezeigt, mit dem die Klingen gewechselt werden. Bei anderen Modellen sehen Sie in der Anleitung nach, mit welcher Klinge sich welches Ergebnis erzielen lässt. Die meisten haben entweder eine kammförmige Schneide mit Zähnchen oder eine Schneide mit dreieckigen Zacken. Je kleiner der Abstand zwischen den Zähnchen oder je kleiner die Zacken, desto dünner werden die »Nudeln«. Die Klinge ohne Zacken ist immer **KLINGE A**. Keine Sorge: Bei jedem Rezept in diesem Buch steht dabei, welche Klinge Sie dafür verwenden sollten.

Mit einem Trick lässt sich die Breite der Gemüse- oder Obststreifen variieren, ohne dass man gleich die Klinge auswechseln muss. Das ist praktisch, wenn man zum Beispiel Capelli-d'angelo-Spaghetti liebt und keinen Spiralschneider mit KLINGE D zur Hand hat oder eine dicke Pastasauce gekocht hat und dazu eine kräftigere Gemüse-Nudel essen möchte. Man muss beim Drehen lediglich etwas mehr oder weniger Druck auf das Gemüsestück ausüben. Für dünnere »Nudeln« drehen Sie langsam und vorsichtig mit wenig Druck, für dickere »Nudeln« spiralisieren Sie schneller und mit mehr Druck. Die Technik funktioniert mit jeder Klinge.

Und los geht's!

Sie haben das Gemüse oder Obst vor sich liegen, das spiralisiert werden soll, und die Klinge ausgewählt? Werfen Sie nun einen Blick in die Gebrauchsanleitung Ihres Geräts: Falls Sie ein Standgerät haben, muss das Gerät auf der Arbeitsfläche fixiert werden. Dann wird das Gemüse oder die Frucht eingespannt, indem man das Stück erst mittig über der zentralen Schneide anbringt und dann das andere Ende mit den Zacken des Griffs fixiert.

Jetzt können Sie loskurbeln! Falls die »Nudeln« eher halbmond- statt spiralförmig werden, liegt das höchstwahrscheinlich daran, dass das Gemüse- oder Obststück verrutscht ist und nicht mehr mittig vor der Schneide liegt, sodass es unregelmäßig geschnitten wird. Nehmen Sie das Gemüse heraus und setzen Sie es wieder mittig ein.

Steht in der Zutatenliste eines Rezepts hinter der Klingenbezeichnung der Zusatz »gekürzt«, dann schneiden Sie die »Nudeln« mit einer Küchenschere so zurecht, dass keine superlangen Exemplare dabei sind. Wichtig ist dies, wenn Sie für Kinder kochen: Die Kinder spielen sonst eher mit den langen »Nudeln« und können sie nicht so gut kauen.

Die »Nudeln« schneiden Sie zurecht, nachdem Sie das Gemüse oder die Frucht spiralisiert haben oder alle paar Sekunden während des Vorgangs.

SO WIRD DER SPIRALSCHNEIDER GEREINIGT

Mit der richtigen Bürste (siehe Seite 21) lässt sich der Spiralschneider kinderleicht reinigen. Halten Sie das Gerät einfach unter fließendes Wasser und bürsten Sie die Klingen mit etwas Spülmittel in einer kreisförmigen Bewegung sauber.

Reinigen Sie den Spiralschneider immer direkt nach der Verwendung, damit er keine Flecken bekommt und sich nicht verfärbt. Nach dem Abspülen lassen Sie ihn auf einem Abtropfgitter trocknen. Oder Sie tupfen ihn vorsichtig mit einem Geschirrtuch oder mit Küchenpapier trocken.

Wie verarbeite ich die Gemüse-Nudeln?

Bei den Rezepten in diesem Buch spielen die spiralisierten Produkte in einem Gericht manchmal die Haupt- , ein anderes Mal eine Nebenrolle. Doch Textur, Geschmack und Nährstoffe des Produkts sind immer entscheidend.

Spiralisiertes Gemüse lässt sich am besten anstelle von Pasta oder Nudeln verwenden. Wenn die Portion Gemüse-Spaghetti oder Gemüse-Pad Thai, die vor Ihnen steht, nicht nur kalorien- und kohlenhydratarm ist, sondern auch noch köstlich schmeckt, werden Sie bestimmt nicht zögern zuzugreifen.

Weitere Verwendungsmöglichkeiten sind Suppen und Eintöpfe, Salate, Aufläufe, Schmorgerichte, Frühstücksspeisen und Gebäck. Aber es geht hier nicht nur um Gemüse-Nudeln ...

GEMÜSE-REIS

Wie wäre es denn mit »Gebratener Daikon-Reis mit Ingwer-Krabbenfleisch (Seite 191) oder einer Hühnersuppe mit Sellerie-Reis (Seite 108)? Mit Sellerie-Reis? Ja, warum nicht! Normaler Reis lässt sich wunderbar durch »Reis« aus spiralisiertem Gemüse ersetzen.

Um Gemüse-Reis zu erhalten, spiralisieren Sie das Gemüse zunächst mit **KLINGE C** oder **KLINGE D**. Füllen Sie die Spiralstreifen dann in eine Küchenmaschine und drücken Sie die Pulse-Taste in 3-Sekunden-Intervallen, bis die Streifen reisförmig aussehen. Gehen Sie dabei vorsichtig vor, sonst bleibt zum Schluss lediglich geschreddertes Gemüse oder Gemüsebrei übrig. Sollten sich einige Stücke nicht richtig zerkleinern lassen, dann nehmen Sie die Stücke heraus und zerkleinern Sie sie später separat.

Bei manchen Gemüse-Reis-Sorten entsteht während des Zerkleinerns in der Küchenmaschine viel überschüssige Flüssigkeit, die vor der Verwendung im Rezept unbedingt entfernt werden sollte. Reis aus Daikon-Rettich, Jícama (Yambohne), Speiserüben oder Zucchini legen Sie deshalb am besten auf ein trockenes Geschirrtuch oder eine doppelte Lage Küchenpapier und drücken ihn dann vor dem Kochen über der Spüle aus.

Gemüse, das sich gut zu »Reis« verarbeiten lässt

- **Bete**
- **Butternusskürbis**
- **Daikon-Rettich**
- **Jícama (Yambohne)**
- **Karotte**
- **Knollensellerie**
- **Kohlrabi**
- **Pastinake**
- **Speiserübe**
- **Steckrübe**
- **Süßkartoffel**
- **Zucchini**

GEMÜSE-NUDELNESTER

Aus spiralisiertem Gemüse lassen sich Gemüse-Nudelnester herstellen. Sie bilden die Basis für so leckere Snacks wie Sandwiches oder Minipizzen. Natürlich schmecken Gemüse-Nudelnester auch einfach pur. Wetten, dass Sie nicht auf die Idee gekommen wären, dass es einen Avocado-Toast (Seite 170) aus Gemüsestreifen gibt? Im Grunde kann man für diese kohlenhydratarmen »Nudelnester« jedes Gemüse verwenden, das sich spiralisieren lässt. Am besten eignen sich dazu jedoch stärkereiche Gemüsesorten wie Pastinake, Steckrübe, Kartoffel oder Süßkartoffel.

Für Gemüse-Nudelnester spiralisieren Sie zuerst das Gemüse mit **KLINGE C** oder **KLINGE D**. Salzen und pfeffern Sie die Gemüsestreifen und braten Sie sie dann in einer mittelgroßen Pfanne mit Antihaftbeschichtung in etwas Olivenöl, bis sie gar sind. Danach dämpfen Sie die Gemüse-Nudeln noch eine Weile bei kleiner Hitze und aufgelegtem Deckel.

Geben Sie die Gemüse-Nudeln dann in eine mittelgroße Schüssel und vermengen Sie sie gut mit einem verquirlten Ei.

Anschließend füllen Sie die Gemüsestreifen in runde Auflaufförmchen oder in ähnliche kleine, ofenfeste Formen, belegen diese mit Alufolie, Back- oder Butterbrotpapier und drücken die »Nudeln« mit der Handfläche oder mit einer Konservendose noch einmal in die Form hinein. Danach stellen Sie die Förmchen in den Kühlschrank und lassen sie mindestens 15 Minuten ruhen.

Erhitzen Sie nun 1 Esslöffel Olivenöl in einer großen Pfanne mit Antihaftbeschichtung und stürzen Sie die »Nudelnester« in die Pfanne, sobald das Öl zu glänzen beginnt. Die Gemüse-Nudelnester werden im Öl 5 bis 7 Minuten scharf angebraten, bis sie auf beiden Seiten knusprig zusammengebacken und appetitlich gebräunt sind. Und schon sind die »Nudelnester« servierfertig!

AUSSTATTUNG DER »INSPIRALISIERTEN« KÜCHE

Ja, nun steht der Spiralschneider bereit. Aber wie sieht es mit dem Rest der Küche aus? Eine gute Ausstattung, was Vorräte und Kochutensilien betrifft, ist ganz entscheidend für das Ergebnis. Ansonsten kann das Kochen frustrierend sein. Schauen wir zuerst einmal in den Vorratsschrank!

Vorräte

Falls Sie regelmäßig kochen, sollten Sie einmal im Monat in Ihrem Vorratsschrank nachsehen, ob Ihnen bald etwas ausgeht oder ob Sie etwas gar nicht verwenden. Vielleicht inspirieren Sie ja gerade die nicht verwendeten Produkte zu etwas Neuem! Fest steht: Wer die wichtigsten Zutaten zur Hand hat, dem wird es nicht so ergehen wie mir. Ich hatte schon angefangen zu kochen, als mir auffiel: »Oh, nein! Ich habe keine Tomatenkonserven mehr!« *Non bene* – das kann ich sagen. Viele der im Folgenden aufgeführten Produkte sind Standards und nicht nur für »inspiralisierte« Gerichte.

Natives Olivenöl extra: Ein herzgesundes Fett, mit dem ich am liebsten koche. Wer nur ein Öl beim Kochen verwendet, sollte natives Olivenöl extra nehmen. Wählen Sie ein mild schmeckendes Qualitätsprodukt. Es ist seinen Preis wert.

Natives Kokosöl: Aufgrund seines dezenten Geschmacks eignet sich dieses Öl hervorragend für pfannengerührte Gerichte. Außerdem ist es ein idealer Lieferant von gesunden Fettsäuren. Kokosöl können Sie auch für die Schönheitspflege verwenden, beispielsweis für Gesichtsmasken und als Feuchtigkeitsspender für die Haut. Bei niedrigen Temperaturen ist Kokosöl fest; vor der Verarbeitung wird es in der Mikrowelle oder direkt in der Pfanne geschmolzen.

Konserven mit verschiedenen Hülsenfrüchten (z. B. schwarze und weiße Bohnen, Kidneybohnen, Kichererbsen): Wer Bohnen im Vorratsschrank hat, kann schnell eine eiweißreiche Mahlzeit auf den Tisch zaubern. Achten Sie auf den Zusatz »ohne Salz« und spülen Sie die Bohnen vor der Verwendung gründlich ab.

Salzarme Hühner-, Rinder- und Gemüsebrühe: Brühe braucht man immer – ob für Suppen, Schmorfleisch oder Saucen. In Brühe gekochte Hülsenfrüchte schmecken zudem aromatischer.

Sesamöl: Ein Muss bei vielen asiatischen Gerichten. Für das besondere Aroma benötigt man von dem intensiv schmeckenden Öl nur 1 oder 2 Teelöffel!

Mandeln, Kerne, Nüsse (z. B. Wal-, Pekan- und Cashewnüsse): Sie sind vielseitig einsetzbar – ob für eine knackige Struktur, als Snack oder zum Garnieren. Außerdem stecken sie voller gesunder Fette, Proteine und Antioxidanzien.

Samen (z. B. Hanf, Chia, Sonnenblumen): Diese Superfoods lassen sich als nahrhafter Zusatz in Desserts, Dressings oder Gebäck verwenden. Ich liebe besonders den angenehm nussigen Geschmack von Hanfsamen, die auch in einigen meiner Rezepte zum Einsatz kommen. Sie stellen eine hervorragende Quelle für Eiweiß, Omega-3-Fettsäuren, Magnesium und Ballaststoffe dar.

Salzarme Sojasauce: Sie ist ein unverzichtbarer Bestandteil asiatischer pfannengerührter Gerichte und Suppen und eignet sich wunderbar, um Speisen einen Hauch von Umami zu verleihen. Normalerweise enthält Sojasauce Gluten: Wer sich glutenfrei ernährt, sollte nach einer geeigneten Marke Ausschau halten oder Alternativen wie Tamari und Coconut Aminos (Sojasaucenersatz) wählen.

Mehle (z. B. Tapioka, Kokosmehl, gemahlene Mandeln): Ob Sie sich glutenfrei ernähren oder Ihre Mahlzeiten nährstoffreicher gestalten wollen – diese kaum verarbeiteten weizenfreien Mehle muss man im Vorratsschrank haben. Sie weisen einen niedrigen glykämischen Index auf, weshalb der Blutzuckerspiegel nach dem Verzehr nicht Achterbahn fährt.

Essig (z. B. Rotwein-, Reis-, Balsamico-, Apfelessig): Mit einer guten Auswahl verschiedener Essigsorten können Sie im Handumdrehen delikate Marinaden, Glasuren und Saucen für Gemüse und eiweißreiche Produkte zaubern.

Getrocknete Kräuter und Gewürze: Basilikum, Chiliflocken, Chilipulver, Currypulver, Knoblauchpulver, Koriander, Kreuzkümmel, Lorbeerblätter, Majoran, Oregano, Paprikapulver, Petersilie, Rosmarin, Thymian und Zwiebelpulver sind wichtige Gewürze, die ich quasi täglich beim Kochen verwende. Sie aromatisieren Speisen auf gesunde, kalorienarme Weise.

Meersalz und Pfefferkörner (in der Mühle): Frisch gemahlen sind Pfefferkörner und Salz ergiebiger und schmecken intensiver. Außerdem enthalten die Produkte im Ganzen weniger Zusatzstoffe!

Trockenfrüchte (z. B. Aprikosen, Rosinen, Cranberrys): Trockenfrüchte peppen auch noch den langweiligsten Salat auf, lassen sich aber ebenso gut als süßer Snack naschen.

Fertigsaucen aus dem Glas (z. B. Tomaten-Basilikum-Sauce, Teriyaki-Sauce): Wenn keine Zeit bleibt für eine selbst gekochte Sauce, kann man auch gesunde Saucen aus dem Glas verwenden. Achten Sie darauf, dass die Fertigprodukte keine Zusatzstoffe oder verarbeitete Zutaten wie Milchprodukte, Xanthan oder Zucker enthalten.

Worcestershiresauce: Für deftige Eintöpfe und sommerliche Grillgerichte ist diese Sauce ein Muss.

Kokosmilch: Ich koche gern mit vollfetter Kokosmilch. Wer allerdings auf Kalorien und den Fettgehalt achtet, kann ebenso gut eine fettreduzierte Variante verwenden. Kokosmilch eignet sich zum Marinieren von Hühnerfleisch, als Curry- und Suppenzutat oder zum Aromatisieren von Saucen. Kokoscreme ist ideal als Sahneersatz für Saucen und liefert außerdem gesunde Fettsäuren und hydratisierende Elektrolyte. Um Kokoscreme herzustellen, lässt man eine Dose vollfette Kokosmilch mindestens 24 Stunden im Kühlschrank stehen, ohne sie zu bewegen. Nach dem Öffnen schöpft man vorsichtig die weißen, festen Stücke an der Oberfläche ab – dies ist die Kokoscreme. Die restliche Flüssigkeit kann man wegschütten oder anderweitig verwenden. Aus einer Dose (ca. 400 ml) lassen sich etwa 150 Gramm Kokoscreme gewinnen.

Tahini: Dieses meist in Pastenform verkaufte Würzmittel wird aus gemahlenen Sesamsamen hergestellt. Es ist eine meiner Lieblingszutaten: Ich brate spiralisiertes Gemüse, gebe Quinoa dazu und träufle etwas Tahini und Zitronensaft darüber – schon habe ich eine schnelle, einfache und aromatische Mahlzeit.

Nussbutter: Saucen auf Nussbutterbasis (wie die thailändische Erdnussbuttersauce) sollte man mit einer feinen Butter ohne Zuckerzusatz herstellen. Mandelbutter mag ich am liebsten, aber Erdnuss- und Cashewbutter schmecken ebenfalls lecker. Verwenden Sie einfach Ihre Lieblingssorte!

Currypaste (rot und grün): Currypasten braucht man selbstverständlich für Currys. Sie eignen sich aber auch als Marinade für Gemüse und als Zutat in Joghurtsaucen oder Fleischbällchen.

Nährhefeflocken: Mit dieser vielseitigen veganen Zutat kann man Speisen ohne Käse eine Käsenote verleihen. Sie lassen sich in Saucen einrühren oder einfach wie Käse über den Salat streuen.

Gesunde »Körner«: Nach dem Genuss von Quinoa, Linsen, Dinkel und Gerste (Perlgraupen), die nachhaltige Quellen von Eiweiß und Nährstoffen sind, fühlt man sich satt und zufrieden.

Ahornsirup/Honig: Diese Süßungsmittel habe ich immer vorrätig, um Gebäck und Dressing zu süßen.

Dijon-Senf mit ganzen Körnern: Dijon-Senf von guter Qualität lässt sich vielseitig verwenden – für pikantes Gebäck und Vinaigrette, für eine Kruste auf Fisch und Fleisch oder als Brotbelag. Er ist kalorienarm und verleiht Gerichten eine deftige Note!

Dosentomaten (geschält im Ganzen, stückig, fein gehackt) und Tomatenmark: Dosentomaten, die in Saucen, Suppen, Eintöpfen, Schmorgerichten und anderen Speisen verwendet werden, sind für Ihren Vorratsschrank unverzichtbar. Sehr praktisch sind sie im Winter, wenn man keine aromatisch schmeckenden Tomaten bekommt. Beim Kauf wählen Sie möglichst Produkte ohne Salzzusatz.

Olivenöl-Kochspray: Das Olivenöl aus der Spraydose lässt sich genauer und viel sparsamer dosieren. Für Gemüse-Nudeln wie zum Beispiel spiralisierte Zucchini, die nur ein paar Spritzer Öl zum Anbraten benötigen, ist Kochspray äußerst praktisch.

Konserven mit hellem Thunfisch (im Saft): Thunfisch ist eine gut einsetzbare Proteinquelle, hat nur wenige Kalorien und steckt voller essenzieller Omega-3-Fettsäuren. Für eine schnelle Mahlzeit vermengt man den Thunfisch einfach mit Zucchini-Nudeln, Zitronensaft und Chiliflocken.

Zusätzliche Vorräte

Diese Zutaten muss man nicht unbedingt haben, aber wer häufiger kocht, sollte sie sich besorgen.

Gemahlene Leinsamen: Sie lassen sich über Salate streuen und ins Müsli mischen, schmecken nussig, haben eine besondere Textur und sind reich an Antioxidanzien und Omega-3-Fettsäuren.

Glutenfreie Haferflocken: Sie eignen sich als Frühstücks- und Cookiezutat, für Fleisch- oder Gemüsebällchen oder als Semmelbrösel-Alternative.

Weitere Gewürze: Chinesisches Fünf-Gewürze-Pulver, Garam Masala, Ingwerpulver, Kräuter der Provence, Kurkuma, Muskatnuss, Zimt.

Geräte

Ich bin versessen auf Küchengeräte und besitze ziemlich alles – vom 4-Minuten-Pizza-Maker bis zum Erdbeer-Entstieler. Diese beiden Küchenhelfer braucht man nicht in einer »inspiralisierten« Küche. Doch einige Geräte sind sehr praktisch.

Wok: Ich benutze meinen Wok, wenn ich für mehr als zwei Personen koche. So fallen die »Nudeln« nicht zusammen und zerkochen nicht.

Küchenmaschine: Für einige Rezepte benötigen Sie eine Küchenmaschine, mit der Sie Saucen und Dressings zubereiten können. Manchmal könnte man die Zutaten auch mit dem Messer klein schneiden und vermengen, aber eine Küchenmaschine lohnt sich fast immer. Außerdem kann man damit spiralisierten »Reis« zubereiten!

Küchenzangen: In der »inspiralisierten« Küche muss das Gemüse häufig gewendet werden. Dazu braucht man eine schmale, stabile Küchenzange. Ich bevorzuge eine Zange aus Edelstahl mit Plastikgriff.

Gemüseschäler: Viele Gemüsearten müssen vor dem Spiralisieren geschält werden. Manche Gemüse haben eine harte, knubblige Schale, die sich nur schwer entfernen lässt. Deshalb empfehle ich einen stabilen Schäler mit Plastikgriff und Edelstahlklinge.

Topfbürste mit Knauf: Auf Seite 16 erkläre ich, wie man den Spiralschneider am besten reinigt. Ich benutze dafür eine runde Bürste mit kräftigen Borsten. Achtung: Versuchen Sie erst gar nicht, die Klingen mit einem normalen Schwamm zu reinigen.

Küchenmesser von guter Qualität: Als ich mit dem Spiralisieren anfing, kaufte ich mir als Erstes ein richtig scharfes, gutes Küchenmesser. Es tat sich für mich damit eine völlig neue Welt auf: Das Vorbereiten der Zutaten machte viel mehr Spaß!

Bratpfanne mit Antihaftbeschichtung: Damit die Gemüse-Nudeln nicht am Topf- oder Pfannenboden anhängen und zerreißen, brate ich sie ausschließlich in Pfannen mit Antihaftbeschichtung. Beim Kauf sollte man auf eine PFOA-freie (Perfluoroctansäure) Antihaftbeschichtung achten.

WIE VERWENDET MAN DIESES KOCHBUCH?

Als ich zum ersten Mal mit einem Spiralschneider nach Hause kam, wollte ich sofort loslegen. Sicher geht es Ihnen ähnlich, und Sie können es kaum erwarten, die Rezepte in diesem Buch auszuprobieren. Doch bevor es losgeht, habe ich noch ein paar Tipps. Mit diesem Buch will ich Sie nämlich nicht nur über alle Themen rund ums Spiralisieren informieren, sondern auch darauf vorbereiten. Ich möchte, dass Sie sich ohne Hindernisse mitten hineinstürzen können. Daher habe ich das Buch für Sie benutzerfreundlich gestaltet.

Die Rezepte in diesem Buch sind nach der jeweiligen Gemüse- oder Obstart zusammengefasst, nicht nach Art des Gerichts wie in *Inspiralisiert*.

Das Apfel-Kapitel umfasst zum Beispiel Rezepte mit spiralisierten Äpfeln. So können Sie Produkte verwenden, die gerade Saison haben und frisch auf dem Markt sind – oder Sie nehmen das, was Sie gerade im Haus haben. Ich empfehle Ihnen, sich einfach durch die ganze Produktpalette zu kochen!

Jedes Rezept beinhaltet die Rubrik »Funktioniert auch mit«. Hier führe ich weitere Gemüse- und Obstarten an, die für das jeweilige Rezept ebenfalls geeignet sind. Im Rezept »Stängelkohl mit Wurst und Pastinaken-Nudeln« (siehe Seite 174) bestehen die »Nudeln« aus spiralisierten Pastinaken. Das Rezept würde jedoch genauso mit Butternusskürbis, Steckrübe oder Knollensellerie funktionieren. Diese Flexibilität liebe ich – man sieht die Produkte plötzlich mit anderen Augen und traut sich, Neues auszuprobieren. Durch einen Austausch wird so aus einer schlichten Tomaten-Basilikum-Zucchini-Pasta vielleicht eine Sellerie- oder eine Süßkartoffel-Pasta. Obwohl den Zucchini das letzte Kapitel in diesem Buch gewidmet ist, eignen sie sich hervorragend als Einstieg. Wer sich mit dem Spiralisieren von Zucchini vertraut gemacht hat, begreift das Potenzial, das im Einsatz des Spiralschneiders steckt.

Die spiralisierten Zutaten sind in jedem Rezept kursiv hervorgehoben, zum Beispiel:

> ***2 mittelgroße Zucchini, mit KLINGE C in Spiralstreifen geschnitten, gekürzt***

Dies bedeutet, dass das Gemüse spiralisiert werden soll, bevor Sie mit dem Kochen beginnen. Auch das Vorbereiten der anderen Zutaten geschieht vor dem eigentlichen Kochen.

Verwenden Sie stets die angegebene Klinge zum Spiralisieren. Sollen die Gemüsestreifen zu Gemüse-Reis weiterverarbeitet werden, wird dies extra angegeben. Steht das Hauptgemüse in der Zutatenliste ohne Klingenangabe, folgt die entsprechende Anweisung im Rezepttext, da die Zubereitung zu einem bestimmten Zeitpunkt erfolgt. Dies ist der Fall bei Gemüse-Nudelnestern oder makkaroniartigen Gemüse-Nudeln wie bei »Großmutters Thunfisch-Makkaroni-Salat« (siehe Seite 62).

Auch wenn in einem Rezept eine längere Kochzeit nötig ist, ändert sich die Reihenfolge: Anstatt zu Beginn alles fertig vorzubereiten *(mise en place)*, verschiebt man, um Zeit zu sparen, das Spiralisieren auf den Zeitpunkt, an dem eine andere Zutat vor sich hin köchelt. Allgemein rate ich dazu, ein Rezept zuerst ganz durchzulesen und die Zutaten vorzubereiten. So müssen Sie nicht mitten im Kochen mit dem Ausruf »Oh, ich hab vergessen, den Knoblauch zu hacken!« den Herd ausschalten. Das Kochen wird dadurch harmonischer und entspannter.

Hinweise

Jedes Rezept enthält eine Reihe von Hinweisen:

SCHWIERIGKEITSGRAD

Die Spiralenanzahl zeigt an, wie schwierig das Rezept ist.

Eine Spirale: Leicht; ohne oder nur mit wenig Kochen verbunden, einfaches Spiralisieren.

Zwei Spiralen: Mittelschwer; etwas mehr Vorbereitungs- und Kochzeit erforderlich.

Drei Spiralen: Schwieriger; mehrere Arbeitsschritte und Zubereitungsverfahren sind für das spiralisierte Gemüse erforderlich.

Lassen Sie sich von einem Rezept mit drei Spiralen nicht abschrecken: Es bedeutet vor allem, dass die Zubereitung etwas länger dauert, da es mehrere zusätzliche Arbeitsschritte umfasst. Bei jedem Rezept ist angegeben, wie lange Vor- und Zubereitung dauern. So können Sie sich darauf einstimmen.

Kennzeichnung der Rezepte

Wenn Sie einer bestimmten Ernährungsweise folgen, können Sie sich bei jedem Rezept an den entsprechenden Kategorien orientieren, die rechts oben neben dem Rezepttitel genannt werden:

vegan

vegetarisch

glutenfrei

paläo

laktosefrei (opt.): Das in der Zutatenliste angegebene Milchprodukt ist optional und kein unverzichtbarer Bestandteil des Gerichts. Sie können es ohne großen Geschmacksverlust weglassen.

Ich habe den jeweiligen Rezepten auch einige Hinweise angefügt, die nicht direkt mit der Ernährungsform zusammenhängen. So erfahren Sie auf einen Blick mehr über jedes Gericht:

kalorienarm: Weniger als 300 Kalorien pro Portion.

ohne Kochen: Die Zutaten müssen nicht gekocht, sondern lediglich zusammengestellt werden.

gut aufzubewahren: Das bereits spiralisierte Gemüse oder Obst lässt sich im Kühlschrank lagern und später verarbeiten (vielleicht bereiten Sie praktischerweise gleich eine Portion extra zu).

One Pot: Wird in nur einer Pfanne oder einem Topf zubereitet, sodass weniger Abwasch anfällt.

Alle Rezepte enthalten Nährwertangaben. Kalorien, Fett, Salzgehalt, Kohlenhydrate, Ballaststoffe, Zucker und Eiweiß werden aufgelistet.

Ein Hinweis zum Salz

Meiner Meinung nach sollte man Salz immer nach Geschmack zufügen, dabei aber – zumindest am Anfang – sparsam vorgehen! Nachsalzen kann man später immer noch. Zu viel Salz jedoch wieder aus einem Essen herauszunehmen, ist unmöglich. Wer für andere Leute kocht, sollte zudem bedenken, dass sich die Geschmacksknospen der Menschen zum Teil stark unterscheiden. Aus diesem Grund finden Sie in diesem Buch, abgesehen von einigen Backwaren, nur bei wenigen Rezepten exakte Angaben zu Salzmengen. Allerdings weise ich gesondert darauf hin, wenn ein Gericht »großzügig« gesalzen werden soll, und rate fast immer dazu, zunächst zu probieren und dann erst nach Belieben nachzuwürzen. Das Abschmecken ist eine wichtige Angelegenheit und sollte nicht vergessen werden! Tauchen Sie dazu einen Löffel in das Dressing oder die Sauce, probieren Sie und würzen Sie dann, falls nötig, nach. Achten Sie darauf, wie viel Salz Sie zugeben. Sie wissen ja: Zu viel Salz fördert Bluthochdruck!

Jetzt habe ich Sie in meine Geheimnisse rund ums Spiralisieren eingeweiht! Kochneulinge werden beim ersten Versuch erstaunt feststellen, wie leicht sie mit dem Spiralschneider eine nahr- und schmackhafte Mahlzeit zubereiten können – und die erfahrenen Köche erweitern mit dieser Kochtechnik ihr Repertoire um eine fantastische Neuheit.

Wenn Sie mit diesem Buch »arbeiten«, werden Sie feststellen, dass ich großen Wert darauf gelegt habe, dass alle Rezepte unkompliziert zuzubereiten sind und jeweils eine vollständige, sättigende Mahlzeit ergeben, die man immer wieder gern zubereitet.

Mein persönlicher Wunsch ist es, dass die Rezepte in diesem Spiralschneider-Kochbuch viel und oft zubereitet werden und zu einem festen Bestandteil Ihrer Speisekarte werden. Sind Sie bereit? Dann ist es Zeit, den Spiralschneider hervorzuholen!

Apfel

Bevor ich mein Buch *Inspiralisiert* geschrieben habe, verwendete ich Äpfel nur zum Kuchenbacken, in Obstsalaten, als Snack – oder ich pflückte sie ab, um sie möglichst attraktiv zu fotografieren (macht sich im Herbst hervorragend auf Instagram). Es gibt derart viele Apfelsorten in tollen Farben und unzähligen Geschmacksrichtungen. Wer eine saure Note bevorzugt, wählt einen Granny Smith, wer es lieber süß mag, nimmt einen Fuji. Finden Sie heraus, welche Sorte Ihren Geschmacksknospen am meisten behagt!

Spiralisierte Äpfel kommen ganz neu zum Einsatz. Sie sind fester Bestandteil in üppigen Salaten, werden als Knuspereinlage in Joghurt gerührt und dienen bei Vorspeisen und Fleischgerichten als Topping, zum Beispiel bei der »Cremesuppe aus Butternusskürbis mit Apfel-Nudeln« (Seite 28).

NÄHRWERT-PLUS: Äpfel sind wertvolle Vitamin-C-Lieferanten. Sie enthalten reichlich Ballaststoffe und senken den LDL-Spiegel, also das »schlechte« Cholesterin. Wie gesund Äpfel sind, besagt schon die alte Weisheit, dass ein Apfel am Tag den Arzt ersetzen kann.

VORBEREITEN UND AUFBEWAHREN: Vor dem Spiralisieren des Apfels entfernt man den Stiel. Aufbewahren sollte man bereits spiralisierte Äpfel nach Möglichkeit nicht, da sie schnell braun anlaufen. Wenn sich das jedoch nicht vermeiden lässt, kann man die Spiralstreifen mit Zitronenwasser bedeckt in einem luftdichte n Behälter bis zu zwei Tage lagern.

GEEIGNETE MESSEREINSÄTZE

- **KLINGE C**
- **KLINGE D**

GEEIGNETE ZUBEREITUNGSARTEN

- **roh**
- **in einer Pfanne bei mittlerer Hitze 5 Minuten anbraten**

Crab Cakes ohne Krabbe

und Guacamole mit grünem Apfel

In dieser Version der amerikanischen Crab Cakes ist kein Krabbenfleisch enthalten! Das klingt zunächst paradox, doch bei der Zubereitung des Gerichts versteht und riecht man schnell, was gemeint ist. Dank »Old Bay«, einer traditionellen Gewürzmischung, Dijon-Senf und Palmherzen sind diese vegetarischen Cakes geschmacklich eines Steakhouses würdig. Das sprichwörtliche Sahnehäubchen ist die Guacamole mit grünem Apfel. Ihre süßsaure Note bildet ein erfrischendes Gegengewicht zum intensiven Aroma der Cakes.

vegetarisch
glutenfrei
laktosefrei

VORBEREITUNG 30 Minuten
ZUBEREITUNG 15 Minuten
FÜR 4 bis 6 Personen

NÄHRWERTE
(für 1 von 6 Portionen)
Kalorien: 311
Fett: 21 g
Natrium: 725 mg
Kohlenhydrate: 30 g
Ballaststoffe: 6 g
Zucker: 8 g
Eiweiß: 5 g

Für die Cakes

- Körner von 4 mittelgroßen Maiskolben (ca. 250 g)
- 1 Zwiebel, fein gehackt
- 50 g fein gewürfelte Paprikaschote
- 75 ml Mayonnaise (ich bevorzuge selbst gemachte oder vegane Mayonnaise; siehe Tipp Seite 27)
- ca. 560 g Palm- oder Artischockenherzen (aus der Dose), abgetropft, gewürfelt und leicht zerdrückt
- 2 TL Old Bay Seasoning (im Internet zu bestellen)
- 2 EL gehackte frische Petersilie
- 2 TL Dijon-Senf
- 50 g glutenfreie Semmelbrösel, plus etwas mehr bei Bedarf, oder 75 g gemahlene Mandeln (nicht blanchiert)
- Salz und frisch gemahlener schwarzer Pfeffer

Für die Guacamole

- 3 große Avocados, entkernt und das Fruchtfleisch gewürfelt
- 2 große Knoblauchzehen, geschält und fein gehackt
- Saft von 2 Limetten, frisch gepresst
- 2 mittelgroße Jalapeños, entkernt und fein gehackt
- 1 kleine rote Zwiebel, gewürfelt
- 2 Strauchtomaten, entkernt und fein gewürfelt
- 50 g gehacktes frisches Koriandergrün
- *1 großer grüner Apfel, mit KLINGE C in Spiralstreifen geschnitten*
- 2 EL natives Olivenöl extra

1 Eine große Pfanne erhitzen. Etwas Wasser in die Pfanne spritzen. Sobald es zischt, Maiskörner, Zwiebel und Paprika zufügen und 3 bis 5 Minuten braten, bis sie gar sind. Von der Gemüse-Mischung 125 g abwiegen und in einem Mixer grob bis fein zerkleinern (mit Pulse-Taste). Den Gemüsebrei in eine mittelgroße Schüssel füllen. Mayonnaise, Palmherzen, Old Bay Seasoning, Petersilie, Senf und Semmelbrösel zugeben. Mit Salz und Pfeffer abschmecken und gut verrühren.

2 Ein Backblech mit Backpapier auslegen. Die Mischung mit den Händen zu zwölf Plätzchen (ø 5 cm) formen und auf das Backpapier legen. Backblech 15 Minuten in den Kühlschrank stellen.

3 Für die Guacamole alle Zutaten in eine mittelgroße Schüssel geben und gut vermengen. (Es sollten noch einige Avocadostückchen sichtbar sein.) Nach Belieben mit Salz abschmecken und bis zur Verwendung im Kühlschrank aufbewahren.

4 In einer großen Pfanne 1 Esslöffel Olivenöl erhitzen. Sobald das Öl glänzt, sechs Plätzchen hineinlegen und 2 Minuten auf jeder Seite braten, bis sie goldbraun sind. Auf eine Servierplatte geben. Die Pfanne auswischen, erneut 1 Esslöffel Öl zufügen und die übrigen Plätzchen braten.

5 Pro Portion 2 bis 3 Crab Cakes und etwas Guacamole auf einem Teller servieren.

Mayonnaise bereite ich in der Regel selbst zu. So weiß ich genau, dass sie gesunde Zutaten enthält. Manchmal verwende ich als Alternative auch eine vegane Fertigmayonnaise aus dem Glas. Für meine selbst gemachte Mayonnaise verquirle ich 1 Eigelb und 1 ½ Teelöffel frisch gepressten Zitronensaft. Damit alles gut emulgiert, müssen Eigelb und Zitronensaft schnell aufgeschlagen werden. Zur Masse gebe ich löffelweise 100 Milliliter Avocadoöl. Zum Schluss schmecke ich die Mayonnaise mit Salz und Pfeffer herzhaft ab.

Cremesuppe
aus Butternusskürbis mit Apfel-Nudeln

vegan
vegetarisch
glutenfrei
paläo
laktosefrei

VORBEREITUNG 10 Minuten
ZUBEREITUNG 1 Stunde
FÜR 4 Personen

NÄHRWERTE
Kalorien: 370
Fett: 13 g
Natrium: 396 mg
Kohlenhydrate: 57 g
Ballaststoffe: 12 g
Zucker: 30 g
Eiweiß: 4 g

FUNKTIONIERT AUCH MIT
Birne

Ursprünglich thronten Gemüsespiralen als kunstvolle Dekoration auf Speisen, die bei einem Büffet etwas hermachen sollten. Spiralisiertes Gemüse und Obst müssen aber nicht immer die Hauptrolle spielen und als Garnierung zur Geltung kommen. In diesem wärmenden Rezept sind die spiralisierten Zutaten geschmacklich und von der Konsistenz her das gewisse Etwas: Ihre herzhafte Süße und kühle Knackigkeit verwandeln diese klassische Herbstsuppe in eine echte Delikatesse.

1 großer Butternusskürbis (ca.1,5 kg), längs halbiert und entkernt
1 EL Kokosöl, zerlassen
2 TL natives Olivenöl extra
1 kleine Schalotte, gehackt
2 Knoblauchzehen, geschält und fein gehackt
1 Prise gemahlene Muskatnuss
1 TL Chilipulver
500 ml salzarme Gemüse- oder Hühnerbrühe
400 ml fettarme Kokosmilch (aus der Dose)
2 süße rote Äpfel (ich verwende gern die Sorte Gala)
1 EL geröstete und gesalzene Kürbiskerne, ohne Schale, zum Garnieren
Salz und frisch gemahlener schwarzer Pfeffer

Wer die Kürbis-Apfel-Suppe ein wenig süßer mag, rührt 1 oder 2 Teelöffel Ahornsirup ein.

1 Den Backofen auf 220 °C vorheizen. Ein Backblech mit Backpapier auslegen.

2 Den Butternusskürbis mit der Schnittfläche nach oben auf das Backpapier legen und die Innenseite des Kürbis mit Kokosöl beträufeln. Das Öl mit den Fingern gleichmäßig auf dem Kürbis verstreichen und mit Salz und Pfeffer würzen. Die Kürbishälften umdrehen und im Ofen 45 Minuten backen, bis sich das Fruchtfleisch leicht mit einer Gabel einstechen lässt. Den Kürbis 5 bis 10 Minuten abkühlen lassen. Das Fruchtfleisch mit einem Löffel aus der Schale lösen und in eine Schüssel geben. Schale entsorgen.

3 Das Olivenöl in einer mittelgroßen Pfanne erhitzen. Sobald das Öl glänzt, die Schalotte zufügen und 3 Minuten anbraten, bis sie glasig ist. Knoblauch zugeben und kurz anbraten, bis er duftet.

4 Schalotte und Knoblauch in einen Mixer geben, Kürbisfleisch, Muskatnuss, Chilipulver, Brühe und Kokosmilch zugeben, mit Salz und Pfeffer würzen und 1 Minute zu einer cremigen Mischung verrühren. Nach Belieben nachwürzen.

5 Die Äpfel mit **KLINGE D** in Spiralstreifen schneiden. Die Suppe auf vier Schüsseln verteilen. Mit Apfel-Nudeln, Kürbiskernen und Pfeffer garnieren.

Apfel-Walnuss-Muffins

Als ich noch zur Schule ging, kaufte meine Mutter oft im Supermarkt Muffins und fror sie ein. Wenn wir von der Schule nach Hause kamen, nahm sie einige aus der Kühltruhe heraus, backte sie auf – und dann verschlangen wir sie innerhalb von Sekunden. Wunderbar! Am liebsten mochte ich Muffins mit Nüssen oder Früchten. Die Muffins in diesem Rezept sind eine gesunde Variante. Sie stecken voller guter Zutaten wie Bananen, Zimt und Kokosöl, was sie einerseits nahrhaft, aber auch aromatisch macht. Am besten serviert man sie mit einem starken Kaffee – und einem strahlenden Lächeln.

vegetarisch
glutenfrei
paläo
kalorienarm
gut aufzubewahren

VORBEREITUNG 20 Minuten
ZUBEREITUNG 30 Minuten
FÜR 6 große oder 12 Mini-Muffins

NÄHRWERTE (für 1 von 6 Portionen)
Kalorien: 226
Fett: 7 g
Natrium: 230 mg
Kohlenhydrate: 21 g
Ballaststoffe: 5 g
Zucker: 11 g
Eiweiß: 6 g

FUNKTIONIERT AUCH MIT
Birne

1 TL natives Olivenöl extra zum Fetten des Muffinblechs
75 g Kokosmehl
¾ TL Backnatron
½ TL Salz
2 TL gemahlener Zimt
½ TL frisch gemahlene Muskatnuss
3 große Eier
3 EL Ahornsirup
2 TL Vanilleextrakt
2 EL ungesüßte Mandelmilch
1 EL Kokosöl, zerlassen und auf Raumtemperatur abgekühlt
1 reife Banane, das Fruchtfleisch grob zerdrückt
1 süßsaurer Apfel, mit KLINGE B in Spiralstreifen geschnitten, gekürzt
75 g gehackte Walnusskerne

1 Den Backofen auf 180 °C vorheizen. Ein großes Muffinblech mit Öl einfetten und die Vertiefungen mit Muffinförmchen auslegen.

2 In einer mittelgroßen Schüssel Kokosmehl, Backnatron, Salz, Zimt und Muskatnuss gut verrühren. In einer anderen Schüssel Eier, Ahornsirup, Vanilleextrakt, Mandelmilch, Kokosöl und Banane vermengen. Die trockenen Zutaten zu den feuchten Zutaten geben. Den spiralisierten Apfel zufügen und alles zu einem glatten Teig verrühren. Die Walnüsse unterheben.

3 Den Teig in die Muffinförmchen füllen und etwa 30 Minuten backen. Zur Probe mit einem Zahnstocher einstechen. Haften beim Herausziehen keine Teigreste mehr daran, sind die Muffins fertig.

Diese (Frühstücks-)Muffins werden mit Stückchen dunkler Schokolade oder 1 Esslöffel ungesüßtem Kakaopulver im Teig desserttauglich.

Apfel-Eiersalat-Wrap mit Curry

Auf die Frage, welche Fotos die meisten Likes auf meinem »Inspiralized«-Account auf Instagram einheimsen, würde ich »meine grünen Krautwickel« antworten. Ich liebe es, diese burritoartigen Bündel aus Kohlblättern und spiralisiertem Gemüse zuzubereiten. Durch das Currypulver in meiner gesunden »Mayonnaise«-Kreation aus fettarmem griechischen Joghurt wird der Eiersalat besonders aromatisch. Knackig-frische Sellerie- und Apfel-Nudeln vervollständigen die wunderbar cremige Textur. Der Eiersalat lässt sich gut vorbereiten und drei Tage im Kühlschrank aufbewahren. Das macht ihn zu einer idealen Büromahlzeit. Wer keinen Blattkohl findet, nimmt stattdessen einen Kopfsalat oder Romana-Salat.

vegetarisch
glutenfrei
kalorienarm
ohne Kochen
gut aufzubewahren

VORBEREITUNG 20 Minuten
ZUBEREITUNG 15 Minuten
FÜR 2 bis 4 Personen

NÄHRWERTE
(für 1 von 2 Portionen)
Kalorien: 199
Fett: 4 g
Natrium: 135 mg
Kohlenhydrate: 28 g
Ballaststoffe: 4 g
Zucker: 18 g
Eiweiß: 15 g

Für die Curry-Joghurt-Mayonnaise

150 g fettarmer griechischer Joghurt (natur), plus 2 EL mehr
1 EL grobkörniger Senf oder Dijon-Senf
½ TL Knoblauchpulver
1 EL frisch gepresster Zitronensaft
½ TL Currypulver
Salz und frisch gemahlener schwarzer Pfeffer
1 Msp. Cayennepfeffer

Für die Apfelmischung und den Wrap

1 Apfel
2 EL Rosinen
50 g fein gewürfelter Knollensellerie
1 hart gekochtes Ei, gepellt und grob gehackt
2 große oder 4 kleine Kohlblätter, den Strunk entfernt
50 g Alfalfa-Sprossen

1 Alle Zutaten für die Joghurt-Mayonnaise in einer großen Schüssel vermengen und beiseitestellen.

2 Für die Apfelmischung den Apfel vorsichtig der Länge nach bis zur Hälfte einschneiden (nicht durchschneiden) und mit **KLINGE B** in Spiralstreifen schneiden. Apfel, Rosinen, Sellerie und Ei zur Joghurt-Mayonnaise geben und gut vermengen, bis alles bedeckt ist.

3 Den Curry-Eiersalat gleichmäßig auf die Kohlblätter verteilen und jeweils in der Mitte platzieren. Die Sprossen obenauf legen und die Blätter wie einen Burrito zusammenrollen. Dabei die Enden einschlagen. Beide Enden mit einem Zahnstocher feststecken und die Päckchen vor dem Servieren halbieren.

Sie mögen Curry nicht? Dann lassen Sie das Gewürz einfach weg – so wird daraus ein ganz normales Eiersalat-Sandwich.

Sangria mit Ingwer, Birne und Apfel

vegetarisch
laktosefrei
ohne Kochen

ZUBEREITUNG 10 Minuten, plus 4 bis 8 Stunden Kühlzeit (nach Belieben)

FÜR 6 Personen

NÄHRWERTE
Kalorien: 312
Fett: 0 g
Natrium: 10 mg
Kohlenhydrate: 44 g
Ballaststoffe: 1 g
Zucker: 38 g
Eiweiß: 0 g

Stacey, meine Zimmergenossin aus dem College, mixte die besten Cocktails. Freitagmorgens bereitete sie einen Krug Sangria vor und stellte ihn in den Kühlschrank. Den leerten wir dann, sobald der Unterricht vorbei war. Staceys Sangria war ein tolles, stilvolles Getränk und läutete das Wochenende ein. Am besten gefiel mir, dass sie viel frisches Obst verwendete. Es machte richtig Spaß, die alkoholgetränkten Fruchtstückchen zu essen! Diese spiralisierte Version mit den eleganten, bunten Spiralen sieht sogar noch hübscher aus als das Original. Während Stacey roten Sangria mixte, habe ich meine Variante mit Weißwein und Ginger Beer veredelt. So kann der Sommer kommen!

1 Flasche (750 ml) Sauvignon blanc oder ein anderer trockener Weißwein

125 ml weißer Rum

50 ml Brandy

2 Flaschen Ginger Beer (à 200 ml; alkoholfreies Erfrischungsgetränk)

1 EL Honig

1 Apfel (am besten der Sorte Gala), mit KLINGE C in Spiralstreifen geschnitten

1 Birne (am besten der Sorte Williams Christ), mit KLINGE C in Spiralstreifen geschnitten

1 Wein, Rum, Brandy, Ginger Beer und Honig in einer großen Glaskaraffe vermengen, bis sich der Honig aufgelöst hat. Die Apfel- und Birnen-Nudeln zufügen und nochmals umrühren.

2 Sofort servieren oder 4 bis 8 Stunden in den Kühlschrank stellen. Danach schmeckt das bowlenähnliche Wein-Mischgetränk noch besser!

Bete

Ich liebe Bete! Sie schmeckt süßlich und gleichzeitig erdig, hat das ganze Jahr über Saison und besitzt die ideale Größe für den Spiralschneider. Es gibt unterschiedliche Sorten, wobei die Rote Bete am bekanntesten ist. Meine Favoriten sind die Gelbe Bete und die Ringelbete *(Tonda di Chioggia)*, die in Scheiben geschnitten an eine Zuckerstange erinnert. Die Ringelbete schmeckt feiner als die Rote Bete, besonders, wenn man sie jung erntet.

Zugeben, die Zubereitung der Roten Bete ist nicht besonders praktisch. Ob man sie nun in Alufolie packt oder roh spiralisiert – sie blutet immer aus. Damit sich die Haut an den Händen nicht verfärbt, sollten Sie daher beim Spiralisieren von Roten Beten unbedingt wiederverwendbare Küchenhandschuhe tragen! Den Spiralschneider spült man direkt nach der Verwendung ab, damit er keine Flecken bekommt. Falls nötig, reiben Sie Ihre Hände oder auch den Spiralschneider mit warmem Wasser und grobkörnigem Salz ab, um Verfärbungen zu entfernen.

NÄHRWERT-PLUS: Dank ihres hohen Nitratgehalts können Beten blutdrucksenkend wirken. Die entzündungshemmende Wirkung verdanken sie ihrer hohen Betainkonzentration. Neben abwehrstärkendem Vitamin C enthalten Beten außerdem Pflanzenwirkstoffe, die vor Krebs schützen können. Bete-Extrakt ist deshalb ein beliebter Inhaltsstoff in natürlichen Nahrungsergänzungsmitteln.

VORBEREITEN UND AUFBEWAHREN: Die Bete komplett schälen, dann die Enden glatt abschneiden. In einem luftdichten Behälter kann man sie im Kühlschrank bis zu fünf Tage lang aufbewahren. Bete-Nudeln lassen sich auch bis zu acht Monate tiefgefroren lagern.

GEEIGNETE MESSEREINSÄTZE

- **KLINGE C**
- **KLINGE D**

GEEIGNETE ZUBEREITUNGSARTEN

- **roh**
- **2 bis 3 Minuten kochen**
- **bei mittlerer bis hoher Hitze 7 Minuten anbraten**
- **bei 220 °C 5 bis 10 Minuten im Ofen backen**

Würzige Lammspieße
mit Bete-Nudeln

Seit ich das Inspiralisieren entdeckt habe, bin ich kulinarisch um die Welt gereist. Ich bemühe mich, meine unterwegs entdeckten Lieblingsgerichte auf gesunde Weise neu zu erfinden. Als eine meiner Leserinnen von ihrer Hochzeitsreise aus der Türkei zurückkehrte, fragte sie mich, ob ich die Lammspieße, die ihr dort so gut schmeckten, nachzaubern könnte. Diese Herausforderung nahm ich an. Die Bete-Nudeln in diesem Rezept intensivieren den Geschmack des Fleisches und passen gut zur Joghurtsauce. Schön, dass ich mit diesem Gericht glückliche Erinnerungen wiederaufleben lassen konnte.

glutenfrei

VORBEREITUNG 20 Minuten
ZUBEREITUNG 20 Minuten
FÜR 4 Personen

NÄHRWERTE
Kalorien: 443
Fett: 34 g
Natrium: 112 mg
Kohlenhydrate: 10 g
Ballaststoffe: 2 g
Zucker: 2 g
Eiweiß: 25 g

FUNKTIONIERT AUCH MIT
Brokkoli, Butternusskürbis, Steckrübe, Süßkartoffel

Für die Bete-Nudeln
2 große Rote Beten, geschält, mit KLINGE C in Spiralstreifen geschnitten, gekürzt
Salz und frisch gemahlener schwarzer Pfeffer

Für die Spieße
500 g Lammhack
1 TL gemahlener Kreuzkümmel
2 TL gemahlener Koriander
1 Msp. Paprikapulver
2 Knoblauchzehen, geschält und fein gehackt
1 EL gehackte frische Minzeblätter
1 EL natives Olivenöl extra
Salz und frisch gemahlener schwarzer Pfeffer

Für die Joghurtsauce
60 g fettarmer griechischer Joghurt (natur)
1 EL gehackte Schalotte
2 TL gehacktes frisches Koriandergrün
2 TL frisch gepresster Zitronensaft
1 Msp. Paprikapulver
25 g geröstete und gehackte Pistazien zum Garnieren
Salz und frisch gemahlener schwarzer Pfeffer

1 Den Backofen auf 220 °C vorheizen.

2 Ein Backblech mit Backpapier auslegen, die Bete-Nudeln darauf verteilen und mit Salz und Pfeffer würzen. Im Ofen 10 bis 15 Minuten braten, bis sie fast gar sind, aber noch Biss haben.

3 Für die Spieße in einer großen Schüssel alle Zutaten außer Olivenöl vermengen. Die Mischung mit angefeuchteten Händen zu acht Bällchen formen und jeweils zwei auf vier Metallspieße oder zuvor in Wasser eingeweichte Holzspieße stecken.

4 Das Olivenöl in einer großen Pfanne erhitzen. Sobald das Öl glänzt, die Spieße zugeben und etwa 5 Minuten auf jeder Seite braten. Dabei das Fleisch vorsichtig mit einem Pfannenwender flach drücken.

5 Währenddessen alle Zutaten für die Joghurtsauce in einer kleinen Schüssel vermengen.

6 Die Bete-Nudeln auf vier Teller verteilen und jeweils einen Lammspieß obenauf legen. Mit Pistazien garnieren und mit Joghurtsauce servieren.

Wer kein Lammfleisch mag, kann Putenhack verwenden. Auch die vegetarischen »Fleischbällchen« auf Seite 109 passen sehr gut zu diesem Rezept.

Bete-Nudeln
mit Falafeln und Tahinidressing

vegetarisch
glutenfrei
laktosefrei
kalorienarm

VORBEREITUNG 25 Minuten
ZUBEREITUNG 1 Stunde
FÜR 4 Personen

NÄHRWERTE
Kalorien: 266
Fett: 15 g
Natrium: 359 mg
Kohlenhydrate: 30 g
Ballaststoffe: 10 g
Zucker: 7 g
Eiweiß: 10 g

FUNKTIONIERT AUCH MIT
Butternusskürbis, Süßkartoffel

Irgendwann habe ich mich in Tahini verliebt, diese Paste aus fein gemahlenen Sesamkörnern. Sie hat eine nussige Note, die zu fast allem passt. Besonders zu Fleisch, Hülsenfrüchten und Gemüse ist sie die perfekte Ergänzung. Ob mit Ahornsirup, mit Zitrone, mit Knoblauch oder Avocado – ich habe sehr viele Kombinationen mit Tahini ausprobiert. In diesem Rezept verleihen Rote Bete und Tomate dem Gericht einen kräftigen mediterranen Geschmack. Meine selbst gemachten Falafeln sind bekömmlicher als für gewöhnlich, da sie gebacken und nicht frittiert werden. Glauben Sie mir, dieses köstliche Gericht wird Sie flugs an den Ort Ihrer Falafel-Träume befördern – an einen Stand in Israel oder an einen Imbissstand in New York City.

3 EL gehackte frische Petersilie
2 Knoblauchzehen, geschält und gehackt
1 TL fein abgeriebene Zitronenschale von einer unbehandelten Zitrone
Saft von 1 großen Zitrone
1 TL gemahlener Kreuzkümmel
1 TL gemahlener Koriander
1 Msp. Chilipulver
400 g Kichererbsen (aus der Dose), abgespült, abgetropft und trocken getupft
25 g gemahlene Mandeln (blanchiert)
1 rote Zwiebel, fein gehackt
2 große Rote Beten, geschält, mit KLINGE D in Spiralstreifen geschnitten, gekürzt
1 EL gehacktes frisches Koriandergrün
150 g Kirschtomaten, geviertelt und entkernt
50 g fein gewürfelte Gurke
1 TL natives Olivenöl extra
Salz und frisch gemahlener schwarzer Pfeffer

Für das Dressing
2 EL Tahini
1 EL frisch gepresster Zitronensaft
1 TL Honig
1 Msp. Knoblauchpulver
1 EL natives Olivenöl extra
Salz und frisch gemahlener schwarzer Pfeffer

1 Den Backofen auf 190 °C vorheizen. Zwei Backbleche mit Backpapier auslegen.

2 Für die Falafeln Petersilie, Knoblauch, Zitronenschale, Kreuzkümmel, Koriander und Chilipulver in einen Mixer geben und fein pürieren. Mit Salz und Pfeffer abschmecken und 30 Sekunden verrühren. Die Kichererbsen zufügen und kurz vermengen. (Es sollten noch Stückchen zu sehen sein.)

3 Die Mischung in eine mittelgroße Schüssel füllen, die gemahlenen Mandeln und die Zwiebel zugeben. Alles zu einem Teig vermengen und daraus mit angefeuchteten Händen acht Bällchen formen. Die Teigbällchen auf eines der Bleche legen und mit einem Pfannenwender flach drücken, ohne dass sie auseinanderfallen. Etwa 15 Minuten in den Kühlschrank stellen, damit sie fest werden.

4 Das Backblech in den Ofen schieben und 35 bis 40 Minuten backen, bis die Bratlinge fest und rundum gebräunt sind. Nach der Hälfte der Backzeit die Falafeln wenden.

5 Die Beten-Spiralen auf dem zweiten Blech gleichmäßig verteilen und gleichzeitig mit den Falafeln 15 Minuten backen, bis sie gar sind, aber noch Biss haben.

6 Währenddessen in einer kleinen Schüssel Koriandergrün, Tomaten, Gurke und Olivenöl vermengen. Mit Salz und Pfeffer abschmecken und beiseitestellen.

7 Für das Tahinidressing alle Zutaten im Mixer zu einer glatten Paste verrühren. Zum Verdünnen, falls nötig, langsam 1 bis 2 Esslöffel Wasser zugeben. Abschmecken und nach Belieben nachwürzen. Beiseitestellen.

8 Die Bete-Nudeln auf vier Schüsseln verteilen, je zwei Falafeln obenauf legen und mit einem Löffel Tomatenmischung krönen. Zum Abschluss mit Tahinidressing beträufeln und sofort servieren.

Wer lieber knusprige Falafeln haben möchte, kann 2 Esslöffel Olivenöl in einer Pfanne erhitzen und die Teigbällchen etwa 2 Minuten auf jeder Seite braten, bevor sie in den Ofen kommen.

Hähnchen-Tajine
mit Reis aus Gelber Bete und Aprikosen

Daniel Boulods französisch-mediterranes Restaurant »Boulud Sud« in New York City inspirierte mich zu diesem Hähnchengericht. Ich entdeckte das Rezept in der *New York Times*, probierte es aus und war derart begeistert, dass ich beschloss, es zu »inspiralisieren«. Obwohl meine Version nicht halb so aufwendig wie das Original ist, steckt dieser nordafrikanische Eintopf doch voller kräftiger Aromen. Typischerweise serviert man ihn auf Couscous, doch ich nehme stattdessen »Reis« aus Gelber Bete, der das Gericht nicht nur farblich hervorhebt, sondern auch zahlreiche Nähr- und Ballaststoffe liefert.

glutenfrei

VORBEREITUNG 15 Minuten
ZUBEREITUNG 20 Minuten
FÜR 4 Personen

NÄHRWERTE
Kalorien: 403
Fett: 22 g
Natrium: 517 mg
Kohlenhydrate: 21 g
Ballaststoffe: 4 g
Zucker: 10 g
Eiweiß: 28 g

FUNKTIONIERT AUCH MIT
Butternusskürbis, Karotte, Knollensellerie, Kohlrabi, Speiserübe, Süßkartoffel

1 EL natives Olivenöl extra
750 g Hähnchenschenkel, gesalzen und gepfeffert
½ Zwiebel, gewürfelt
2 Karotten, gewürfelt
2 Knoblauchzehen, geschält und fein gehackt
1 Stück frischer Ingwer (ca. 1 cm), geschält und fein gehackt
½ TL gemahlener Koriander
½ TL gemahlener Kreuzkümmel
1 Msp. gemahlener Zimt
350 ml salzarme Hühnerbrühe
1 EL Mandelsplitter
3 getrocknete Aprikosen, fein gehackt
125 g Kichererbsen (aus der Dose), abgespült und abgetropft
2 große Gelbe Beten, geschält, mit KLINGE D in Spiralstreifen geschnitten, dann zu »Reis« verarbeitet (siehe Seite 16)
1 EL frisches Koriandergrün zum Garnieren (nach Belieben)
Salz und frisch gemahlener schwarzer Pfeffer

1 Das Olivenöl in einem großen Topf mit Deckel erhitzen. Sobald das Öl glänzt, die Hähnchenteile mit Abstand in den Topf legen. Falls nötig in mehreren Durchgängen. Das Fleisch 7 Minuten scharf anbraten, bis es rundum goldbraun ist. Dabei einmal wenden. Auf einen Teller legen und beiseitestellen.

2 Die Zwiebel und die Karotten in den Topf geben, mit Salz und Pfeffer würzen und 5 bis 7 Minuten garen, bis sie weich sind.

3 Den Knoblauch zugeben und 30 Sekunden braten, bis er duftet. Ingwer, Koriander, Kreuzkümmel und Zimt zufügen und etwa 1 Minute unter Rühren braten, bis die Mischung duftet. Anschließend 120 Milliliter Hühnerbrühe zugießen und die Kruste vom Topfboden lösen.

Fortsetzung auf Seite 42

4 Die Hähnchenschenkel nach Möglichkeit wieder einlagig in den Topf legen. Die restliche Hühnerbrühe darübergießen und die Flüssigkeit zum Kochen bringen. Danach die Hitze reduzieren, den Deckel auflegen und 25 bis 30 Minuten köcheln lassen, bis das Fleisch in der Mitte nicht mehr rosa ist und beim Hineinstechen klarer Saft austritt.

5 Das Gemüse im Topf lassen. Die Hähnchenschenkel auf einen Teller legen und zum Warmhalten mit Alufolie abdecken.

6 Mandeln, Aprikosen, Kichererbsen und den Beten-Reis in den Topf geben und aufkochen. Die Hitze auf niedrigste Stufe reduzieren, den Deckel auflegen und etwa 5 Minuten oder länger köcheln lassen, bis der Beten-Reis weich ist.

7 Die Mischung auf einen Servierteller geben, die Hähnchenschenkel darauflegen. Nach Belieben mit Koriandergrün garnieren und sofort servieren.

Um eine etwas andere Geschmacksnote ins Spiel zu bringen, kann man statt der getrockneten Aprikosen auch Rosinen verwenden.

Grünes Curry mit Gelbe-Bete-Nudeln

Dieses einfache Schüsselgericht ist der perfekte Einstieg in die Welt der Thai-Currys. Wer das Rezept beherrscht, wird schon bald Lust auf eine eigene Curry-Version bekommen. Vielleicht mit roter Currypaste – oder mit Linsen? Hähnchen oder Lachs passen ebenfalls gut dazu. Sie können dieses Grundrezept aber auch mit Zuckerschoten, Brokkoli oder Sojasprossen aufpeppen, als Ergänzung oder anstelle der hier empfohlenen grünen Bohnen. Sie werden sehen: Currys mit spiralisiertem Gemüse sind sättigende Wohlfühlgerichte, die sich geschmacklich wunderbar variieren lassen!

vegan
vegetarisch
glutenfrei
paläo

VORBEREITUNG 15 Minuten
ZUBEREITUNG 15 Minuten
FÜR 4 Personen

NÄHRWERTE
Kalorien: 343
Fett: 24 g
Natrium: 316 mg
Kohlenhydrate: 25 g
Ballaststoffe: 9 g
Zucker: 11 g
Eiweiß: 7 g

FUNKTIONIERT AUCH MIT
Chayote, Karotte, Kohl, Kohlrabi, Rettich, Speiserübe, Zucchini

- 1 EL Kokosöl
- 2 Knoblauchzehen, geschält und fein gehackt
- 2 TL gehackter frischer Ingwer
- *½ kleine Zwiebel, geschält, mit KLINGE A in Spiralstreifen geschnitten, gekürzt*
- 4 Frühlingszwiebeln, in feine Ringe geschnitten, dunkelgrüne Ringe beiseitelegen
- 2 EL grüne Thai-Currypaste
- 400 ml Kokosmilch (aus der Dose)
- 750 ml salzarme Gemüsebrühe
- *4 kleine Gelbe Beten, geschält, mit KLINGE A in Spiralstreifen geschnitten, gekürzt*
- 125 g grüne Bohnen, die Enden entfernt
- 75 g Cashewnüsse
- 1 rote Thai-Chilischote, in feine Ringe geschnitten
- 1 Handvoll frische Thai-Basilikumblätter oder Koriandergrün zum Garnieren
- Salz

1 Das Kokosöl in einem großen Topf erhitzen. Sobald das Öl geschmolzen ist, Knoblauch, Ingwer, die Hälfte der Zwiebel-Nudeln und die weißen und hellgrünen Ringe der Frühlingszwiebeln zugeben. Alles 30 Sekunden anbraten, bis die Mischung duftet. Vorsichtig die Currypaste zugeben.

2 Die Kokosmilch und die Brühe zugießen und unter Rühren etwa 30 Sekunden vermengen. Bete-Nudeln und Bohnen zufügen und mit Salz abschmecken. Die Hitze reduzieren, die Cashewnüsse zugeben und 5 bis 7 Minuten köcheln lassen, bis die »Nudeln« weich sind.

3 Das Curry auf vier Schüsseln verteilen und mit den dunkelgrünen Frühlingszwiebelringen, den Chiliringen und den Basilikumblättern oder Koriandergrün garnieren.

Gebackener Ziegenkäse
mit Feigen, Chicorée und Bete-Nudeln

Das Einzige, was noch besser schmeckt als Käse, ist warmer Käse. Gebackener Camembert und geschmolzener *queso* sind schließlich nicht umsonst so beliebt! Dieser »inspiralisierte« Käseteller vereint gebackenen Käse mit Salat, Obst und Gemüse. Mit ein paar Scheiben guter italienischer Salami lässt sich das Rezept veredeln. Das stilvolle Gericht passt zu jeder Feier – am besten mit einem Glas Weißwein.

vegetarisch
glutenfrei

VORBEREITUNG 10 Minuten
ZUBEREITUNG 15 Minuten
FÜR 4 Personen

NÄHRWERTE
Kalorien: 446
Fett: 31 g
Natrium: 381 mg
Kohlenhydrate: 18 g
Ballaststoffe: 8 g
Zucker: 9 g
Eiweiß: 16 g

FUNKTIONIERT AUCH MIT
Butternusskürbis, Süßkartoffel

50 g grob gehackte Mandelsplitter
1 Rolle Ziegenkäse (ca. 200 g), gekühlt und in 8 Scheiben geschnitten
2 mittelgroße Rote Beten, geschält, mit KLINGE D in Spiralstreifen geschnitten, gekürzt
Salz und frisch gemahlener schwarzer Pfeffer

Für das Dressing
3 EL natives Olivenöl extra
2 EL Apfelessig
1 TL Dijon-Senf mit ganzen Körnern
1 TL gehackte Schalotte
1 TL frisch gepresster Zitronensaft
1 TL Honig
Salz und frisch gemahlener schwarzer Pfeffer

400 g Chicorée, geputzt und grob gehackt
150 g grob gehackten Endiviensalat
4 Feigen (falls möglich die Sorte »Black Mission«), der Länge nach geviertelt

Die Mandelsplitter können Sie auch in einem Mixer zerkleinern. Es sollten keine großen Stücke mehr zu sehen sein, aber es sollten aus den Mandelsplittern noch keine gemahlene Mandeln geworden sein.

1 Den Backofen auf 180 °C vorheizen. Zwei Backbleche mit Backpapier auslegen.

2 Die Mandeln auf einem kleinen Teller verteilen. Jede Ziegenkäsescheibe in den Mandelsplittern wälzen, bis sie völlig damit bedeckt ist. Dabei die Mandelsplitter etwas andrücken. Die Käsescheiben auf eines der Bleche legen.

3 Die Bete-Nudeln auf dem anderen Blech verteilen und mit Salz und Pfeffer würzen.

4 Den Ziegenkäse und die Bete-Nudeln gleichzeitig etwa 10 Minuten im Ofen backen, bis der Käse aufgewärmt ist und die Bete-Nudeln noch Biss haben. Die Bete-Nudeln herausnehmen und zum Abkühlen 2 Minuten beiseitestellen.

5 Den Ofen auf Grillfunktion stellen und den Ziegenkäse 2 Minuten oder länger backen, bis die Mandelkruste goldbraun, aber nicht verbrannt ist.

6 Währenddessen die Zutaten für das Dressing in einer großen Schüssel verrühren.

7 Bete-Nudeln, Chicorée und Endiviensalat zufügen und alles gut vermengen.

8 Die Bete-Salat-Mischung auf vier Teller verteilen und jeweils durch zwei gebackene Ziegenkäsescheiben und vier Feigenstücke ergänzen.

Paprika

Erst nach der Veröffentlichung von *Inspiralisiert* habe ich entdeckt, dass sich auch Paprika wunderbar spiralisieren lassen. Ich nahm gerade ein lustiges Video auf, in dem ich zeigen wollte, dass man bestimmte Gemüse- und Obstarten wie reife Avocado einfach nicht zu Spiralstreifen verarbeiten kann. Als ich dann die Paprikaschote zum Spiralisieren einspannte, funktionierte es auf einmal einwandfrei! Das Video habe ich nie veröffentlicht, weil ich von der sensationellen Entdeckung abgelenkt war. Hier präsentiere ich Ihnen also – ganz offiziell – die Paprika-Nudeln.

Mit diesen Paprika-Nudeln lassen sich Fajitas ruck-zuck zubereiten und auch die Vorbereitung für pfannengerührte Gerichte verkürzt sich. Außerdem peppen die dekorativen Paprikaringe in appetitlichem Rot, Orange, Gelb und Grün so ziemlich jedes Gericht auf.

NÄHRWERT-PLUS: Paprikaschoten sind wahre Wunder, voll Antioxidanzien und Ballaststoffen. Die roten Schoten enthalten am meisten Vitamin C und außerdem Beta-Carotin, das entzündungshemmend wirkt. Alle Paprikaschoten haben wenig Kalorien, was sie zur idealen Diätkost macht.

VORBEREITEN UND AUFBEWAHREN: Die Schote mit einem Messerchen vorsichtig um den Stängel herum einschneiden und den Stängel mit dem samenbedeckten Mittelteil entfernen. Dann die Paprikaschote umdrehen und behutsam gegen einen Mülleimer oder eine Schüssel klopfen, sodass verbleibende Samen herausfallen. Das Griffende des Spiralschneiders am dickeren Ende der Paprika befestigen (oben, wo der Stängel entfernt wurde). Die Spiralstreifen lassen sich in einem luftdichten Behälter bis zu fünf Tage im Kühlschrank aufbewahren.

GEEIGNETER MESSEREINSATZ

- **KLINGE A**

GEEIGNETE ZUBEREITUNGSARTEN

- **roh**
- **blanchieren**
- **bei mittlerer bis hoher Hitze 7 Minuten anbraten**
- **bei 230 °C 20 Minuten im Ofen backen**

Spiralisierte Shakshuka

Wenn ich auf einer Speisekarte Shakshuka lese, muss ich immer an das erste offizielle Treffen mit meinen Brautjungfern denken, das in New York City stattfand. Wir stießen mit Mimosas an und lachten über meine lange Suche nach dem perfekten Ehemann. Währenddessen ließ ich mir die Shakshuka schmecken. Dieses leuchtend bunte, kräftig gewürzte Gericht kann zum Frühstück oder als Abendessen serviert werden. Die Version mit Gemüse-Nudeln hat mehr Biss und schmeckt auch ein wenig interessanter. Pluspunkte gibt es zudem für die simple Zubereitung.

vegetarisch
glutenfrei
paläo
laktosefrei
kalorienarm
One Pot

VORBEREITUNG 10 Minuten
ZUBEREITUNG 25 Minuten
FÜR 6 Personen

NÄHRWERTE
Kalorien: 157
Fett: 8 g
Natrium: 129 mg
Kohlenhydrate: 14 g
Ballaststoffe: 5 g
Zucker: 8 g
Eiweiß: 10 g

FUNKTIONIERT AUCH MIT
Süßkartoffel

- 1 EL natives Olivenöl extra
- *1 kleine weiße Zwiebel, geschält, mit KLINGE A in Spiralstreifen geschnitten, gekürzt*
- 1 große Knoblauchzehe, geschält und fein gehackt
- *1 grüne Paprikaschote, mit KLINGE A in Spiralstreifen geschnitten, gekürzt*
- *1 rote Paprikaschote, mit KLINGE A in Spiralstreifen geschnitten, gekürzt*
- 2 EL Tomatenmark
- 1 TL Chilipulver
- 1 TL gemahlener Kreuzkümmel
- 1 TL Paprikapulver
- 1 Msp. Cayennepfeffer
- 800 g stückige Tomaten (aus der Dose), ungesalzen
- 6 große Eier
- ½ Handvoll gehackte frische Petersilie zum Garnieren
- Salz und frisch gemahlener schwarzer Pfeffer

1 Das Olivenöl in einer Pfanne (ø 25 cm) mit Deckel erhitzen. Sobald das Öl glänzt, die Zwiebel und den Knoblauch zufügen und 5 Minuten braten. Die Paprika-Nudeln zugeben, mit Salz und Pfeffer würzen und 5 Minuten braten, bis sie weich sind.

2 Das Tomatenmark zufügen und gut vermengen. Chilipulver, Kreuzkümmel, Paprikapulver und Cayennepfeffer zugeben und 2 Minuten braten, bis sich das Aroma entfaltet. Die Tomatenstücke im eigenen Saft zufügen und 5 bis 7 Minuten köcheln lassen, bis die Flüssigkeit allmählich eindickt. Abschmecken und nach Belieben nachwürzen.

3 Mit einem Esslöffel sechs Vertiefungen in die Tomatenmasse drücken und je ein Ei hineinschlagen. Den Deckel auflegen und 5 bis 7 Minuten köcheln lassen, bis die Eier gerade gar sind.

4 Mit Petersilie garnieren und servieren.

Sobald die Shakshuka aus dem Ofen kommt, kann man noch etwas Feta darüberstreuen – das verleiht dem Gericht eine extra salzige Note.

Puten-Picadillo

mit »Nudeln« aus grüner Paprika

Vielleicht erinnert sich noch ein(e) Leser(in) an das Rezept »Bikini-Bolognese« aus *Inspiralisiert*? Nun, dieses Rezept reiste von Italien nach Kuba, wo es sich in diese Picadillo-Sauce auf Paprika-Nudeln verwandelte. Rosinen verleihen der duftenden Sauce eine leicht süße Note, Oliven geben ihr einen salzigen Geschmack. In diesem Gericht verschmelzen sie zu einer Einheit. Die Paprika-Nudeln sind knackig und sorgen für besondere Würze. Das Picadillo lässt sich gut vorbereiten und eignet sich deshalb zur Wochenplanung.

glutenfrei
paläo
laktosefrei
gut aufzubewahren

VORBEREITUNG 15 Minuten
ZUBEREITUNG 35 Minuten
FÜR 4 Personen

NÄHRWERTE
Kalorien: 384
Fett: 20 g
Natrium: 629 mg
Kohlenhydrate: 23 g
Ballaststoffe: 7 g
Zucker: 17 g
Eiweiß: 36 g

FUNKTIONIERT AUCH MIT
Jícama, Steckrübe, Süßkartoffel, Zucchini

1 EL natives Olivenöl extra
3 grüne Paprikaschoten, mit KLINGE A in Spiralstreifen geschnitten
1 weiße Zwiebel, fein gehackt
2 Knoblauchzehen, geschält und fein gehackt
750 g mageres Putenhack
1 Lorbeerblatt
200 g passierte Tomaten (aus der Dose)
½ TL gemahlener Zimt
1 TL gemahlener Kreuzkümmel
1 TL Chilipulver
½ TL Cayennepfeffer
1 TL getrockneter Oregano
50 g Rosinen
10 grüne, mit Paprika gefüllte Oliven (aus dem Glas), fein gehackt, plus 2 EL Saft aus dem Olivenglas
Salz und frisch gemahlener schwarzer Pfeffer

1 Das Olivenöl in einer großen Pfanne erhitzen. Sobald das Öl glänzt, die Paprikastreifen zufügen und mit Salz und Pfeffer würzen. Etwa 5 Minuten braten, bis sie bissfest sind. In eine Schale geben und beiseitestellen.

2 Die Zwiebel und den Knoblauch in die Pfanne geben und 5 Minuten braten, bis die Zwiebel glasig wird. Das Putenfleisch zufügen und unter Rühren etwa 10 Minuten braten, bis es schön angebräunt ist. Lorbeerblatt, passierte Tomaten, Zimt, Kreuzkümmel, Chilipulver, Cayennepfeffer und Oregano zugeben. Mit Salz und Pfeffer würzen und vermengen. Die Hitze reduzieren, den Deckel auflegen und etwa 10 Minuten köcheln lassen.

3 Den Deckel abnehmen und Rosinen, Oliven und Olivensaft zugeben. Den Deckel wieder auflegen und nochmals 5 Minuten köcheln lassen. Das Lorbeerblatt entfernen und entsorgen. Die Paprika-Nudeln auf vier Schüsseln verteilen und mit der Picadillo-Sauce übergießen.

Wenn man das Putenfleisch zur Hälfte durch fein gewürfelte Chorizo ersetzt, schmeckt das Picadillo besonders kubanisch!

Schnelle Steak-Paprika-Pfanne

laktosefrei
kalorienarm
gut aufzubewahren

VORBEREITUNG 20 Minuten
ZUBEREITUNG 25 Minuten
FÜR 4 Personen

NÄHRWERTE
Kalorien: 260
Fett: 16 g
Natrium: 516 mg
Kohlenhydrate: 12 g
Ballaststoffe: 1 g
Zucker: 7 g
Eiweiß: 18 g

FUNKTIONIERT AUCH MIT
Zucchini

Als ich ein Kind war, nahm mein Vater, wenn wir etwas vom Chinesen bestellten, eigentlich immer das Pfeffersteak mit Brokkoli. Ich schnappte mir dann jedes Mal ein paar Stückchen, weil mir die salzige Sauce auf den saftigen Steakstreifen so gut schmeckte. Mit den Paprika-Nudeln verkürzt sich die Vorbereitungszeit für das Pfeffersteak. Wie ein klassisches Takeaway lässt sich dieses Gericht im Kühlschrank aufbewahren und schmeckt am nächsten Tag vielleicht sogar noch etwas besser ...

350 g kleine Brokkoliröschen
1 EL Austernsauce
2 EL salzarme Sojasauce
1 TL Reisessig
60 ml salzarme Hühnerbrühe
2 EL Kokosöl
250 g Flank- oder Skirt-Steak (Kronfleisch), entgegen der Maserung in dünne Scheiben geschnitten
1 EL Sesamöl
1 Msp. Chiliflocken
4 Frühlingszwiebeln, in feine Ringe geschnitten, weiße und dunkelgrüne Ringe getrennt
3 Knoblauchzehen, geschält und in dünne Scheiben geschnitten
1 Msp. geriebener frischer Ingwer
2 EL gehackter frischer Ingwer
1 rote Paprikaschote, mit KLINGE A in Spiralstreifen geschnitten, gekürzt
1 orangefarbene Paprikaschote, mit KLINGE A in Spiralstreifen geschnitten, gekürzt
1 Jalapeño, in feine Ringe geschnitten
Salz und frisch gemahlener schwarzer Pfeffer

1 Leicht gesalzenes Wasser in einem mittelgroßen Topf zum Kochen bringen. Den Brokkoli zugeben und 3 Minuten kochen. Dann den Brokkoli abgießen und beiseitestellen.

2 Währenddessen Austern- und Sojasauce, Reisessig und Brühe in einer Schüssel vermengen.

3 Das Kokosöl in einer großen Pfanne zerlassen. Die Fleischscheiben mit Salz und Pfeffer würzen. Sobald das Öl geschmolzen ist, das Fleisch flach in die Pfanne legen und 6 bis 7 Minuten auf beiden Seiten bräunen. Herausnehmen, auf einem Teller beiseitestellen und 5 Minuten ruhen lassen.

4 Das Sesamöl in die Pfanne gießen. Sobald das Öl glänzt, Chiliflocken, Brokkoli, weiße Frühlingszwiebelringe, Knoblauch und Ingwer zugeben und unter Rühren etwa 1 Minute braten, bis die Mischung duftet. Paprika-Nudeln und Jalapeño zufügen und 5 Minuten braten, bis die Paprika-Nudeln weich sind.

5 Das Fleisch wieder in die Pfanne geben und mit der Sauce übergießen. Unter gelegentlichem Rühren 3 bis 5 Minuten braten, bis die Sauce eindickt. Mit den dunkelgrünen Frühlingszwiebelringen garnieren und servieren.

Paprika-Taco-Pfanne

glutenfrei
laktosefrei
gut aufzubewahren

VORBEREITUNG 25 Minuten
ZUBEREITUNG 35 Minuten
FÜR 4 Personen

NÄHRWERTE
Kalorien: 346
Fett: 21 g
Natrium: 143 mg
Kohlenhydrate: 21 g
Ballaststoffe: 7 g
Zucker: 7 g
Eiweiß: 10 g

FUNKTIONIERT AUCH MIT
Jícama, Süßkartoffel

Dieses von der mexikanischen Küche inspirierte Gericht wird sicher eines Ihrer Lieblingsrezepte werden – der geschmolzene Käse, das schmackhafte Fleisch und die würzigen Paprika-Nudeln sind unwiderstehlich. Die Taco-Pfanne passt zu einer Margarita-Party, ist aber auch als witziges Dinner ideal. Das Rezept lässt sich schnell zubereiten und besticht durch typisch mexikanische Aromen. Zwar kann man jede Paprikasorte verwenden, doch am hübschesten wird es mit verschiedenenfarbigen Paprika. Olé – die Fiesta kann beginnen! Und Sie haben meine Erlaubnis, direkt aus der Pfanne zu essen!

Würzmischung für die Fajita

1 Msp. Cayennepfeffer
1 TL Chilipulver
1 Msp. Knoblauchpulver
½ TL Paprikapulver
½ TL geräuchertes Paprikapulver
½ TL Zwiebelpulver
1 Msp. gemahlener Kreuzkümmel
1 Msp. getrockneter Oregano
1 Prise Salz

1 großer Maiskolben, geschält
250 g mageres Rinderhack
3 große Knoblauchzehen, geschält und fein gehackt
½ TL getrockneter Oregano
1 EL natives Olivenöl extra
1 kleine Zwiebel, in Ringe geschnitten
2 große Paprikaschoten (rot und gelb), mit KLINGE A in Spiralstreifen geschnitten
2 Roma-Tomaten, entkernt und gehackt
80 g Mexican blend cheese
1 Avocado, entkernt und geschält, das Fruchtfleisch in dünne Scheiben geschnitten, zum Garnieren
1 EL gehacktes frisches Koriandergrün zum Garnieren
Salz und frisch gemahlener schwarzer Pfeffer

1 Die Zutaten für die Fajita-Würzmischung in einer kleinen Schüssel gut vermengen.

2 Den Maiskolben in einen mittelgroßen Topf legen, mit Wasser bedecken und etwas Salz zugeben. Das Wasser zum Kochen bringen und den Mais 3 Minuten garen, bis sich eine Gabel leicht hineinstechen lässt. Anschließend abgießen.

3 Währenddessen bei mittlerer Hitze eine Pfanne (ø 30 cm, am besten aus Gusseisen) mit Deckel erhitzen. Etwas Wasser in die Pfanne spritzen. Wenn es zischt, das Rinderhack zufügen und mit Salz und Pfeffer würzen. Knoblauch und Oregano zugeben und 10 Minuten braten, bis das Fleisch angebräunt ist. Das Fleisch mit der Rückseite eines Löffels zerteilen, herausnehmen und beiseitestellen.

4 Das Olivenöl in der Pfanne erhitzen. Sobald das Öl glänzt, Zwiebel und Paprikastreifen zugeben und 5 Minuten braten, bis das Gemüse weich ist.

5 Das Fleisch wieder in die Pfanne geben, die Tomaten und 1 Esslöffel der Würzmischung zugeben. Vermengen und 2 bis 3 Minuten braten. Mit einem Messer die Maiskörner vom Kolben direkt in die Pfanne schneiden. Den Käse darüberstreuen und 5 bis 7 Minuten mit aufgelegtem Deckel erhitzen, bis er schmilzt. Deckel abnehmen, mit Avocado und Koriander garnieren und servieren.

Wer es lieber vegetarisch mag, ersetzt das Hackfleisch durch je 75 Gramm schwarze Bohnen und Kidneybohnen.

Salat aus gerösteter Paprika und Chicorée

mit Sardellen-Bohnen-Dressing und weich gekochten Eiern

glutenfrei
laktosefrei

VORBEREITUNG 10 Minuten
ZUBEREITUNG 15 Minuten
FÜR 4 Personen

NÄHRWERTE
Kalorien: 340
Fett: 16 g
Natrium: 130 mg
Kohlenhydrate: 40 g
Ballaststoffe: 9 g
Zucker: 8 g
Eiweiß: 17 g

Ich liebe geröstete Paprika – getreu meinen italienischen Wurzeln – als Snack, in Pastasaucen, als Antipasti oder im Salat. Dieser anspruchsvoll wirkende Salat lässt sich leicht zubereiten und macht satt. Die weich gekochten Eier verschmelzen mit dem bitteren Chicorée. Dazu kommt das sahnig-aromatische Dressing mit Knoblauch und Sardellen. Wer nicht auf Gluten achten muss, kann dazu auch getoastetes Sauerteigbrot essen.

Für den Salat

2 rote Paprikaschoten, mit KLINGE A in Spiralstreifen geschnitten, gekürzt

2 orangefarbene Paprikaschoten, mit KLINGE A in Spiralstreifen geschnitten, gekürzt

½ TL Knoblauchpulver

4 große Eier

400 g Chicorée, geputzt und in dünne Streifen geschnitten

Salz und frisch gemahlener schwarzer Pfeffer

Für das Dressing

2 Sardellenfilets in Olivenöl, gehackt

1 Knoblauchzehe, geschält und fein gehackt

2 TL Sherryessig

3 EL natives Olivenöl extra

1 Handvoll gehackte frische Petersilie

Saft von ½ Zitrone, frisch gepresst

400 g Cannellini-Bohnen (aus der Dose), abgespült und abgetropft

Salz und frisch gemahlener schwarzer Pfeffer

An Sardellen scheiden sich die Geister. Die einen lieben sie, die anderen hassen sie. Wer keine Sardellen mag, fügt stattdessen 30 Gramm Kalamata-Oliven – entsteint und in feine Ringe geschnitten – hinzu, um einen ähnlich salzig-intensiven Geschmack zu erhalten.

1 Den Backofen auf 230 °C vorheizen.

2 Ein Backblech mit Backpapier auslegen. Rote und orangefarbene Paprika-Nudeln darauf verteilen. Mit Knoblauchpulver, Salz und Pfeffer würzen. Im Ofen 20 Minuten rösten, bis sie zusammenfallen. Dabei nach der Hälfte der Zeit wenden.

3 Währenddessen die Eier in einen kleinen Topf geben und gut mit Wasser bedecken. Den Deckel auflegen und das Wasser zum Kochen bringen. Sobald es kocht, den Herd ausschalten und die Eier zugedeckt 7 Minuten ziehen lassen. Abgießen und mit kaltem Wasser abschrecken. Die Eier pellen, der Länge nach halbieren und beiseitelegen.

4 Währenddessen das Dressing zubereiten. Dazu Sardellen, Knoblauch, Essig, Olivenöl, Petersilie und Zitronensaft in einer Schüssel vermengen. Die Bohnen zugeben und gut verrühren. Mit Salz und Pfeffer würzen.

5 Die Paprika-Nudeln in eine große Schüssel geben, den Chicorée zufügen und vermengen. Das Dressing darübergießen und vorsichtig verrühren. Die Paprika-Chicorée-Mischung auf vier Teller verteilen und mit je zwei Eierhälften garnieren.

Sommer-Ratatouille

»Ratatouille« ist nicht nur der Titel eines Zeichentrickfilms mit einer sympathischen Ratte, die genial kochen kann, sondern auch der Name eines kulinarischen Klassikers aus der Provence. In diesem Rezept wird das Sommergemüse zuerst gekocht, um die Aromen hervorzukitzeln, und anschließend gebacken. Durch das Spiralisieren reduziert sich die Vorbereitungszeit enorm. Während bei einem französischen Ratatouille jedes Gemüse einzeln gekocht wird, kommt dieses leichte Sommergericht schnell auf den Tisch.

vegan
vegetarisch
glutenfrei
paläo
laktosefrei
kalorienarm
One Pot
gut aufzubewahren

VORBEREITUNG 25 Minuten
ZUBEREITUNG 35 Minuten
FÜR 4 Personen

NÄHRWERTE
Kalorien: 172
Fett: 9 g
Natrium: 957 mg
Kohlenhydrate: 24 g
Ballaststoffe: 6 g
Zucker: 16 g
Eiweiß: 5 g

2 EL natives Olivenöl extra

2 große Knoblauchzehen, geschält und zerdrückt

1 Msp. Chiliflocken

1 Gemüsezwiebel oder weiße Zwiebel, geschält, mit KLINGE A in Spiralstreifen geschnitten, gekürzt

2 rote Paprikaschoten, mit KLINGE A in Spiralstreifen geschnitten, gekürzt

1 mittelgroßer Zucchino, mit KLINGE D in Spiralstreifen geschnitten, gekürzt

1 mittelgroßer Sommerkürbis, mit KLINGE D in Spiralstreifen geschnitten, gekürzt

1 kleine Aubergine, in Juliennestreifen geschnitten

800 g geschälte Tomaten im eigenen Saft (aus der Dose)

1 Lorbeerblatt

1 EL frische Oreganoblätter

1 Handvoll fein gehackte Basilikumblätter

Salz und frisch gemahlener schwarzer Pfeffer

1 Das Olivenöl in einem großen Topf erhitzen. Sobald das Öl glänzt, Knoblauch, Chiliflocken und Zwiebelstreifen zugeben und etwa 5 Minuten braten, bis die Zwiebel glasig ist.

2 Paprika-, Zucchini- und Kürbis-Nudeln sowie die Auberginenstreifen zugeben. Mit Salz und Pfeffer würzen und etwa 10 Minuten braten, bis das Gemüse weich ist.

3 Tomaten mit Saft zugeben, dabei mit den Händen zerdrücken. Lorbeerblatt und Oregano unterrühren und die Tomaten mit einem Holzlöffel weiter zerteilen. Alles aufkochen, dann die Hitze auf niedrigste Stufe reduzieren und 10 bis 15 Minuten köcheln lassen, bis das Gemüse gar ist. Nicht zu weich kochen, da es sonst breiig wird.

4 Die Basilikumblätter unterrühren und 1 Minute erhitzen. Vor dem Servieren das Lorbeerblatt entfernen.

Wolfsbarsch-Päckchen

Da Wolfsbarsch bereits ein wunderbar delikates Aroma besitzt, benötigt er zur Ergänzung lediglich ein paar frische Kräuter und Olivenöl. Die in Spiralstreifen geschnittenen Paprikaschoten werden weich, während sie zusammen mit Kapern, Zitronensaft und Petersilie ihren vollen Geschmack entfalten. Das Aufräumen hinterher geht blitzschnell, da alle Zutaten in der Folie gekocht wurden – ideal für das schnelle Abendessen unter der Woche.

glutenfrei
paläo
laktosefrei
kalorienarm

VORBEREITUNG 20 Minuten
ZUBEREITUNG 15 Minuten
FÜR 4 Personen

NÄHRWERTE
Kalorien: 300
Fett: 21 g
Natrium: 263 mg
Kohlenhydrate: 13 g
Ballaststoffe: 4 g
Zucker: 6 g
Eiweiß: 18 g

FUNKTIONIERT AUCH MIT
Jícama, Kohlrabi, Zucchini

3 EL natives Olivenöl extra
2 gelbe Paprikaschoten, mit KLINGE A in Spiralstreifen geschnitten, gekürzt
2 orangefarbene Paprikaschoten, mit KLINGE A in Spiralstreifen geschnitten, gekürzt
4 Wolfsbarschfilets (à ca. 125 g)
2 Schalotten, gehackt
4 Knoblauchzehen, geschält und fein gehackt
Saft von 1 Zitrone, frisch gepresst
3 Kirschtomaten, halbiert
1 EL abgetropfte Kapern
2 EL gehackte frische Petersilie zum Garnieren
Salz und frisch gemahlener schwarzer Pfeffer

Wer keine Alufolie zur Hand hat, kann auch Backpapier verwenden. Zum Versiegeln die Papierränder mit verquirltem Ei bestreichen und gut verschließen.

1 Den Backofen auf 220 °C vorheizen.

2 Vier 50 Zentimeter lange Stücke Alufolie abreißen. Die Mitte eines jeden Folienstücks großzügig mit je ½ Esslöffel Olivenöl bestreichen.

3 In einer großen Schüssel die gelben und orangefarbenen Paprika-Nudeln vermengen. Auf jeder Alufolie etwas Paprika aufhäufen und mit Salz und Pfeffer würzen. Die Fischfilets ebenfalls salzen und pfeffern und jeweils 1 Filet auf die Paprika-Nudeln legen. Die Schalotten und den Knoblauch gleichmäßig auf den Filets verteilen.

4 Für die Sauce in einer Schüssel Zitronensaft, Kirschtomaten, Kapern und das restliche Olivenöl vermengen. Die Seiten der Folie jeweils nach oben ziehen und die Sauce über den Fisch gießen. Die Ränder der Folie sorgfältig zusammenfalten, sodass dichte Päckchen entstehen.

5 Die Päckchen auf ein Backblech legen und im Ofen 12 bis 15 Minuten backen, bis der Fisch gar und nicht mehr durchscheinend ist. Die Päckchen vorsichtig öffnen (Vorsicht, der Dampf ist heiß!), den Fisch mit Petersilie garnieren und die gefüllten Päckchen im Ganzen servieren.

Brokkoli

Die meisten Leute ahnen nicht einmal, dass sich Brokkoli wunderbar spiralisieren lässt. Eine tolle Methode, um auch die Stängel zu verwerten und nicht nur die Röschen. So werfen Sie weniger weg und essen zudem mehr Gemüse. Vielleicht kennen Sie ja Brokkolisalat, der Brokkolistängel als feine Juliennestreifen enthält. Noch besser aber schmecken Brokkoli-Nudeln als Pasta-Alternative, da sie eine ganz besondere Konsistenz haben. Stellen Sie sich nur einmal vor, was Sie sonst noch alles daraus zaubern können! Brokkoli-Nudeln sind kräftig. Mir schmecken sie am besten gekocht, denn sie saugen sich wie auch Karotten-Nudeln mit Flüssigkeit voll und ähneln in der Konsistenz Vollkornnudeln.

Die Brokkolistängel sollten zum Spiralisieren groß genug sein, das heißt: mindestens 4 bis 5 Zentimeter dick und 8 bis 10 Zentimeter lang. Tipp: Fragen Sie doch einfach mal am Marktstand nach, ob die Bauern nicht bei der nächsten Ernte einen längeren Strunk am Brokkoli lassen können!

NÄHRWERT-PLUS: Brokkoli ist eine hervorragende Quelle für das Carotinoid Lutein, ein mächtiges Antioxidans, das auch den Augen zugute kommt. Außerdem stecken unzählige entgiftende Pflanzenwirkstoffe im Brokkoli sowie verdauungsfördernde Ballaststoffe.

VORBEREITEN UND AUFBEWAHREN: Den Stängel möglichst in ganzer Länge vom Brokkolikopf trennen. Die Seiten etwas begradigen (nur dicke, herausragende Stellen entfernen), aber nicht zu viel wegschneiden, da der Stängel sonst vielleicht zu dünn wird. Die Enden abschneiden, sodass ebene Flächen entstehen. In einem luftdichten Behälter sind die Stängel im Kühlschrank bis zu fünf Tage haltbar – und die Brokkoli-Nudeln lassen sich tiefgefroren bis zu acht Monate aufbewahren.

GEEIGNETE MESSEREINSÄTZE

- **KLINGE D (bei einem Spiralschneider mit 3 Messereinsätzen KLINGE C verwenden)**

GEEIGNETE ZUBEREITUNGSARTEN

- **2 bis 3 Minuten kochen**
- **5 bis 7 Minuten anbraten**
- **bei 220 °C 10 Minuten im Ofen backen**

Großmutters Thunfisch-Makkaroni-Salat

glutenfrei
laktosefrei
kalorienarm

VORBEREITUNG 10 Minuten
ZUBEREITUNG 10 Minuten, plus 1 Stunde zum Durchziehen
FÜR 2 bis 4 Personen

NÄHRWERTE
Kalorien: 154
Fett: 1 g
Natrium: 289 mg
Kohlenhydrate: 12 g
Ballaststoffe: 3 g
Zucker: 5 g
Eiweiß: 26 g

FUNKTIONIERT AUCH MIT
Jícama, Kohlrabi, Zucchini

Jedes Mal, wenn meine Eltern zum Grillen einladen, bringt meine Oma ihren allseits beliebten Thunfisch-Makkaroni-Salat mit. Ich kann nur sagen, dass ihr Salat süchtig macht – wer weiß, woran es liegt. Solche Familienrezepte lassen sich ohne die magische Prise großmütterlicher Liebe wohl kaum nachkochen. Ich habe es trotzdem versucht. Die Mayonnaise habe ich durch Avocadocreme ersetzt und die Makkaroni durch gekochte Brokkoli-Nudeln: So erhält man ein kalorien- und kohlenhydratarmes Gericht. Das Original ist nach wie vor konkurrenzlos, doch diese Version schmeckt am zweitbesten. Womöglich werden ja eines Tages meine Enkel dieses Rezept neu erschaffen!

Für den Salat

2 große Brokkolistängel, mit KLINGE D in Spiralstreifen geschnitten, gekürzt

185 g Thunfisch im eigenen Saft (aus der Dose), gut abgetropft

2 Stangen Staudensellerie, geputzt und fein gewürfelt

Salz

Für die Avocado-»Mayonnaise«

1 große reife Avocado, geschält, entkernt, und das Fruchtfleisch zerdrückt

1 TL Dijon-Senf

1 TL frisch gepresster Zitronensaft

1 Msp. Knoblauchpulver

Salz und weißer Pfeffer

1 Einen mittelgroßen Topf zur Hälfte mit Wasser füllen, 1 Prise Salz zugeben und zum Kochen bringen. Dann die Brokkoli-Nudeln zufügen und etwa 3 Minuten kochen, bis sie bissfest sind. Abgießen und vorsichtig trocken tupfen.

2 Währenddessen die Zutaten für die Avocado-Mayonnaise in einer großen Schüssel vermengen.

3 Brokkoli-Nudeln, Thunfisch und Staudensellerie zugeben. Gut salzen und gründlich vermengen, sodass alles mit der »Mayonnaise« bedeckt ist. Vor dem Servieren mindestens 1 Stunde in den Kühlschrank stellen, damit sich die Aromen entfalten.

Auch wenn das nicht in Großmutters Rezept steht, so schmeckt 1 Teelöffel gehackter frischer Dill in der »Mayonnaise« doch ausgesprochen lecker.

Brokkoli-Pasta

mit getrockneten Tomaten und Hähnchen

Bei meinem ersten Job verbrachte ich meine Mittagspausen meist an der Salatbar des örtlichen Supermarkts, wo ich versuchte, möglichst viel Grünzeug in die vorgesehenen Salat-Behälter zu stopfen. Es gab dort eine kalte Farfalle-Pasta mit sonnengetrockneten Tomaten und Brokkoli in Knoblauch-Parmesan-Sauce. Ich weiß noch, dass ich mich jedes Mal auf meine Mittagspause freute – nur wegen dieser Pasta! Jetzt habe ich eine »inspiralisierte« Version mit Brokkoli-Nudeln statt Farfalle kreiert. Seit ich »inspiralisiere«, denke ich so gut wie kaum an meine früheren Jobs, doch diese Mittagspausen in der Salatbar sind unvergessen …

glutenfrei
laktosefrei
kalorienarm
gut aufzubewahren

VORBEREITUNG 10 Minuten
ZUBEREITUNG 15 Minuten
FÜR 4 Personen

NÄHRWERTE
Kalorien: 240
Fett: 8 g
Natrium: 172 mg
Kohlenhydrate: 11 g
Ballaststoffe: 3 g
Zucker: 4 g
Eiweiß: 32 g

FUNKTIONIERT AUCH MIT
Butternusskürbis, Paprikaschote, Speiserübe, Süßkartoffel, Zucchini

- 350 g Brokkoliröschen
- *2 große Brokkolistängel, spiralisiert mit KLINGE D, gekürzt*
- 1 EL natives Olivenöl extra
- 500 g Hähnchenbrustfilet, in mundgerechte Würfel geschnitten
- 1 TL Knoblauchpulver
- 2 Knoblauchzehen, geschält und fein gehackt
- 1 kleine Schalotte, fein gehackt
- 100 g sonnengetrocknete Tomaten (nur getrocknet, nicht in Öl eingelegt), gehackt
- 1 Msp. Chiliflocken
- 60 g frisch geriebener Parmesan
- Salz und frisch gemahlener schwarzer Pfeffer

Vegetarier ersetzen das Hähnchenfleisch einfach durch 400 Gramm Kichererbsen (aus der Dose). Die Kichererbsen gut abspülen und abtropfen lassen, dann erst zugeben.

1 Einen mittelgroßen Topf zur Hälfte mit Wasser füllen, 1 Prise Salz zugeben und zum Kochen bringen. Die Brokkoliröschen und die Brokkoli-Nudeln zufügen und 3 Minuten kochen, bis sie bissfest sind. Abgießen und trocken tupfen.

2 Währenddessen das Olivenöl in einer großen Pfanne erhitzen. Das Hähnchenfleisch mit Knoblauchpulver, Salz und Pfeffer würzen. Sobald das Öl glänzt, das Fleisch zugeben und rundum etwa 5 Minuten braten, bis es außen goldbraun und innen nicht mehr rosa ist. Herausnehmen und auf einen Teller legen.

3 Knoblauch, Schalotte, Tomaten und Chiliflocken in die Pfanne geben und 1 Minute braten, bis die Schalotte weich ist. Brokkoliröschen, Brokkoli-Nudeln und Filet zufügen. Unter Rühren 1 Minute braten, bis die Röschen mit Öl bedeckt sind.

4 Die Pfanne vom Herd nehmen, den Parmesan darüberstreuen und gut vermengen. Auf vier Schüsseln verteilen und servieren.

Garnelen Tom Kha
mit Brokkoli-Nudeln

Tom Kha ist eine pikante scharfsaure Suppe mit Kokosmilch, die in Thailand und Laos sehr beliebt ist. Zum Glück müssen Sie nicht bis nach Südostasien reisen, um ihr leckeres Aroma zu kosten. Die Brokkoli-Nudeln behaupten sich in der dickflüssigen Kokosmilch, wo sie den Duft von Zitronengras und Chilischote in sich aufnehmen, bestens. Stäbchen für Stäbchen ein wahrer Genuss!

glutenfrei
laktosefrei
One Pot

VORBEREITUNG 15 Minuten
ZUBEREITUNG 20 Minuten
FÜR 4 Personen

NÄHRWERTE
Kalorien: 317
Fett: 17 g
Natrium: 951 mg
Kohlenhydrate: 13 g
Ballaststoffe: 2 g
Zucker: 6 g
Eiweiß: 28 g

FUNKTIONIERT AUCH MIT
Chayote, Daikon-Rettich, Kohlrabi, Speiserübe, Zucchini

1 Liter salzarme Hühnerbrühe

1 Stück frischer Ingwer oder Galgant (ca. 2,5 cm), geschält und in feine Scheiben geschnitten

fein abgeriebene Schale von ½ unbehandelten Limette

400 ml vollfette Kokosmilch (aus der Dose)

350 g Brokkoliröschen

2 Brokkolistängel, mit KLINGE C in Spiralstreifen geschnitten, gekürzt

1 Stängel frisches Zitronengras, in ca. 5 cm große Stücke geschnitten

350 g frische Pilze (Egerlinge oder Champignons), geputzt und die Stiele entfernt, in Scheiben geschnitten

300 g Garnelen, geschält und entdarmt

1 ½ EL Fischsauce

1 ½ EL frisch gepresster Limettensaft

4 scharfe rote Chilischoten, in feine Ringe geschnitten, zum Garnieren

1 Handvoll frisches Koriandergrün zum Garnieren

1 Brühe, Ingwer- oder Galgantscheiben und Limettenschale in einem Topf bei mittlerer Hitze zum Köcheln bringen. Die Hitze auf niedrige Stufe reduzieren und 10 Minuten köcheln lassen.

2 Kokosmilch, Brokkoliröschen, Brokkoli-Nudeln, Zitronengras und Pilze zugeben. Die Hitze erhöhen und etwa 5 Minuten köcheln lassen, bis die Pilze gar sind. Die Garnelen zufügen und 3 bis 5 Minuten kochen, bis sie rosa, nicht mehr durchscheinend und völlig gar sind.

3 Die Fischsauce und den Limettensaft einrühren. Den Topf vom Herd nehmen, das Zitronengras entfernen und die Suppe auf vier Schüsseln verteilen. Mit Chiliringen und Koriander garnieren.

Galgant, eine beliebte Zutat der Thai-Küche, ähnelt Ingwer, schmeckt aber etwas schärfer. Falls Galgant nicht erhältlich ist oder Sie Ihre *Tom Kha* nicht ganz so scharf mögen, nehmen Sie Ingwer.

Butternuss-kürbis

Wenn man sich einen großen, schweren Butternusskürbis so ansieht, möchte man meinen, es wäre ein Alptraum, ihn zu spiralisieren. Ihn mit einem Messer aufzuschneiden, ist aber auch kein Vergnügen! Doch der Butternusskürbis zählt zu den Gemüsesorten, die sich am leichtesten spiralisieren lassen und viele, schöne »Nudeln« ergeben. Ein mittelgroßer Kürbis reicht je nach Gericht für bis zu vier Personen!

Achten Sie beim Kauf unbedingt auf den richtigen Reifegrad, denn ein unreifer Kürbis lässt sich nicht aufschneiden, nicht mal mit einem Spiralschneider (vom Geschmack ganz zu schweigen!). Ein reifer Kürbis hat eine matt orangefarbene Schale ohne glänzende Stellen oder größere Flecken. Nehmen Sie nach Möglichkeit einen Kürbis mit langem Hals, da daraus die »Nudeln« geschnitten werden. Den rundlichen Boden schneide ich gern in Stücke, die ich anschließend röste und im Kühlschrank aufbewahre, um sie in Salaten, Pastagerichten oder als kleinen Snack zu verwenden!

Butternusskürbis-Reis mit Bohnen 68 / Rosmarin-Kürbis »Alfredo« mit knusprigem Prosciutto 69 / Butternusskürbis-Ravioli mit Salbei und gerösteten Pinienkernen 70 / Buttnernusskürbis-Nudeln mit Mandel-Ricotta und Kokos-Bacon 73 / Salat aus Nashi-Birne, Granatapfel und Pute mit Butternusskürbis und einer Ahornsirup-Sesam-Vinaigrette 77 / Winter-Lasagne mit Rosenkohl und Würstchen 78 / Teriyaki-Fleischbällchen auf gebratenen Frühlingszwiebeln und Butternusskürbis-Nudeln 81/ Avocado-Tacos mit Chipotle-Creme 82 / Butternusskürbis-Nudeln mit Limabohnen in Tomaten-Kokos-Sauce 85

NÄHRWERT-PLUS: Dieser gesunde Kürbis enthält reichlich Ballaststoffe, zudem Kalium, das die Knochen stärkt, sowie Vitamin B_6, um das Immunsystem und den Stoffwechsel anzukurbeln.

VORBEREITEN UND ZUBEREITEN: Den Kürbis mit einem Gemüseschäler schälen. Das dicke Ende knapp abschneiden, sodass der Hals möglichst lang ist. Das andere Ende ebenfalls entfernen, damit eine ebene Fläche entsteht. Falls der Kürbis länger als 15 Zentimeter ist, quer durchschneiden, damit er besser befestigt werden kann. In einem luftdichten Behälter hält er sich im Kühlschrank bis zu fünf Tage. Butternusskürbis-Nudeln lassen sich tiefgefroren auch bis zu acht Monate aufbewahren.

GEEIGNETE MESSEREINSÄTZE

- **KLINGE A**
- **KLINGE B**
- **KLINGE C**
- **KLINGE D**

GEEIGNETE ZUBEREITUNGSARTEN

- **bei 200 °C 8 bis 10 Minuten im Ofen backen**

Butternusskürbis-Reis mit Bohnen

vegan
vegetarisch
glutenfrei
laktosefrei
kalorienarm
gut aufzubewahren

VORBEREITUNG 15 Minuten
ZUBEREITUNG 40 Minuten
FÜR 6 Personen

NÄHRWERTE
Kalorien: 259
Fett: 5 g
Natrium: 1012 mg
Kohlenhydrate: 52 g
Ballaststoffe: 18 g
Zucker: 8 g
Eiweiß: 15 g

FUNKTIONIERT AUCH MIT
Jícama, Süßkartoffel

Ich werde nie vergessen, wie ich mit meinem Mann Lu an Thanksgiving zum ersten Mal nach Puerto Rico flog, um seine Familie kennenzulernen. Zwar wusste ich, dass seine Verwandten warmherzige und freundliche Leute sind, aber ich hatte keine Ahnung, wie sie in Puerto Rico Thanksgiving feiern. Würde es zum Dinner Cranberry-Sauce geben oder Süßkartoffeln? Turkey-Füllung? Nein, nichts von alledem! Wir feierten ein echt puertoricanisches Fest – und das Essen schmeckte fantastisch. Am meisten in Erinnerung geblieben sind mir Reis und Bohnen, die ich (gefolgt von vier Stück Torte) verspeiste. In Lateinamerika wird dieses typische Gericht überall unterschiedlich zubereitet. Das folgende Rezept ist unsere spiralisierte Version.

1 EL natives Olivenöl extra
1 mittelgroße Zwiebel, fein gewürfelt
½ grüne Paprikaschote, fein gewürfelt
2 Stängel Staudensellerie, geputzt und gewürfelt
2 große Knoblauchzehen, geschält und fein gehackt
1,2 kg rote Kidneybohnen (aus der Dose), abgespült und abgetropft
400 g stückige Tomaten (aus der Dose)
1 EL Tomatenmark
1 TL getrockneter Thymian
1 TL getrockneter Oregano
1 TL geräuchertes Paprikapulver
½ TL Chilipulver
60 ml salzarme Gemüsebrühe, plus mehr bei Bedarf
1 großer Butternusskürbis, geschält, mit KLINGE D in Spiralstreifen geschnitten, dann zu »Reis« verarbeitet (siehe Seite 16)
2 EL gehacktes frisches Koriandergrün
6 Limettenspalten zum Servieren
Salz und frisch gemahlener schwarzer Pfeffer

1 Das Olivenöl in einer großen Pfanne mit Deckel erhitzen. Sobald das Öl glänzt, Zwiebel, Paprika, Staudensellerie und Knoblauch zufügen. Mit Salz und Pfeffer würzen und 7 Minuten braten, bis das Gemüse gar ist.

2 Währenddessen die Hälfte der Bohnen und Tomaten in einem Mixer leicht pürieren.

3 Das Tomatenmark zum Gemüse in die Pfanne geben und gut vermengen. Das Bohnepüree mit den restlichen Bohnen und den Tomaten mitsamt dem Tomatensaft zugeben. Mit Thymian, Oregano, Paprikapulver und Chilipulver würzen. Die Hitze auf niedrige Stufe reduzieren, den Deckel auflegen und 30 Minuten köcheln lassen. Dabei alle 5 Minuten umrühren. Falls die Flüssigkeit zu stark einkocht, esslöffelweise Gemüsebrühe zugeben, damit die Bohnen feucht bleiben.

4 Den Kürbis-Reis und die Brühe zugeben, den Deckel auflegen und 5 bis 7 Minuten kochen, bis der »Reis« weich wird.

5 Das Koriandergrün unterrühren und mit Limettenspalten servieren.

Rosmarin-Kürbis »Alfredo«

mit knusprigem Prosciutto

glutenfrei
paläo
laktosefrei
gut aufzubewahren

VORBEREITUNG 25 Minuten
ZUBEREITUNG 20 Minuten
FÜR 4 Personen

NÄHRWERTE
Kalorien: 451
Fett: 29 g
Natrium: 1185 mg
Kohlenhydrate: 32 g
Ballaststoffe: 6 g
Zucker: 9 g
Eiweiß: 22 g

FUNKTIONIERT AUCH MIT
Bete, Karotte, Steckrübe, Süßkartoffel

Der Herbstbeginn erinnert mich immer an das Ende des festlichen Balls im Disney-Zeichentrickfilm »Cinderella« – überall Kürbis! Dazu gibt es Kürbisravioli, Kürbissuppe, Kürbisse in Schaufenstern und auf Türstufen sowie Kürbispüree in Dosen oder im Glas in den Supermärkten. Natürlich können Sie Ihr Kürbispüree komplett selbst zubereiten. Aber aus der Dose oder dem Glas schmeckt es auch wunderbar. Diese Kombination aus Prosciutto, Rosmarin und Muskatnuss auf Butternusskürbis-Nudeln ist das reinste Herbstgedicht. Die Kokosmilch ergibt dazu eine kräftige Sauce, die wesentlich kalorien- und fettärmer ist als die typische amerikanische »Sauce Alfredo«.

1 großer oder 2 mittelgroße Butternusskürbisse, geschält, mit KLINGE D in Spiralstreifen geschnitten, gekürzt
8 dünne Scheiben Prosciutto
½ Schalotte, fein gehackt
2 kleine Knoblauchzehen, geschält und fein gehackt
1 Prise Chiliflocken
1 Glas Kürbispüree (ca. 350 g)
2 TL fein gehackte Rosmarinnadeln
250 g Kokoscreme (siehe Seite 20)
1 Prise frisch gemahlene Muskatnuss
1 EL gehackte frische Petersilie zum Garnieren
Salz und frisch gemahlener schwarzer Pfeffer

1 Den Backofen auf 200 °C vorheizen.

2 Ein Backblech mit Backpapier auslegen und die Kürbis-Nudeln gleichmäßig darauf verteilen. Mit Salz und Pfeffer würzen und 8 bis 10 Minuten backen, bis sie bissfest sind.

3 Die Prosciuttoscheiben nebeneinander in eine große Pfanne legen und bei mittlerer Hitze 5 bis 7 Minuten braten, bis sie knusprig sind. Dabei die Scheiben einmal wenden. Zum Abtropfen auf einen Teller mit Küchenpapier legen.

4 Die Pfanne 2 Minuten abkühlen lassen, dann Schalotte, Knoblauch und Chiliflocken zufügen und unter Rühren etwa 30 Sekunden braten, bis sie aromatisch duften. Nicht anbrennen lassen. Das Kürbispüree und den Rosmarin zugeben. Mit Salz und Pfeffer würzen und 2 bis 3 Minuten braten, bis das Püree durchgewärmt ist. Kokoscreme und Muskatnuss zufügen, gut vermengen und die Sauce 5 Minuten köcheln lassen.

5 Die Kürbis-Pasta auf vier Schüsseln verteilen, mit der Sauce übergießen und mit je zwei Scheiben Prosciutto krönen. Mit Petersilie garnieren.

Butternusskürbis-Ravioli

mit Salbei und gerösteten Pinienkernen

Das Rezept für Ravioli mit Tomatensauce, die mein Großvater immer zubereitet hat, ist quasi unantastbar. Stattdessen habe ich diese pikante und leicht süße, spiralisierte Version kreiert. Die mit Muskatnuss gewürzte Füllung aus Ricotta und Parmesan lässt klar dem Butternusskürbis den Vortritt. Eine sanfte Salbeisauce legt sich über die Ravioli – und geröstete Pinienkerne sorgen für einen nussigen Knuspereffekt. Ein Gericht, das bestimmt jeden Gast beeindruckt!

vegetarisch
glutenfrei
kalorienarm

VORBEREITUNG 10 Minuten
ZUBEREITUNG 25 Minuten
FÜR 4 Personen

NÄHRWERTE
Kalorien: 83
Fett: 7 g
Natrium: 28 mg
Kohlenhydrate: 4 g
Ballaststoffe: 1 g
Zucker: 1 g
Eiweiß: 3 g

FUNKTIONIERT AUCH MIT
Süßkartoffel, Zucchini

Für die Füllung

½ TL frisch gepresster Zitronensaft

1 Msp. gemahlene Muskatnuss

200 g Ricotta

2 EL frisch geriebener Parmesan

Salz und frisch gemahlener schwarzer Pfeffer

Für die Ravioli

1 mittelgroßer Butternusskürbis, geschält und vorbereitet

2 EL natives Olivenöl extra

8 frische Salbeiblätter

1 EL Pinienkerne

Lust auf Abwechslung? Wer Ricotta und Parmesan durch Ziegenkäse ersetzt, erhält ein völlig anderes, intensiveres Geschmackserlebnis.

1 Für die Füllung alle Zutaten in einer Schüssel gut vermengen, dann beiseitestellen.

2 Für die Ravioli den Kürbis der Länge nach bis zur Mitte einschneiden, sodass ein Schlitz entsteht. Mit **KLINGE A** zu Scheiben schneiden. 24 Scheiben auswählen, den Rest anderweitig verwenden.

3 In einer großen Pfanne 1 Esslöffel Olivenöl erhitzen. Sobald das Öl glänzt, die Salbeiblätter zugeben und 5 Minuten braten, dann herausnehmen und auf Küchenpapier abtropfen lassen. Die Kürbisscheiben in einer Schicht in die Pfanne legen (falls nötig, in mehreren Durchgängen) und auf jeder Seite 5 Minuten braten. Auf ein Stück Alufolie oder Backpapier legen und beiseitestellen.

4 Die Pfanne mit Küchenpapier säubern und das restliche Öl darin erhitzen. Die gerösteten Salbeiblätter hineinbröseln und die Öl-Salbei-Sauce anschließend in eine Schüssel gießen. Die Pinienkerne in die Pfanne geben und unter Rühren 3 bis 5 Minuten rösten. In die Saucenschüssel füllen.

5 Zum Servieren auf jeden Teller drei Kürbisscheiben legen. Mit einem Messer je 2 Esslöffel von der Käsemischung auf jede Scheibe streichen. Mit einer zweiten Kürbisscheibe bedecken und leicht andrücken. Zum Schluss die Salbei-Pinienkern-Mischung darüberträufeln.

Buttnernusskürbis-Nudeln
mit Mandel-Ricotta und Kokos-Bacon

vegan
vegetarisch
glutenfrei
paläo
laktosefrei

VORBEREITUNG 20 Minuten, plus 8 bis 12 Stunden für den Mandel-Ricotta

ZUBEREITUNG 20 Minuten

FÜR 6 Personen

NÄHRWERTE
Kalorien: 317
Fett: 25 g
Natrium: 192 mg
Kohlenhydrate: 21 g
Ballaststoffe: 7 g
Zucker: 5 g
Eiweiß: 9 g

FUNKTIONIERT AUCH MIT
Bete, Süßkartoffel

Ich probiere fast alle Food-Trends aus – von Matcha Latte bis zur Knochenbrühe. Das liegt zum Teil daran, dass ich Food-Blogger bin, aber auch an meiner Gier nach Neuem! Na ja, manche Trends sollten tatsächlich besser Trends bleiben (Grillenpulver zum Beispiel), andere Trends dagegen finden sich bald im Repertoire meiner Gerichte wieder. Mandel-Ricotta und Kokos-Bacon sind vegane Alternativen, die ich auf diesem Weg entdeckt habe. Konsistenz und Geschmack ähneln dabei dem jeweiligen Original auf verblüffende Weise. Ich wette, Sie werden den veganen Ricotta und den veganen Bacon ebenfalls in Ihr Koch-Repertoire aufnehmen! Die Herstellung des Mandel-Ricotta braucht allerdings ein wenig Zeit: Man muss die Mandeln über Nacht einweichen, sie dann pürieren und die Mischung noch mal einige Stunden abtropfen lassen. Den Ricotta können Sie in einem luftdichten Behälter im Kühlschrank bis zu fünf Tage aufbewahren. Wer sich etwas weniger Veganes gönnen möchte, verwendet einfach echten Ricotta-Käse aus Vollmilch.

Für den Mandel-Ricotta

250 g Mandeln (blanchiert), über Nacht in Wasser eingeweicht, abgespült und abgetropft

½ TL Kräuter-der-Provence-Gewürzmischung

Salz und frisch gemahlener schwarzer Pfeffer

Für den Kokos-Bacon

½ EL Ahornsirup

1 EL Liquid Smoke (flüssiges Gewürzkonzentrat mit Raucharoma; ich bevorzuge »Hickory«)

1 EL Tamari oder salzarme Sojasauce

75 g ungesüßte Kokoschips (keine Kokosraspel)

Salz

Für den Butternusskürbis

1 großer Butternusskürbis, geschält, mit KLINGE C in Spiralstreifen geschnitten

1 EL natives Olivenöl extra

Salz und frisch gemahlener schwarzer Pfeffer

1 Für den Mandel-Ricotta die eingeweichten Mandeln mit 240 Milliliter Wasser in einem Mixer pürieren, sodass eine glatte Paste ohne Stückchen entsteht. Ein feines Sieb über eine Schüssel hängen und mit einem Mulltuch auslegen. Die Mandelpaste hineingeben und acht Stunden abtropfen lassen. Die Schüssel entleeren und den Mandel-Ricotta hineingeben. Mit Salz, Pfeffer und Kräuter der Provence würzen.

2 Für den Kokos-Bacon den Backofen auf 180 °C vorheizen. Zwei Backbleche mit Backpapier auslegen.

3 In einer Schüssel Ahornsirup, Liquid Smoke und Tamari oder Sojasauce verquirlen. Die Kokoschips zugeben und vermengen, bis sie rundum bedeckt sind. Mit Salz würzen und die Chips gleichmäßig auf einem Backblech verteilen und dann im Ofen etwa 10 Minuten rösten.

Fortsetzung auf Seite 74

4 Währenddessen die Kürbis-Nudeln gleichmäßig auf dem anderen Backblech verteilen. Das Olivenöl darüberträufeln und mit den Fingern auf den »Nudeln« verteilen. Mit Salz und Pfeffer würzen.

5 Die Kokoschips nach 10 Minuten aus dem Ofen nehmen und wenden. Zusammen mit den Butternusskürbis-Nudeln wieder in den Ofen schieben und beides etwa 10 Minuten rösten, bis der »Bacon« knusprig und der Kürbis bissfest ist.

6 Die Kürbis-Nudeln auf sechs Teller verteilen. Jede Portion mit etwas Mandel-Ricotta krönen und den Kokos-Bacon darüberstreuen.

Außergewöhnlich an diesem Rezept sind der vegane Ricotta und der vegane Bacon, beides sehr vielseitige Zutaten. Nehmen Sie bei der Zubereitung einfach mal die doppelte Menge »Bacon« und »Ricotta« und werden Sie kreativ: Ich mag den Mandel-Ricotta zum Beispiel gern als Brotaufstrich und gebe ein paar leckere Kokos-Bacon-Chips obenauf.

Salat aus Nashi-Birne, Granatapfel und Pute

mit Butternusskürbis und einer Ahornsirup-Sesam-Vinaigrette

In den Tagen nach Thanksgiving gibt es nichts Besseres als ein Resteessen. Truthahn-Sandwiches mit Cranberry-Sauce werden allerdings schnell langweilig und verwandeln sich in Hüftspeck. Dieser Salat aus Butternusskürbis und Birne mit süßer Vinaigrette bietet eine Alternative – und kann sich sogar an Thanksgiving auf dem Tisch sehen lassen. Auch wenn Sie die Sehnsucht nach einem herbstlichen Geschmack überkommt, passt das Gericht perfekt!

laktosefrei
gut aufzubewahren

VORBEREITUNG 25 Minuten
ZUBEREITUNG 10 Minuten
FÜR 4 Personen

NÄHRWERTE
Kalorien: 477
Fett: 25 g
Natrium: 836 mg
Kohlenhydrate: 33 g
Ballaststoffe: 8 g
Zucker: 13 g
Eiweiß: 34 g

FUNKTIONIERT AUCH MIT
Süßkartoffel

Für den Salat

1 mittelgroßer Butternusskürbis, geschält, mit KLINGE B in Spiralstreifen geschnitten, gekürzt

Olivenöl-Kochspray oder natives Olivenöl extra zum Bestreichen der Butternusskürbis-Nudeln

1 große Nashi-Birne

150 g Babyspinat

100 g Granatapfelkerne

50 g grob gehackte Pekannusskerne

100 g zerbröckelter Ziegenkäse

500 g gebratenes Putenfleisch, in Scheiben geschnitten

Salz und frisch gemahlener schwarzer Pfeffer

Für die Vinaigrette

1 EL Ahornsirup

1 EL natives Olivenöl extra

1 EL Sesamöl

2 EL Apfelessig

1 TL weiße Sesamsaat

1 EL Sojasauce

1 Knoblauchzehe, geschält und fein gehackt

frisch gemahlener schwarzer Pfeffer nach Belieben

1 Den Backofen auf 200 °C vorheizen.

2 Ein Backblech mit Backpapier auslegen. Die Butternusskürbis-Nudeln gleichmäßig auf dem Backblech verteilen. Mit Kochspray einsprühen oder mit Öl einfetten und mit Salz und Pfeffer würzen. Im Ofen 10 bis 12 Minuten rösten, bis die Kürbis-Nudeln bissfest sind.

3 Währenddessen für die Vinaigrette alle Zutaten in einer kleinen Schüssel vermengen.

4 Die Nashi-Birne mit **KLINGE D** in Spiralstreifen schneiden und in eine große Schüssel geben. Spinat, Granatapfelkerne, Pekannüsse und Ziegenkäse zufügen. Die Butternusskürbis-Nudeln zugeben, mit der Vinaigrette beträufeln und gut vermengen. Die Putenstücke obenauf legen. Den Salat auf vier Teller verteilen und sofort servieren.

Kein Thanksgiving-Truthahn übrig? Kaufen Sie einfach ein Grillhähnchen und zerpflücken Sie das gebratene Fleisch mit zwei Gabeln.

Winter-Lasagne
mit Rosenkohl und Würstchen

Früher spielte ich Lacrosse und Fußball. Beide Teams veranstalteten regelmäßig Pastaessen. Wir trafen uns vor jedem Spiel am Abend bei einer der Familien, um uns mit reichlich Kohlenhydraten zu versorgen und Energie für den nächsten Tag zu tanken. Jedes Mal nahm ich eine ordentliche Portion (oder auch zwei) an überbackenen Penne oder Lasagne zu mir (Lasagne ist übrigens der beste Weg, um eine hungrige Meute satt zu bekommen)! In diesem Rezept ersetze ich die raffinierten Kohlenhydrate der Pasta durch komplexe Kohlenhydrate aus dem Kürbis. Beim Rösten im Ofen wird der natürliche Zucker des Gemüses freigesetzt: wunderbar! Mit dieser Lasagne begeistern Sie sogar mäkelige Ehegatten und Teenager in der Wachstumsphase.

glutenfrei
gut aufzubewahren

VORBEREITUNG 20 Minuten
ZUBEREITUNG 1 Stunde
FÜR 4 bis 6 Personen

NÄHRWERTE
(für 1 von 6 Portionen)
Kalorien: 365
Fett: 22 g
Natrium: 505 mg
Kohlenhydrate: 23 g
Ballaststoffe: 5 g
Zucker: 5 g
Eiweiß: 23 g

FUNKTIONIERT AUCH MIT
Steckrübe, Süßkartoffel

1 mittelgroßer Butternusskürbis, geschält und vorbereitet
1 ½ TL natives Olivenöl extra
6 frische Salbeiblätter
4 rohe grobe Bratwürste, die Wurstpelle entfernt
600 g Rosenkohl, geputzt und grob zerteilt
3 Knoblauchzehen, geschält und fein gehackt
1 Msp. Chiliflocken
1 große Schalotte, gehackt
350 g Ricotta
75 g frisch geriebener Parmesan
1 großes Ei, verquirlt
100 g Gruyère, grob gerieben
Salz und frisch gemahlener schwarzer Pfeffer

1 Den Backofen auf 220 °C vorheizen.

2 Den Kürbis der Länge nach bis zur Mitte einschneiden, sodass ein Schlitz entsteht. Mit **KLINGE A** in Spiralstreifen schneiden.

3 Das Olivenöl in einer großen Pfanne erhitzen. Sobald das Öl glänzt, die Salbeiblätter zufügen und 5 Minuten knusprig braten. Zum Abtropfen auf einen mit Küchenpapier bedeckten Teller legen. Sofort die Wurstmasse in die Pfanne legen und 5 bis 7 Minuten braten, bis sie angebräunt ist. Dabei mit einem Holzlöffel zerteilen.

4 Währenddessen den Rosenkohl in einem Mixer grob zerkleinern und mit dem Knoblauch, den Chiliflocken und der Schalotte zur gebratenen Wurstmasse geben. Mit Salz und Pfeffer würzen und 2 bis 3 Minuten braten, bis der Rosenkohl zusammenfällt. Die Pfanne vom Herd nehmen.

Fortsetzung auf Seite 80

5 Ricotta, Parmesan und Ei in einer mittelgroßen Schüssel vermengen.

6 Eine Auflaufform mit einer Lage Kürbisscheiben auslegen. Für eine durchgehende Schicht, falls nötig, die Scheiben dachziegelartig anordnen. Dann je eine Lage Rosenkohl, Wurstmischung und Ricotta-Parmesan-Mischung einfüllen. Diese drei Schichten wiederholen. Mit dem restlichen Kürbis abdecken und mit dem Gruyère bestreuen.

7 Die Lasagne mit Alufolie abdecken und im Ofen 40 bis 45 Minuten backen, bis der Kürbis zart und der Käse geschmolzen ist.

8 Aus dem Ofen nehmen, die Alufolie entfernen und die Salbeiblätter sofort darüberbröseln. Lasagne etwa 5 Minuten ruhen lassen, dann vorsichtig aufschneiden und sofort servieren.

Da sich die Lasagne einfrieren lässt, eignet sie sich gut für die wöchentliche Essensplanung. Zum Aufwärmen etwa 20 Minuten bei 220 °C in den Ofen stellen.

Teriyaki-Fleischbällchen

auf gebratenen Frühlingszwiebeln und Butternusskürbis-Nudeln

laktosefrei
gut aufzubewahren

VORBEREITUNG 30 Minuten
ZUBEREITUNG 25 Minuten
FÜR 4 Personen

NÄHRWERTE
Kalorien: 352
Fett: 21 g
Natrium: 429 mg
Kohlenhydrate: 22 g
Ballaststoffe: 3 g
Zucker: 9 g
Eiweiß: 21 g

FUNKTIONIERT AUCH MIT
Daikon-Rettich, Kohlrabi, Speiserübe, Süßkartoffel, Zucchini

Wenn ich nicht genau weiß, was ich kochen soll, kommt oft eine Art Gemüse-Spaghetti mit Fleischbällchen dabei heraus. Diese Version mit Teriyaki wurde schnell zu einem meiner Lieblingsgerichte, denn die asiatischen Aromen stellen eine nette Abwechslung zur italienischen Küche dar. Die Süße der Butternusskürbis-Nudeln passt hervorragend zur salzigen Sojasauce!

Für die Teriyaki-Sauce

60 ml Sojasauce
1 EL Reisessig
1 ½ TL geriebener frischer Ingwer
1 Knoblauchzehe, geschält und gehackt
1 EL Sesamöl
1 EL Honig
1 TL Chilisauce oder 1 Prise Chiliflocken

Für die Fleischbällchen

500 g mageres Putenhack
½ Schalotte, fein gehackt
2 Knoblauchzehen, geschält und fein gehackt
2 EL Sojasauce
1 EL Sesamöl
1 TL weiße Sesamsaat
8 Frühlingszwiebeln, die Wurzelansätze entfernt
1 großer Butternusskürbis, geschält, mit KLINGE D in Spiralstreifen geschnitten, gekürzt
Salz und frisch gemahlener schwarzer Pfeffer

1 Den Backofen auf 230 °C vorheizen. Zwei Backbleche mit Backpapier auslegen.

2 Für die Teriyaki-Sauce alle Zutaten in einer Schüssel vermengen.

3 Für die Fleischbällchen Putenhack, Schalotte, Knoblauch und 1 Esslöffel Sojasauce in einer Schüssel vermengen. Die Masse zu zwölf Bällchen formen und auf eines der Bleche legen. Mit der Hälfte der Teriyaki-Sauce bestreichen. Die restliche Sauce beiseitestellen.

4 In einer Schale Sesamöl, Sesamsaat und die restliche Sojasauce vermengen. Die Frühlingszwiebeln eintunken, bis sie ganz von der Flüssigkeit bedeckt sind, dann auf dem Blech mit den Fleischbällchen verteilen und im Ofen 10 Minuten braten. Die Kürbis-Nudeln auf dem anderen Blech verteilen und mit Salz und Pfeffer würzen.

5 Fleischbällchen und Frühlingszwiebeln aus dem Ofen nehmen, wenden und mit der restlichen Teriyaki-Sauce bestreichen. Beide Bleche im Ofen etwa 10 Minuten rösten, bis die Fleischbällchen gar und die Kürbis-Nudeln bissfest sind.

6 Die »Nudeln« auf vier Teller verteilen. Mit je drei Fleischbällchen und zwei Frühlingszwiebeln krönen.

Avocado-Tacos
mit Chipotle-Creme

vegetarisch
glutenfrei
paläo
laktosefrei
kalorienarm

Falls Sie noch nie gebackene Avocado probiert haben, erweisen Sie mir die Ehre, Sie damit bekanntzumachen. Ich vermute mal, Sie werden schnell Freundschaft mit diesem Gericht schließen. Ich habe eine Schwäche für gebackene Avocado (außerdem auch für Buttermilch-Pancakes und Chocolate Chip Cookies), weshalb ich eine glutenfreie, im Ofen gebackene Version kreiert habe, die ebenso gut schmeckt, aber kalorienärmer ist. Kürbis-Nudeln und Chipotle-Creme ergänzen die vegetarischen Tacos perfekt.

VORBEREITUNG 30 Minuten
ZUBEREITUNG 15 Minuten
FÜR 4 Personen
(3 Tacos pro Portion)

NÄHRWERTE
Kalorien: 120
Fett: 8 g
Natrium: 24 mg
Kohlenhydrate: 9 g
Ballaststoffe: 3 g
Zucker: 2 g
Eiweiß: 3 g

FUNKTIONIERT AUCH MIT
Chayote, Jícama, Zucchini

Für die Chipotle-Creme
2 Chipotle-Chilis in Adobo-Sauce (aus der Dose), plus 1 TL Adobo-Sauce mehr
125 g Kokoscreme (siehe Seite 20)
2 EL frisch gepresster Limettensaft
Salz

Für die im Ofen gebackene Avocado
50 g gemahlene Mandeln
1 TL Knoblauchpulver
1 TL Zwiebelpulver
1 TL edelsüßes Paprikapulver
2 große Eier
100 g ungesüßte Kokosraspel
2 reife Avocados

Für die »Nudeln« und »Tacos«
1 mittelgroßer Butternusskürbis, geschält, mit KLINGE C in Spiralstreifen geschnitten, gekürzt
1 EL natives Olivenöl extra
1 TL gemahlener Kreuzkümmel
1 TL geräuchertes Paprikapulver
12 große Blätter frischer Kopfsalat
1 Handvoll gehacktes Koriandergrün zum Garnieren
12 dünne Limettenspalten zum Servieren
Salz und frisch gemahlener schwarzer Pfeffer

1 Den Backofen auf 200 °C vorheizen. Zwei Backbleche mit Backpapier auslegen.

2 Für die Chipotle-Creme alle Zutaten in einem Mixer zu einer glatten Paste vermengen. Mit Salz abschmecken.

3 Für die im Ofen gebackene Avocado Mandeln, Knoblauch-, Zwiebel- und Paprikapulver in einer Schüssel vermengen. In einer zweiten Schüssel die Eier verquirlen. Die Kokosraspel in eine weitere Schüssel füllen.

4 Die Avocados halbieren und vorsichtig die Kerne und die Schale entfernen. Jede Hälfte quer in drei Stücke schneiden, dann die Stücke horizontal halbieren, sodass insgesamt 24 Stücke entstehen.

5 Die Avocadostücke nacheinander erst mit der Mandelmischung bedecken, dann in die Eimischung tauchen und abtropfen lassen. Schließlich rundum mit der Kokosmischung bedecken. Mit reichlich Abstand auf eines der Bleche legen und in den Ofen schieben.

Fortsetzung auf Seite 84

6 Sobald die Avocados im Ofen sind, die Butternusskürbis-Nudeln auf dem zweiten Backblech verteilen, mit Öl beträufeln und vorsichtig vermengen. Mit Kreuzkümmel, Paprikapulver, Salz und Pfeffer würzen. Nochmal vermengen und gleichmäßig auf dem Blech verteilen. Die Kürbis-Nudeln in den Ofen schieben und zusammen mit den Avocados 8 Minuten backen. Avocados wenden und weitere 4 Minuten backen, bis die Kürbis-Nudeln bissfest und die Avocadostücke leicht gebräunt sind.

7 Für die »Tacos« die Salatblätter auf einer sauberen Arbeitsfläche verteilen. Jeweils eine kleine Handvoll Kürbis-Nudeln daraufhäufen. Je zwei Avocadostücke obenauf legen, alles mit der Chipotle-Creme beträufeln und mit dem Koriander bestreuen. Mit Limettenspalten servieren.

Als Salatschüssel: Man kann die Salatblätter auch zerkleinern und mit den Butternusskürbis-Nudeln vermengen. Die anderen Zutaten darauf verteilen.

Butternusskürbis-Nudeln

mit Limabohnen in Tomaten-Kokos-Sauce

Manchmal schaffe ich es einfach nicht, meine Mahlzeiten im Voraus zu planen, weil mir plötzlich Rezeptideen durch den Kopf schwirren, die ich sofort ausprobieren will. Doch ein Gericht koche ich tatsächlich immer auf Vorrat: Pastasaucen! Wenn man diese kochintensiven Saucen schon zur Hand hat, ist es viel wahrscheinlicher, dass man auch unter der Woche ein gesundes Abendessen zubereitet. Ich gebe einfach eine meiner vorgekochten Saucen über frische Gemüse-Nudeln – und schon ist die gesunde Mahlzeit fertig! Diese sahnige Creme mit Bohnen und sonnengetrockneten Tomaten ist eine meiner Lieblingssaucen. Sie lässt sich auch sehr gut einfrieren. Vielleicht bereiten Sie davon gleich die doppelte Menge zu – so haben Sie immer eine leckere Sauce parat!

vegan
vegetarisch
glutenfrei
laktosefrei
kalorienarm

VORBEREITUNG 20 Minuten
ZUBEREITUNG 20 Minuten
FÜR 4 Personen

NÄHRWERTE
Kalorien: 184
Fett: 4 g
Natrium: 260 mg
Kohlenhydrate: 28 g
Ballaststoffe: 6 g
Zucker: 5 g
Eiweiß: 5 g

FUNKTIONIERT AUCH MIT
Brokkoli, Knollensellerie
Speiserübe, Steckrübe,
Süßkartoffel

1 großer Butternusskürbis, geschält, mit KLINGE C in Spiralstreifen geschnitten
2 TL natives Olivenöl extra zum Beträufeln, plus 1 TL mehr zum Anbraten
2 Knoblauchzehen, geschält und fein gehackt
2 TL gehackte Schalotte
80 g getrocknete Tomaten in Öl, abgetropft und gehackt
125 g Kokoscreme (siehe Seite 20)
1 Msp. Chiliflocken
1 Msp. getrocknetes Basilikum
1 Msp. getrockneter Oregano
120 ml salzarme Gemüsebrühe
200 g Limabohnen (aus der Dose), abgespült und gut abgetropft
2 EL gehackte frische Petersilie
Salz und frisch gemahlener schwarzer Pfeffer

1 Den Backofen auf 200 °C vorheizen.

2 Ein Backblech mit Backpapier auslegen und die Kürbis-Nudeln darauf verteilen. Gleichmäßig mit Öl beträufeln und mit Salz und Pfeffer würzen. Im Ofen 8 bis 10 Minuten rösten, bis die Kürbis-Nudeln bissfest sind.

3 Währenddessen das Öl in einer großen Pfanne erhitzen. Sobald es glänzt, Knoblauch und Schalotte zugeben und 1 Minute braten. Getrocknete Tomaten, Kokoscreme, Chiliflocken, Basilikum und Oregano zufügen und mit Salz und Pfeffer würzen. Mischung kurz aufkochen, dann die Hitze reduzieren und die Sauce 2 Minuten sanft köcheln lassen.

4 Die Sauce in einen Mixer füllen, die Brühe zugießen und zu einer cremigen Paste verarbeiten. Abschmecken und nach Belieben nachwürzen.

5 Anschließend die Paste zusammen mit den Bohnen und der Petersilie in die Pfanne geben und unter Rühren 1 bis 2 Minuten erhitzen. Die »Nudeln« auf vier Teller verteilen und die Sauce mit den Bohnen darübergießen.

Kohl

Ein Kohlkopf, in Spiralstreifen geschnitten, reicht für mehrere Tage (vielleicht sogar Wochen), was ihn zum perfekten Kandidaten für die klassische Wochenplanung macht. Beim Spiralisieren von Kohl erhält man keine formschönen »Nudeln«, dafür aber leckere Raspel.

Falls Sie von Kohl bislang wenig beeindruckt waren, sollten Sie ihm mehr Aufmerksamkeit widmen: Dieses Gemüse wird trotz seiner knackigen Konsistenz und Vielseitigkeit unterschätzt. Wenn Sie die folgenden Rezepte ausprobiert haben, werden Sie mir zustimmen, dass Kohl ein eigenes Kapitel in diesem Buch und einen Platz auf Ihrem Teller verdient hat.

NÄHRWERT-PLUS: Kohl enthält große Mengen an Schwefel, das unser Körper zur Produktion von Keratin benötigt. Dieses Eiweiß ist von grundlegender Bedeutung für gesunde Nägel, Haare und Haut. Kohl ist auch eine verlässliche Quelle für die Vitamine C und K, die das Immunsystem ankurbeln und die Gehirnfunktion unterstützen.

VORBEREITEN UND AUFBEWAHREN: Die losen äußeren Hüllblätter entfernen und, falls nötig, die Enden am Strunk abschneiden, um eine glatte Oberfläche zu erhalten. In einem luftdichten Behälter ist der Kohlkopf bis zu eine Woche haltbar. In Spiralstreifen geschnittener Kohl hält sich tiefgefroren bis zu acht Monate lang.

GEEIGNETE MESSEREINSÄTZE

- **KLINGE A**

GEEIGNETE ZUBEREITUNGSARTEN

- **roh**
- **blanchieren**
- **3 Minuten dämpfen oder kochen**
- **bei mittlerer bis hoher Hitze 5 Minuten anbraten**

Knackiger Salat aus Pak Choi und Chinakohl

vegetarisch
glutenfrei
paläo
laktosefrei
kalorienarm
ohne Kochen
gut aufzubewahren

VORBEREITUNG 20 Minuten
ZUBEREITUNG 5 Minuten
FÜR 4 Personen

NÄHRWERTE
Kalorien: 236
Fett: 19 g
Natrium: 430 mg
Kohlenhydrate: 14 g
Ballaststoffe: 3 g
Zucker: 6 g
Eiweiß: 6 g

Meiner Meinung nach gibt es keine bessere Salatbar als die der amerikanischen Bio-Supermarktkette *Whole Foods*. Das Angebot an kreativen und köstlichen Gerichten ist hier schier überwältigend. Ständig entwickeln die Köche neue Pasta-Salate wie zum Beispiel »Paläo Crunchy Cabbage Salad«. Ursprünglich war er als sättigende Beilage gedacht. Doch mit Eiweiß wie Tofu oder Grillhähnchen wird daraus eine komplette Mahlzeit. Diese spiralisierte Neuschöpfung schmeckt erfrischend und höchst aromatisch. Durch diesen Salat ist mir Kohl so richtig ans Herz gewachsen!

Für das Dressing
3 EL Sesamöl
2 EL Reisessig
1 TL Honig
Saft von ½ Zitrone, frisch gepresst
Salz

Für den Salat
600 g Pak Choi, geputzt und gehackt
1 Chinakohl, in Spiralstreifen geschnitten mit KLINGE A
2 Frühlingszwiebeln, geputzt und in Ringe geschnitten
50 g Mandelsplitter
½ TL weiße Sesamsaat
½ TL schwarze Sesamsaat

1 Alle Zutaten für das Dressing in einer großen Schüssel vermengen.

2 Alle Salatzutaten in die Schüssel mit dem Dressing geben und gut vermengen. Zum Marinieren etwa 20 Minuten in den Kühlschrank stellen, bis der Chinakohl weich geworden ist.

Spanischer Kohleintopf
mit Kabeljau und Safran

glutenfrei
paläo
laktosefrei
kalorienarm

VORBEREITUNG 25 Minuten
ZUBEREITUNG 40 Minuten
FÜR 2 Personen

NÄHRWERTE
Kalorien: 242
Fett: 8 g
Natrium: 752 mg
Kohlenhydrate: 18 g
Ballaststoffe: 4 g
Zucker: 9 g
Eiweiß: 23 g

Dieses von der spanischen Küche inspirierte Gericht macht sich hübsch auf dem Teller und füllt die Küche mit einem einladenden Duft. Der Weißkohl saugt die Sauce auf und vereint sich auf wunderbare Weise mit den Kabeljaustückchen. Zudem werden alle verwendeten Gemüsearten spiralisiert, sodass die Zubereitungszeit recht kurz ausfällt. Der Eintopf ist sättigend, lässt aber genügend Platz für ein Dessert oder ein zweites Glas Wein!

120 ml salzarme Gemüsebrühe
1 Prise Safran (ca. 20 kleine Fäden)
1 EL natives Olivenöl extra
½ kleine weiße Zwiebel, geschält, mit KLINGE A in Spiralstreifen geschnitten, gekürzt
1 große Knoblauchzehe, geschält und fein gehackt
1 rote Paprikaschote, mit KLINGE A in Spiralstreifen geschnitten, gekürzt
300 g Weißkohl, mit KLINGE A in Spiralstreifen geschnitten
1 Msp. Chiliflocken
400 g stückige Tomaten (aus der Dose)
1 Msp. gemahlener Kreuzkümmel
1 TL Paprikapulver
2 Kabeljaufilets ohne Haut (à 80–120 g)
1 EL gehackte frische Petersilie zum Garnieren
Salz und frisch gemahlener schwarzer Pfeffer

Wer einen Extra-Kick will, würzt mit geräuchertem Paprikapulver und zusätzlich 1 Prise Cayennepfeffer.

1 Die Brühe in einem kleinen Topf zum Köcheln bringen. Den Safran zugeben, dann die Brühe in eine Schüssel füllen und 10 Minuten beiseitestellen, damit sich das Aroma entfalten kann.

2 Das Olivenöl bei mittlerer Hitze in einer großen Pfanne mit Deckel erhitzen. Sobald das Öl glänzt, die Zwiebel-Nudeln zugeben und 5 Minuten braten, bis sie weich sind. Knoblauch und Paprika-Nudeln zufügen und etwa 2 Minuten braten. Den Weißkohl zugeben und 5 Minuten braten, bis er weich wird. Die Brühe zugießen, Chiliflocken, Tomaten mit Saft, Kreuzkümmel und Paprikapulver zugeben und mit Salz und Pfeffer abschmecken.

3 Die Hitze leicht erhöhen und unter häufigem Rühren 10 Minuten köcheln lassen, bis die Tomaten etwas eingekocht sind und die Mischung duftet. Die Hitze auf niedrige Stufe reduzieren, den Deckel auflegen und etwa 10 Minuten köcheln lassen.

4 Den Kabeljau salzen und pfeffern und die Stücke mit leichtem Druck auf den Eintopf legen, sodass sie im Gemüse ruhen. Den Deckel auflegen und etwa 7 Minuten köcheln lassen, bis der Fisch gar ist.

5 Den Kabeljau auf zwei Teller verteilen. Den Weißkohleintopf darauf verteilen und mit Petersilie garnieren.

Würzige Detox-Suppe mit Wirsing und Karotten

glutenfrei
paläo
laktosefrei
kalorienarm
One Pot
gut aufzubewahren

VORBEREITUNG 20 Minuten
ZUBEREITUNG 35 Minuten
FÜR 4 Personen

NÄHRWERTE
Kalorien: 98
Fett: 4 g
Natrium: 713 mg
Kohlenhydrate: 14 g
Ballaststoffe: 4 g
Zucker: 7 g
Eiweiß: 4 g

Wer kennt das nicht? Ein Snack zu viel auf einer Party oder das Extrastück Kuchen auf der Geburtstagsfeier im Büro – hinterher fühlt man sich träge wie ein Faultier. Wir sollten das Leben zwar in vollen Zügen genießen, doch ebenso wichtig ist es, die richtige Balance zu finden. Hier kommt die Detox-Suppe ins Spiel. Die meisten Detox-Suppen haben leider wenig Aroma. Diese Wirsing-Karotten-Version wird Ihre Geschmacksknospen jedoch bestimmt zufriedenstellen und Ihrem Körper wieder auf die Beine helfen.

1 EL natives Olivenöl extra
1 Zwiebel, geschält, mit KLINGE A in Spiralstreifen geschnitten, gekürzt
1 große Karotte, geschält, mit KLINGE D in Spiralstreifen geschnitten, gekürzt
1 große Knoblauchzehe, geschält und fein gehackt
1 ½ TL fein gehackte Chilischote (am besten mexikanische Serrano-Chili)
1 Msp. gemahlener Kreuzkümmel
1 Msp. Kurkumapulver
1 Msp. Ingwerpulver
1 kleiner Wirsing oder Weißkohl, mit KLINGE A in Spiralstreifen geschnitten (ca. 600 g)
400 g Tomaten (aus der Dose)
1 Liter salzarme Hühnerbrühe
Salz und frisch gemahlener schwarzer Pfeffer

1 Das Olivenöl in in einem Suppentopf erhitzen. Sobald das Öl glänzt, Zwiebelstreifen, Karotten-Nudeln, Knoblauch, Chili, Kreuzkümmel, Kurkuma und Ingwer zufügen. Unter Rühren etwa 7 Minuten braten, bis die Zwiebel weich ist.

2 Wirsing, Tomaten mit Saft und Brühe zugeben. Mit Salz und Pfeffer würzen und gut vermengen. Zum Kochen bringen, dann die Hitze auf niedrige Stufe reduzieren und den Deckel auflegen. Die Suppe 20 bis 25 Minuten köcheln lassen, bis der Wirsing weich und gar ist. Heiß servieren.

Für eine vegane Suppe die Hühnerbrühe durch Gemüsebrühe ersetzen.

Rotkohl-Buddha-Bowl

mit Kichererbsen-Avocado-Mus und BBQ-Tahini

vegan
vegetarisch
glutenfrei
laktosefrei
ohne Kochen

VORBEREITUNG 15 Minuten
ZUBEREITUNG 5 Minuten
FÜR 2 Personen

NÄHRWERTE
Kalorien: 450
Fett: 31 g
Natrium: 523 mg
Kohlenhydrate: 42 g
Ballaststoffe: 17 g
Zucker: 8 g
Eiweiß: 12 g

Buddha Bowls, die kunterbunte Mischung aus gesunden Leckereien, sind die perfekte Methode, um sich viele Superfoods und nahrhafte Zutaten einzuverleiben. Und bei der Zubereitung dieses Trendgerichts haben Sie auch noch Spaß. Sie müssen sich nur überlegen, was Sie gern essen möchten. Werfen Sie dann alles in eine Schüssel und übergießen Sie das Gemüse mit einer passenden Sauce oder einem Dressing. In diesem Kohlgericht steckt jeder Bissen voll köstlicher Aromen und spannender Texturen – pures Vergnügen!

Für das Dressing

- 1 ½ EL Tahini
- 3 EL Apfelessig
- 1 EL Barbecue-Sauce für Grillgerichte
- 1 EL natives Olivenöl extra
- Salz und frisch gemahlener schwarzer Pfeffer

Für die Buddha-Bowl

- 400 g Kichererbsen (aus der Dose), abgespült und abgetropft
- 1 sehr reife Avocado, geschält und entkernt
- ¼ TL Paprikapulver
- 1 EL frisch gepresster Zitronensaft
- *1 kleiner Rotkohl, mit KLINGE A in Spiralstreifen geschnitten (ca. 200 g)*
- 200 g Grünkohlblätter, in kleine Stücke zerpflückt
- Salz und frisch gemahlener schwarzer Pfeffer

1 Alle Zutaten für das Dressing mit 1 Esslöffel Wasser in einem Mixer zu einer glatten Creme verarbeiten. Falls nötig, etwas mehr Wasser zugeben. Nach Belieben abschmecken.

2 In einer mittelgroßen Schüssel die Kichererbsen und die Avocado mit einem Kartoffelstampfer oder einer Gabel zu einer geschmeidigen Paste zerdrücken (die Paste sollte noch enige Stückchen Kicherbsen und Avocado enthalten). Mit Paprikapulver, Zitronensaft, Salz und Pfeffer würzen.

3 Für die Buddha Bowl Rot- und Grünkohl auf zwei Schüsseln verteilen und jeweils mit einem Klecks Kichererbsen-Avocado-Mus garnieren. Mit dem Dressing beträufeln und servieren.

Karotte

Die Karotte gilt oft nurmehr als Knabberfood, wird gegart, geröstet oder kommt in den Salat. Was spricht dagegen, sie zur Abwechslung auch mal zu Karotten-Nudeln und Karotten-Reis zu verarbeiten?

Karotten sehen appetitlich aus und bestechen durch ihren süßen, erdigen Geschmack. Gekocht ergeben sie meine Lieblingsnudeln, weil sie Flüssigkeit aufnehmen und schön locker werden. Zugleich sind sie kräftig genug für dicke Saucen wie Bolognese oder eignen sich als Zutat für Gemüseeintöpfe. Karotten-Nudeln machen sich hervorragend in Suppen und verleihen Brühen ihr gesundes Aroma.

Manchmal ist es schwierig, dickere Karotten zu finden, die sich auch gut spiralisieren lassen. Am besten eignen sich Karotten mit einem Mindestdurchmesser von 3,5 Zentimeter.

NÄHRWERT-PLUS: Karotten sind reich an Beta-Karotin, das wichtig für die Sehkraft ist – es hat sich sogar gezeigt, dass es vor Makuladegeneration und Grauem Star schützen kann. Außerdem enthalten Karotten auch viel Vitamin A und wirken somit dem Alterungsprozess entgegen.

VORBEREITEN UND AUFBEWAHREN: Die Karotte schälen und beide Enden entfernen, sodass ebene Flächen entstehen. Die Enden der Karotte sollten nicht dünner als 2,5 Zentimeter sein, sonst lässt sich die Karotte schwer spiralisieren. In einem luftdichten Behälter sind sie im Kühlschrank bis zu eine Woche haltbar. Die Karotten-Nudeln lassen sich tiefgefroren bis zu acht Monate aufbewahren.

GEEIGNETE MESSEREINSÄTZE

- **KLINGE D**

GEEIGNETE ZUBEREITUNGSARTEN

- **roh**
- **2 bis 3 Minuten kochen oder dämpfen**
- **bei mittlerer bis hoher Hitze 7 Minuten anbraten**
- **bei 220 °C 6 bis 10 Minuten im Ofen rösten**

Röst-Karotten-Nudeln

mit Räucherlachs, Avocado und cremigem Kräuterdressing

Dieses eiweißreiche Gericht betont die salzige Komponente des Räucherlachses und den süßen Geschmack der gerösteten Karotten, die durch das Dressing verstärkt werden. Die knackig-nussigen Hanfsamen haben es in sich und überzeugen durch ihre Nährstoffdichte. Dieses köstliche Rezept punktet durch seinen Geschmack und die vielen gesunden Nährstoffe.

glutenfrei
paläo
laktosefrei

VORBEREITUNG 15 Minuten
ZUBEREITUNG 15 Minuten
FÜR 4 Personen

NÄHRWERTE
Kalorien: 402
Fett: 34 g
Natrium: 441 mg
Kohlenhydrate: 13 g
Ballaststoffe: 6 g
Zucker: 4 g
Eiweiß: 14 g

FUNKTIONIERT AUCH MIT
Brokkoli, Gelbe Bete, Kartoffel

3 große Karotten, geschält, mit KLINGE D in Spiralstreifen geschnitten, gekürzt
4 TL natives Olivenöl extra
2 reife Avocados
200 g Räucherlachs, in Streifen geschnitten
1 EL Hanfsamen zum Garnieren
Salz und frisch gemahlener schwarzer Pfeffer

Für das Dressing
1 großes Eigelb
1 Msp. Knoblauchpulver
1 Knoblauchzehe, geschält und fein gehackt
1 EL frisch gepresster Zitronensaft
2 EL Rotwein- oder Sherryessig
60 ml natives Olivenöl extra
1 Handvoll grob gehackter frischer Dill
1 Handvoll gehackte frische Petersilie
2 EL gehackter frischer Schnittlauch
Salz und frisch gemahlener schwarzer Pfeffer

1 Den Backofen auf 190 °C vorheizen.

2 Ein Backblech mit Backpapier auslegen und die Karotten-Nudeln gleichmäßig darauf verteilen. Mit dem Öl beträufeln, mit Salz und Pfeffer würzen und etwa 15 Minuten rösten, bis sie bissfest sind.

3 Währenddessen Eigelb, Knoblauchpulver, frischen Knoblauch, Zitronensaft und Essig in einem Mixer zu einem cremigen Dressing verarbeiten. Olivenöl, Dill, Petersilie und Schnittlauch zugeben und nochmals mixen. Falls nötig, etwas Wasser zugeben, bis das Dressing die Konsistenz von dickflüssiger Sahne hat. Mit Salz und Pfeffer würzen.

4 Die Avocados schälen und den Kern entfernen. Jede Hälfte in vier Stücke schneiden.

5 Die Karotten-Nudeln auf vier Teller verteilen. Mit Räucherlachs und Avocado krönen. Das Dressing darüberträufeln und mit den Hanfsamen garnieren.

Wer Räucherlachs nicht mag, kann ihn durch pochierten Lachs ersetzen.

Knoblauch-Miso-Suppe
mit Karotten-Nudeln, Algen und Tofu

vegan
vegetarisch
glutenfrei
laktosefrei
kalorienarm

Während meiner Highschool-Zeit jobbte ich in einem japanischen Restaurant. Zu meinen Aufgaben gehörte es, die Mitarbeiter beim Herrichten der Takeaway-Päckchen zu unterstützen. Sehr oft bestellt wurde die Miso-Suppe mit Algen und Tofuwürfelchen. Zahllose Stunden verbrachte ich damit, diese wunderbar einfache Suppe in Takeaway-Boxen zu schöpfen. Jedes Mal, wenn mir der Duft von Algen in die Nase steigt, erinnere ich mich daran. Ich habe diese Suppe noch durch Karotten-Nudeln ergänzt, damit eine sättigende Mahlzeit daraus wird. Außerdem habe ich Knoblauch hinzugefügt, um sie noch gesünder zu machen.

VORBEREITUNG 10 Minuten
ZUBEREITUNG 25 Minuten
FÜR 4 Personen

NÄHRWERTE
Kalorien: 121
Fett: 3 g
Natrium: 888 mg
Kohlenhydrate: 14 g
Ballaststoffe: 3 g
Zucker: 6 g
Eiweiß: 9 g

FUNKTIONIERT AUCH MIT
Daikon-Rettich, Speiserübe, Zucchini

1 TL natives Olivenöl extra

2 TL fein gehackter Knoblauch

1,5 Liter salzarme Gemüsebrühe

1 EL Miso-Paste

10 g getrocknete Wakame-Algen

350 g extrafester Tofu, abgetropft (siehe Tipp) und gewürfelt

1 EL salzarme Sojasauce oder Tamari

2 Karotten, geschält, mit KLINGE D in Spiralstreifen geschnitten, gekürzt

frisch gemahlener schwarzer Pfeffer

1 Das Olivenöl einem großen Suppentopf erhitzen. Sobald das Öl glänzt, den Knoblauch zugeben und 30 Sekunden braten, bis er anfängt zu duften. Die Brühe und 1 Liter Wasser zugießen. Die Suppe zum Kochen bringen.

2 Von der Flüssigkeit 100 Milliliter abschöpfen und in eine Schüssel füllen. Die Miso-Paste zugeben und verquirlen, bis sie sich aufgelöst hat. Miso-Mischung zurück in den Topf gießen. Die Hitze auf mittlere bis niedrige Stufe reduzieren.

3 Algen, Tofu, Sojasauce oder Tamari mit den Karotten-Nudeln in den Topf geben. Mit Pfeffer würzen und 5 bis 7 Minuten köcheln lassen, bis die Karotten-Nudeln bissfest sind. Sofort servieren.

Zum Abtropfen den Tofu horizontal durchschneiden. Beide Rechtecke zwischen Küchenpapier auf einen Teller legen. Einen weiteren Teller obenauf legen und mindestens 5 Minuten ziehen lassen.

Moms Matzeknödelsuppe

mit Karotten-Nudeln

Ich weiß, ich weiß – für dieses Rezept braucht man eine Fertigmischung für *Matzo Balls*, also Matzeknödel. Selbst meine Mutter benutzte die Fertigmischung. Diese Suppe wollte ich immer haben, wenn es mir nicht gut ging. Obwohl ich in einem italienischen Haushalt aufgewachsen bin, war dies mein absolutes Wohlfühlessen. Was war das Besondere an dieser Suppe? Mom kochte die Brühe selbst und gab noch Karotten rein, damit wir satt wurden. Mein Rezept unterscheidet sich nicht sehr vom Original, doch statt gewürfelter Karotten gebe ich Karotten-Nudeln zu.

vegetarisch
laktosefrei
kalorienarm

VORBEREITUNG 15 Minuten
ZUBEREITUNG 45 Minuten
FÜR 4 Personen

NÄHRWERTE
Kalorien: 234
Fett: 12 g
Natrium: 73 mg
Kohlenhydrate: 26 g
Ballaststoffe: 1 g
Zucker: 5 g
Eiweiß: 6 g

Für die Knödel

2 große Eier, verquirlt

2 EL Pflanzenöl

2 Päckchen Matzo Ball Mix (à 84 g/3 ounces; ich benutze am liebsten die Marke »Manischewitz«; online zu bestellen)

1 Prise Salz

Für die Suppe

1 große Zwiebel, geviertelt

½ Knoblauchknolle, die Zehen geschält

3 große Karotten, geschält, mit KLINGE D in Spiralstreifen geschnitten, gekürzt

3 Stängel Staudensellerie, geputzt

4 Stängel frische Petersilie

1 ½ TL ganze schwarze Pfefferkörner

1 EL gehackter frischer Dill

frisch gemahlener schwarzer Pfeffer

Dieses Rezept für Brühe eignet sich als Basis für alle Gemüsesuppen – und ist einfach lecker!

1 Für die Knödel Eier und Öl in einer Schüssel verquirlen. Die Fertigmischung zugeben, vermengen und 15 Minuten in den Kühlschrank stellen.

2 Währenddessen in einem großen Topf mit Deckel reichlich Wasser mit Salz zum Kochen bringen.

3 Die Knödelmischung zu acht Bällchen formen und in das kochende Wasser geben. Den Deckel auflegen. Die Hitze stark reduzieren und die Knödel 20 Minuten sieden lassen. Mit einem Schaumlöffel herausnehmen und beiseitestellen.

4 Währenddessen Zwiebel, Knoblauch, Karotten, Staudensellerie, Petersilie, Pfefferkörner und Salz in einen anderen großen Topf mit Deckel geben und vermengen. Etwas Wasser zugießen, bis die Zutaten 3 Zentimeter mit Wasser bedeckt sind. Brühe aufkochen lassen, dann die Hitze auf mittlere Stufe reduzieren und etwa 30 Minuten köcheln lassen.

5 Das Gemüse nach 15 Minuten mit einem Schaumlöffel herausnehmen und die Flüssigkeit erneut aufkochen. Die Karotten-Nudeln zugeben und 5 Minuten kochen, bis sie bissfest sind.

6 Die Karotten-Nudel-Suppe auf vier Schüsseln verteilen und mit je zwei Matzeknödeln krönen. Die Suppe mit Dill bestreuen. Mit Salz und Pfeffer abschmecken und sofort servieren.

Za'atar-Kichererbsen
auf Radicchio und Karotten

vegetarisch
glutenfrei
laktosefrei (opt.)
kalorienarm

VORBEREITUNG 15 Minuten
ZUBEREITUNG 45 Minuten
FÜR 4 Personen

NÄHRWERTE
Kalorien: 300
Fett: 19 g
Natrium: 498 mg
Kohlenhydrate: 26 g
Ballaststoffe: 9 g
Zucker: 2 g
Eiweiß: 9 g

Ein Essen schmeckt in einem Restaurant mit guter Atmosphäre noch ein wenig besser. Immer wenn ich ein schön eingerichtetes Lokal betrete, sehe ich mich ehrfürchtig um und freue mich auf das kulinarische Erlebnis. Genauso erging es mir im *Barbounia*, einem meiner Favoriten unter den Restaurants mit mediterraner Küche in New York City. Bei meinem ersten Besuch bestellte ich einen griechischen Salat, der mit Za'atar gewürzt war, einer traditionellen Mischung aus dem Nahen Osten mit einer leicht harzig-nussigen Note, die auch Sumach enthält. Dieser Salat hinterließ einen bleibenden Eindruck bei mir – ob es nun an der Inneneinrichtung oder an Za'atar lag. Ich streue die Gewürzmischung inzwischen gern auf gegrilltes Naan-Brot, auf Fleisch, Fisch – oder auf spiralisierten Salat!

Für den Salat

400 g Kichererbsen (aus der Dose), abgespült und gut abgetropft

1 EL Za'atar (klassische arabische Gewürzmischung)

2 TL natives Olivenöl extra

400 g Radicchio, in feine Streifen geschnitten

1 große Karotte, geschält, mit KLINGE C in Spiralstreifen geschnitten, gekürzt

2 EL zerbröckelter Fetakäse

Für das Dressing

1 TL natives Olivenöl extra

1 TL fein gehackte Schalotte

2 EL frisch gepresster Zitronensaft

2 TL gehackte frische Petersilie

Salz und frisch gemahlener schwarzer Pfeffer

1 Den Ofen auf 200 °C vorheizen. Ein Backblech mit Backpapier auslegen.

2 In einer Schüssel Kichererbsen, Za'atar und Olivenöl gut vermengen. Die Mischung gleichmäßig auf dem Blech verstreichen und 35 Minuten backen, bis die Kichererbsen knusprig sind. Nach der Hälfte der Backzeit das Backblech rütteln.

3 Sobald die Kichererbsen fertig sind, alle Zutaten für das Dressing in einer großen Schüssel vermengen.

4 Den Radicchio und die Karotten-Nudeln zum Dressing geben und gut vermengen. Den Salat auf vier Teller verteilen und mit den Kichererbsen und dem Feta krönen.

Sie können auch ihre eigene Za'atar-Mischung herstellen, indem Sie je 1 Teelöffel frischen Oregano, Sumach, gemahlenen Kreuzkümmel und Sesamsaat vermengen und mit Salz abschmecken.

Würziger Linsen-Blumenkohl-Eintopf

auf Karotten-Reis

Ich lebe gern in Jersey City. Ein Grund dafür ist die ethnische Vielfalt: Ständig finden interessante Kulturevents statt und natürlich gibt es zahlreiche Lokale mit unterschiedlichen Landesküchen. Bei meinem ersten Besuch in dem indischen Restaurant *Mantra* bat ich den Kellner, mir das »beste Gericht« zu servieren. Er kam mit einem Linseneintopf mit Blumenkohl zurück – Gabel für Gabel eine Explosion von Aromen. Ich war begeistert von der Konsistenz der würzigen Linsen und des samtigen Blumenkohls. Durch diese Version mit Spiralstreifen lasse ich Sie ein wenig am Zauber von Jersey City teilhaben.

vegetarisch
glutenfrei
paläo
One Pot
laktosefrei
kalorienarm
gut aufzubewahren

VORBEREITUNG 30 Minuten
ZUBEREITUNG 1 Stunde; im Slow Cooker 4 Stunden
FÜR 8 Personen

NÄHRWERTE
Kalorien: 273
Fett: 1 g
Natrium: 224 mg
Kohlenhydrate: 41 g
Ballaststoffe: 18 g
Zucker: 8 g
Eiweiß: 14 g

FUNKTIONIERT AUCH MIT
Bete, Butternusskürbis, Knollensellerie, Speiserübe, Süßkartoffel

- 400 g braune Linsen
- 1 Zwiebel, fein gewürfelt
- 2 Knoblauchzehen, geschält und fein gehackt
- 1 ½ TL gehackter frischer Ingwer
- 3 EL rote Currypaste (nach Belieben weniger!)
- 1 ½ TL Garam Masala
- 2 Lorbeerblätter
- ½ TL gemahlenes Kurkuma
- ½ TL gemahlener Kreuzkümmel
- ½ TL Salz
- 1 Msp. Cayennepfeffer (nach Belieben weniger!)
- 400 g stückige Tomaten (aus der Dose)
- 1 EL Tomatenmark
- 750 ml salzarme Gemüsebrühe
- 750 g grob gehackte Blumenkohlröschen
- *8 große Karotten, geschält, mit KLINGE D in Spiralstreifen geschnitten, dann zu »Reis« verarbeitet (siehe Seite 16)*
- 60 g Kokoscreme (siehe Seite 20)
- 1 Handvoll gehacktes frisches Koriandergrün zum Garnieren

1 Die Linsen abspülen und in einen großen Suppentopf füllen. Zwiebel, Knoblauch, Ingwer, Currypaste, Garam Masala, Lorbeerblätter, Kurkuma, Kreuzkümmel, Salz und Cayennepfeffer zufügen und gründlich vermengen.

Tomaten aus der Dose mit Saft, Tomatenmark, Brühe und Blumenkohl zugeben. Gut vermengen, bis die Linsen fast vollständig bedeckt sind. Den Deckel auflegen, sanft aufkochen lassen und etwa 30 Minuten köcheln lassen.

2 Den Karotten-Reis zufügen, erneut umrühren und weitere 30 Minuten köcheln lassen, bis Linsen und Karotten-Reis weich, aber nicht breiartig sind.

3 Die Lorbeerblätter entfernen und unter Rühren die Kokoscreme zugeben. Mischung auf Schüsseln verteilen und mit Koriandergrün garnieren.

Dieses Rezept eignet sich gut für die Zubereitung in einem Slow Cooker (Langsamgarer). Bei Schritt 2 kocht man die Linsen im Slow Cooker etwa 3,5 Stunden.

Knollen-sellerie

Auch wenn die knubblige Wurzel keinen Gemüseschönheitspreis gewinnen wird, verströmt sie doch wie ihre Verwandten Karotte, Petersilienwurzel und Pastinake einen wunderbaren Duft. Das leicht rauchige Kräuteraroma der Sellerieknolle bildet einen wunderbaren Kontrast zu kräftigen Saucen und stark proteinhaltiger Kost. Auch in leichteren Gerichten macht Sellerie sich gut, denn er bringt eine erfrischende Note ins Spiel. Früher kannte ich Sellerie nur in Form von Püree, geröstet oder roh als Salat. Im Folgenden werden Sie ganz neue Rezepte mit der Knolle kennenlernen! Zwar dauert das Schälen und Vorbereiten einige Minuten, dafür erhält man aber auch eine große Menge »Nudeln«. Beim Kauf wählen Sie am besten eine mittelgroße Knolle.

NÄHRWERT-PLUS: Knollensellerie ist reich an Ballaststoffen, Kalium, Magnesium und Vitamin B_6. Deswegen wirkt er entzündungshemmend, sättigend und bringt den Stoffwechsel in Schwung. Sein niedriger glykämischer Index sorgt dafür, dass er als Pasta-Alternative den Blutzucker nicht in ungeahnte Höhen treibt.

VORBEREITEN UND AUFBEWAHREN: Knubbel abschneiden und die Knolle komplett schälen. Dann die Enden abschneiden, sodass glatte Flächen entstehen. In einem luftdichten Gefäß bis zu fünf Tage im Kühlschrank haltbar. Knollensellerie in Spiralstreifen lässt sich auch bis zu acht Monate tiefgekühlt aufbewahren.

GEEIGNETE MESSEREINSÄTZE

- **KLINGE A**
- **KLINGE B**
- **KLINGE C**
- **KLINGE D**

GEEIGNETE ZUBEREITUNGSARTEN

- **roh**
- **7 Minuten braten**
- **3 Minuten kochen**
- **bei 220 °C 10 Minuten im Ofen braten**

Krautwickel

mit Sellerie-Reis und Adzuki-Bohnen

Angeregt hat mich zu diesem Rezept »Halupki«, ein osteuropäisches Gericht aus gefüllten Kohlblättern. Traditionell werden die Krautwickel mit Rindfleisch und Reis gefüllt, mit einer leicht süßen, dünnflüssigen Tomatensauce bedeckt und anschließend im Ofen gebacken. Bei dieser vegetarischen Krautwickel-Version verwende ich statt Rindfleisch Bohnen und statt Reis spiralisierten Sellerie-Reis. Die zwölf leckeren Krautwickel lassen sich gut einfrieren und später verwenden.

vegan
✓ vegetarisch
✓ glutenfrei
✓ laktosefrei
✓ gut aufzubewahren

VORBEREITUNG 25 Minuten
ZUBEREITUNG 1 Stunde
FÜR 4 bis 6 Personen (2 oder 3 Krautwickel pro Person)

NÄHRWERTE
(für 1 von 6 Portionen)
Kalorien: 307
Fett: 11 g
Natrium: 515 mg
Kohlenhydrate: 42 g
Ballaststoffe: 14 g
Zucker: 10 g
Eiweiß: 13 g

FUNKTIONIERT AUCH MIT
Butternusskürbis, Kohlrabi, Speiserübe, Süßkartoffel

1 großer Weißkohlkopf, die äußeren Hüllblätter und den Strunk entfernt
1 ½ EL natives Olivenöl extra
½ Zwiebel, gewürfelt
3 Knoblauchzehen, geschält und fein gehackt
½ rote Paprikaschote, gewürfelt
½ grüne Paprikaschote, gewürfelt
1 großer Knollensellerie, geschält, mit KLINGE D in Spiralstreifen geschnitten, dann zu »Reis« verarbeitet (siehe Seite 16)
400 g vorgekochte Adzuki-Bohnen (aus der Dose), abgespült und abgetropft
100 g grob zerstoßene Walnusskerne
400 g passierte Tomaten (aus der Dose)
1 TL Knoblauchpulver
240 ml salzarme Gemüsebrühe
1 Handvoll gehackte frische Petersilie zum Garnieren
Salz und frisch gemahlener schwarzer Pfeffer

1 Den Ofen auf 190 °C vorheizen.

2 Einen großen Topf zur Hälfte mit Wasser füllen und das Wasser zum Kochen bringen. Den ganzen Weißkohlkopf hineinlegen und 2 bis 3 Minuten garen. Den Kohl herausnehmen, mit einem Löffel oder einer Küchenzange 12 große Kohlblätter im Ganzen ablösen und auf Küchenpapier abtropfen lassen. Den restlichen Weißkohl hacken.

3 In einer großen Pfanne 1 Esslöffel Olivenöl erhitzen. Sobald das Öl glänzt, Zwiebel, Knoblauch und Paprikaschoten zugeben. Mit Salz und Pfeffer würzen und 5 Minuten braten, bis die Zwiebel glasig ist. Sellerie-Reis, Bohnen und Walnusskerne zufügen. Gut vermengen und weitere 5 Minuten braten, bis der Sellerie-Reis weich ist. Die Pfanne vom Herd nehmen und beiseitestellen.

4 Tomaten und Knoblauchpulver in einem mittelgroßen Topf vermengen und mit Salz und Pfeffer würzen. Zum Köcheln bringen, dann die Hitze reduzieren und etwa 5 Minuten sanft köcheln lassen, bis sich das Aroma entfaltet.

5 Den Boden einer Auflaufform mit dem gehackten Weißkohl belegen. Von der Tomatensauce 250 Gramm abmessen und darübergießen.

6 Ein Kohlblatt auf eine saubere, trockene Arbeitsfläche legen und den dicken Strunk V-förmig ausschneiden, ohne das Blatt zu beschädigen. Etwa vier Esslöffel der Sellerie-Reis-Füllung in der Mitte platzieren. Zwei Seiten des Kohlblatts einklappen und das Blatt zusammenrollen. Mit der Nahtstelle nach unten in die Auflaufform legen. Mit den restlichen Blättern ebenso verfahren.

7 Die Brühe und die restliche Sauce über die Krautwickel gießen und im Ofen 45 Minuten garen. Vor dem Servieren mit Petersilie garnieren.

Hühnersuppe mit Sellerie-Reis

glutenfrei
paläo
laktosefrei
kalorienarm
gut aufzubewahren

VORBEREITUNG 15 Minuten
ZUBEREITUNG 45 Minuten
FÜR 4 Personen

NÄHRWERTE
Kalorien: 244
Fett: 14 g
Natrium: 1010 mg
Kohlenhydrate: 12 g
Ballaststoffe: 2 g
Zucker: 3 g
Eiweiß: 18 g

FUNKTIONIERT AUCH MIT
Speiserüben

In der Liste »Beste Trostsuppen aller Zeiten« steht die Hühner-Reis-Suppe an zweiter Stelle (nach der Hühner-Nudel-Suppe!). Bei dieser leichteren Version verwende ich Sellerie-Reis anstelle von normalem Reis. So erhält die Suppe dieselbe Konsistenz, hat aber einen niedrigeren glykämischen Index und weniger Kalorien. Das Hähnchen kocht in der Brühe und würzt sie. Wenn es mir nicht so gut geht, dann ist diese Suppe genau das Richtige.

1 mittelgroße rote Zwiebel, gewürfelt
1 große Karotte, fein gewürfelt
2 Knoblauchzehen, geschält und fein gehackt
1 Prise Chiliflocken
1 TL getrockneter Thymian
1 TL getrockneter Oregano
4 Hähnchenschenkel (ca. 600 g)
2 Lorbeerblätter
1,5 Liter salzarme Hühnerbrühe
1 großer Knollensellerie
1 Handvoll gehackte frische Petersilie
Salz und frisch gemahlener schwarzer Pfeffer

Dieses Gericht lässt sich wunderbar einfrieren. Bereiten Sie am besten eine größere Menge davon zu, dann haben Sie im Winter schnell eine heiße Suppe parat.

1 Zwiebel, Karotte, Knoblauch und Chiliflocken in einen großen Suppentopf mit Deckel geben. Mit Salz und Pfeffer würzen und bei mittlerer Hitze 3 bis 5 Minuten braten, bis die Zwiebel weich ist. Thymian und Oregano zufügen und alles gut vermengen.

2 Hähnchenschenkel und Lorbeerblätter zugeben. Die Brühe und 500 Milliliter Wasser zugießen und aufkochen lassen. Die Hitze auf mittlere bis niedrige Stufe reduzieren und 30 Minuten köcheln lassen.

3 Währenddessen den Knollensellerie schälen und mit **KLINGE D** in Spiralstreifen schneiden. Die Sellerie-Nudeln, falls nötig, portionsweise in einem Mixer zu »Reis« verarbeiten.

4 Die Hähnchenschenkel aus der Brühe nehmen. Die Haut entfernen, das Fleisch abziehen und grob zerpflücken. Knochen und Fleischsaft aufbewahren und wieder in den Topf geben. Den Sellerie-Reis zugeben und 10 Minuten ohne Deckel köcheln lassen, bis der Sellerie-Reis weich ist.

5 Knochen und Lorbeerblätter herausnehmen und entsorgen. Das Hähnchenfleisch zugeben. Mit Salz und Pfeffer würzen, 5 Minuten köcheln lassen, dann die Petersilie einrühren und servieren.

Sellerie-Spaghetti mit vegetarischen Bällchen

- vegetarisch
- laktosefrei
- gut aufzubewahren

VORBEREITUNG 30 Minuten
ZUBEREITUNG 1 Stunde
FÜR 4 Personen

NÄHRWERTE
Kalorien: 317
Fett: 13 g
Natrium: 655 mg
Kohlenhydrate: 40 g
Ballaststoffe: 13 g
Zucker: 8 g
Eiweiß: 13 g

Dank der Vielfalt an spiralisierbaren Gemüsearten kann man immer wieder neue Varianten des Klassikers »Spaghetti mit Fleischbällchen« ausprobieren. Diese Bällchen sind von den »Veggie Balls« aus dem *Meatball Shop* in New York City inspiriert, einem Restaurant mit Do-it-yourself-Speisekarte. Dort gibt es vegetarische Beilagen, aus denen sich eine gesunde Mahlzeit zaubern lässt. Vielleicht wird eines Tages auch mal eine in Spiralform angeboten.

100 g getrocknete braune Linsen, abgespült
1 Lorbeerblatt
250 g Champignons, geputzt und halbiert
2 EL natives Olivenöl extra
1 Msp. Chiliflocken
2 Knoblauchzehen, geschält und fein gehackt
120 ml salzarme Gemüsebrühe
1 EL Sojasauce
40 g Haferflocken
1 Msp. getrocknetes Basilikum
1 Msp. getrockneter Oregano
1 Msp. getrocknete Petersilie
1 Msp. getrockneter Rosmarin
1 großer oder 2 mittelgroße Sellerieknollen
400 g Tomaten-Basilikum-Sauce (aus dem Glas)
1 Handvoll gehackte frische Petersilie zum Garnieren
Salz und frisch gemahlener schwarzer Pfeffer

1 Den Backofen auf 180 °C vorheizen. Ein Backblech mit Backpapier auslegen.

2 Die Linsen und das Lorbeerblatt in einen Topf mit 240 Milliliter Wasser geben und aufkochen. Die Hitze reduzieren und etwa 30 Minuten köcheln lassen, bis die Linsen gar sind. Vom Herd nehmen, die Linsen abgießen und 5 Minuten zum Abkühlen beiseitestellen. Das Lorbeerblatt entfernen.

3 Die Linsen in einen Mixer füllen, die Champignons zugeben und grob zerkleinern.

4 In einer großen Pfanne 1 Esslöffel Olivenöl erhitzen. Sobald das Öl glänzt, Chiliflocken und Knoblauch zugeben und unter Rühren 30 Sekunden braten. Die Linsen-Champignon-Mischung einrühren und 3 bis 5 Minuten garen, bis sie anbräunt. Brühe, Sojasauce, Haferflocken, Basilikum, Oregano, getrocknete Petersilie und Rosmarin zugeben. Alles gut vermengen und sanft köcheln lassen, bis die Flüssigkeit eingedickt ist. Mit Salz und Pfeffer würzen. Die Pfanne vom Herd nehmen und zum Abkühlen 5 Minuten beiseitestellen.

Fortsetzung auf Seite 110

5 Aus der Mischung 12 Bällchen (ø 4 cm) formen und diese gleichmäßig auf dem vorbereiteten Backblech verteilen. Im Ofen etwa 40 Minuten backen, bis sie goldbraun sind.

6 Währenddessen den Knollensellerie schälen und mit **KLINGE D** in Spiralstreifen schneiden. Anschließend die Sellerie-Nudeln kürzen.

7 Die Pfanne auswischen und das restliche Öl erhitzen. Sobald das Öl glänzt, die Sellerie-Nudeln zugeben. Mit Salz und Pfeffer würzen und etwa 7 Minuten braten, dann die Tomatensauce zugießen, gut vermengen und 2 bis 3 Minuten braten, bis die Sauce ganz durchgewärmt ist und die »Nudeln« bissfest sind.

8 Die Sellerie-Nudeln auf vier Schüsseln verteilen und mit je drei vegetarischen Bällchen krönen. Die restliche Sauce darübergießen. Mit Petersilie garnieren und servieren.

Mit Basilikum-Pesto anstelle der Tomatensauce entsteht eine völlig neue Version dieses Gerichts.

Chicken Wings
mit Selleriesalat

Wenn ich mit Lu in eine Bar gehe, um mir ein Football-Spiel anzusehen, bestellt er meist Chicken Wings mit Farmersalat. Lecker, aber nicht unbedingt gesund. Ich habe die Dinge selbst in die Hand genommen und ein etwas kalorienreduzierteres Chicken-Wings-Rezept kreiert. In der üppigen Beilage aus spiralisiertem Sellerie versteckt sich ein erfrischendes Dressing mit griechischem Joghurt. Das Footbaal-Spiel kann beginnen!

glutenfrei

VORBEREITUNG 15 Minuten
ZUBEREITUNG 45 Minuten
FÜR 4 Personen

NÄHRWERTE
Kalorien: 358
Fett: 22 g
Natrium: 214 mg
Kohlenhydrate: 15 g
Ballaststoffe: 2 g
Zucker: 5 g
Eiweiß: 28 g

Für die Chicken Wings

500 g Hähnchenflügel

1 EL natives Olivenöl extra

1 ½ TL Knoblauchpulver

2–3 EL Chilisauce

Salz und frisch gemahlener schwarzer Pfeffer

Für den Salat

200 g fettarmer griechischer Joghurt (natur)

1 TL frisch gepresster Zitronensaft

1 EL Rotweinessig

1 TL Dijon-Senf

1 EL gehackte frische Petersilie

2 TL gehackter frischer Schnittlauch

½ TL Knoblauchpulver

½ TL Zwiebelpulver

1 großer Knollensellerie, geschält und vorbereitet

1 große Karotte, geschält, mit KLINGE D in Spiralstreifen geschnitten

Salz und frisch gemahlener schwarzer Pfeffer

1 Für die Chicken Wings den Backofen auf 200 °C vorheizen. Ein Gitter auf ein Backblech legen.

2 Die Hähnchenflügel in eine mittelgroße Schüssel legen, mit dem Olivenöl beträufeln und mit Knoblauchpulver, Salz und Pfeffer würzen. Die Marinade mit den Fingern gleichmäßig auf den Flügeln verteilen. Die Flügel auf dem Gitter verteilen und 45 Minuten rösten, bis die Haut knusprig und das Fleisch gar ist. Chicken Wings in eine Schale geben und mit Chilisauce beträufeln.

3 Alle Zutaten für den Salat außer dem Knollensellerie und der Karotte in einer Schüssel gut vermengen und mit Salz und Pfeffer abschmecken.

4 Den Knollensellerie der Länge nach maximal bis zur Mitte einschneiden, sodass ein Schlitz entsteht. Mit **KLINGE C** in Spiralstreifen schneiden und zum Dressing geben. Die Karotte zufügen und gründlich vermengen. Bis zum Servieren im Kühlschrank aufbewahren.

5 Chicken Wings mit dem Selleriesalat servieren.

Probieren Sie diesen Salat auch zu einem würzigen Fischgericht oder zu einem Burger.

Chayote

Die Chayote, auch Gemüsebirne genannt, zählt zu den Kürbisgewächsen. Sie eignet sich perfekt zum Spiralisieren und lässt sich auf vielfältige Weise verarbeiten. Das Gemüse hat einen milden, frischen, zucchiniähnlichen Geschmack, weshalb beide auch häufig austauschbar sind. Doch im Gegensatz zu Zucchini geben Chayotes wenig Feuchtigkeit ab. Darum eignen sie sich besser für warme Saucen.

Obwohl die Schale essbar ist, reagieren manche Menschen empfindlich darauf und schälen das Gemüse lieber. Aber das bleibt ganz Ihnen überlassen.

NÄHRWERT-PLUS: Chayote ist sehr kalorienarm und deswegen ideal für alle, die ihr Gewicht reduzieren oder halten wollen. Außerdem enthält das Gemüse wenig Cholesterin. Der hohe Folsäuregehalt unterstützt den Stoffwechsel.

VORBEREITEN UND AUFBEWAHREN: Nach Belieben schälen. Ansonsten einfach in Spiralstreifen schneiden oder das dünne Ende abschneiden, sodass eine glatte Fläche entsteht. In einem luftdichten Behälter auf Küchenpapier oder Servietten im Kühlschrank bis zu fünf Tage haltbar.

GEEIGNETE MESSEREINSÄTZE

- **KLINGE C**
- **KLINGE D**

GEEIGNETE ZUBEREITUNGSARTEN

- **roh**
- **2 Minuten kochen**
- **bei mittlerer Hitze 2 bis 3 Minuten braten**

Carnitas-Suppe aus dem Slow Cooker

mit Chayote-Nudeln

Jedes Gericht schmeckt intensiver, wenn man es im Slow Cooker (Langsamgarer) zubereitet. Die Aromen entfalten sich in Speisen, die mehrere Stunden vor sich hinköcheln, viel kräftiger als für gewöhnlich. Die Gewürze ziehen in das Fleisch ein, das wiederum die einfache Brühe würzt. Die Chayote sorgt für den richtigen Biss und ein erfrischendes Aroma – ein wunderbarer Kontrast zur herzhaften Suppe.

glutenfrei
paläo
laktosefrei
gut aufzubewahren

VORBEREITUNG 20 Minuten
ZUBEREITUNG 5 bis 8 Stunden
FÜR 8 Personen

NÄHRWERTE
Kalorien: 442
Fett: 16 g
Natrium: 1012 mg
Kohlenhydrate: 18 g
Ballaststoffe: 5 g
Zucker: 8 g
Eiweiß: 55 g

FUNKTIONIERT AUCH MIT
Jícama, Kohlrabi, Zucchini

Für die Carnitas

1 EL Chilipulver
2 TL gemahlener Kreuzkümmel
2 TL getrockneter Oregano
1 ½ TL Zwiebelpulver
1 TL Cayennepfeffer
2 kg Schweineschulter, ohne Knochen, das überschüssige Fett entfernt
4 Knoblauchzehen, zerdrückt
360 ml frisch gepresster Orangensaft
Saft von 1 Limette, frisch gepresst
Salz und frisch gemahlener schwarzer Pfeffer

Für die Suppe

4 Chayotes, geschält und vorbereitet
1 ½ EL natives Olivenöl extra
1 mittelgroße weiße oder braune Zwiebel, gewürfelt
3 Knoblauchzehen, geschält und gehackt
2 Jalapeños oder Serrano-Chilischoten, sorgfältig entkernt und fein gewürfelt
3 Liter salzarme Hühnerbrühe
2 Avocados, geschält, entkernt und das Fruchtfleisch in Scheiben geschnitten
Saft von 4 kleinen Limetten, frisch gepresst
1–2 Handvoll gehacktes frisches Koriandergrün
Salz und frisch gemahlener schwarzer Pfeffer

1 Für die Carnitas in einer Schüssel Chilipulver, Kreuzkümmel, Oregano, Zwiebelpulver, Cayennepfeffer, Salz und Pfeffer vermengen. Das Schweinefleisch mit der Gewürzmischung einreiben.

2 Schweineschulter, Knoblauch, Orangen- und Limettensaft in einen Slow Cooker geben. Den Deckel auflegen und auf niedriger Stufe 8 Stunden oder auf hoher Stufe 5 Stunden kochen.

3 Die Schweineschulter herausnehmen und das Fleisch grob zerpflücken. Überschüssiges Fett entfernen. Schweinefleisch und Fleischsaft wieder in den Slow Cooker geben und mit Salz und Pfeffer abschmecken. Den Deckel auflegen und 30 Minuten warm halten, damit das Fleisch noch zarter wird.

4 Währenddessen für die Suppe die Chayotes mit **KLINGE D** zu Spiralstreifen verarbeiten und die Chayote-Nudeln kürzen.

5 Das Olivenöl in einem großen Topf erhitzen. Sobald das Öl glänzt, die Zwiebel zugeben und etwa 2 Minuten braten, bis sie weich ist. Knoblauch und Jalapeños zufügen und kurz anbraten, bis der Knoblauch aromatisch duftet. Brühe und Chayote-Nudeln zugeben, die Hitze erhöhen und die Brühe zum Kochen bringen. Die Hitze reduzieren und die Brühe sanft köcheln lassen. Avocados, Limettensaft und Koriandergrün zugeben und 2 bis 3 Minuten köcheln lassen. Mit Salz und Pfeffer würzen.

6 Die Suppe auf acht Schüsseln verteilen und mit einer Portion Carnitas krönen.

Wer keinen Slow Cooker zur Verfügung hat oder diese Suppe schneller auf dem Tisch bekommen will, verwendet einfach statt Schweinefleisch das Fleisch von einem bereits gegrillten Hähnchen. Dadurch reduziert sich die Kochzeit für das Fleisch in Schritt 2 der Rezeptbeschreibung auf etwa 30 Minuten.

Tex-Mex-Schale
mit Chayote und Tomatillo-Sauce

vegan
vegetarisch
glutenfrei
laktosefrei

VORBEREITUNG 25 Minuten
ZUBEREITUNG 20 Minuten
FÜR 2 Personen

NÄHRWERTE
Kalorien: 407
Fett: 21 g
Natrium: 365 mg
Kohlenhydrate: 52 g
Ballaststoffe: 18 g
Zucker: 14 g
Eiweiß: 13 g

FUNKTIONIERT AUCH MIT
Jícama, Kohlrabi, Zucchini

Damit die gesunde Kost auch im Restaurant nicht zu kurz kommt, können Sie den Koch um simple Änderungen bitten, die keine Extraarbeit bedeuten. Kleine Anfragen leitet die Bedienung auch eher an die Küche weiter, da die Küchenroutine dadurch nicht gestört wird. Wenn ich ein Burrito bestelle, bitte ich darum, es ohne Hülle zu servieren, also nur die Füllung auf Salatunterlage. Auch die Tex-Mex-Schale in diesem Rezept ähnelt einem hüllenlosen Burrito auf Chayote-Nudeln. Der milde Kürbis saugt die Tomatillo-Sauce auf und kann sich neben den anderen Aromen gut behaupten.

2 mittelgroße Tomatillos, die Hüllen entfernt, gut abgespült
1 EL frischer Limettensaft
2 TL gewürfelte Jalapeño, plus 1 kleine Jalapeño, entkernt und fein gehackt
2 EL gehackte weiße Zwiebel
20 g frisches Koriandergrün, plus mehr zum Garnieren
1 Maiskolben
1 ½ EL natives Olivenöl extra
1 Knoblauchzehe, geschält und gehackt
½ kleine rote Zwiebel, gewürfelt
1 grüne Paprikaschote, gewürfelt
1 Msp. gemahlener Kreuzkümmel
1 Msp. Chilipulver
½ TL getrockneter Oregano
140 g schwarze Bohnen (aus der Dose), abgespült und abgetropft
2 Chayotes, mit KLINGE D in Spiralstreifen geschnitten, gekürzt
½ Avocado, geschält, entkernt und das Fruchtfleisch in Scheiben geschnitten
1 EL geröstete und geschälte Kürbiskerne zum Garnieren
Salz und frisch gemahlener schwarzer Pfeffer

1 Die Tomatillos in einem mittelgroßen Topf mit Wasser bedecken und 10 Minuten kochen, bis sie hellgrün werden. Abgießen und in einen Mixer geben. Limettensaft, gewürfelte Jalapeño, Zwiebel und Koriandergrün zufügen, mit Salz abschmecken und zu einer salsaartigen Paste mit kleinen Stücken verarbeiten. Nochmals mit Salz oder Limettensaft abschmecken.

2 Den Maiskolbenin den Topf geben, mit Wasser bedecken und 1 Prise Salz zugeben. Den Deckel auflegen und zum Kochen bringen, dann die Hitze reduzieren und 3 bis 5 Minuten köcheln lassen, bis der Mais gabelzart ist. Den Kolben herausnehmen, die Kerne mit einem scharfen Messer abschneiden und in eine mittelgroße Schüssel geben.

3 In einer großen Pfanne 1 Esslöffel Olivenöl erhitzen. Sobald das Öl glänzt, Knoblauch, gehackte Jalapeño, rote Zwiebel und Paprikaschote zugeben. Kreuzkümmel, Chilipulver und Oregano zufügen. Mit Salz und Pfeffer würzen und 3 bis 5 Minuten anbraten, bis das Gemüse weich ist, aber noch Biss hat. Mais und schwarze Bohnen zugeben und etwa 1 Minute braten, bis alles gut durchgewärmt ist. Die Mischung in eine große Schüssel füllen.

4 Die Pfanne auswischen und das restliche Öl darin erhitzen. Sobald es glänzt, die Chayote-Nudeln zugeben und 3 Minuten braten, bis sie bissfest sind.

5 Chayote-Nudeln auf zwei Schüsseln verteilen und die Gemüse-Mischung daraufgeben. Mit den Avocadoscheiben belegen und die Tomatillo-Sauce darübergießen. Mit Koriander und Kürbiskernen garnieren.

Gebräunter Tilapia
auf Salat aus Chayote-Nudeln mit Mango

glutenfrei
paläo
laktosefrei
kalorienarm

VORBEREITUNG 25 Minuten
ZUBEREITUNG 10 Minuten
FÜR 4 Personen

NÄHRWERTE
Kalorien: 271
Fett: 9 g
Natrium: 406 mg
Kohlenhydrate: 29 g
Ballaststoffe: 6 g
Zucker: 18 g
Eiweiß: 23 g

FUNKTIONIERT AUCH MIT
Jícama, Zucchini

Lu stammt aus der Karibik und liebt den Geschmack der Tropen – vor allem aber liebt er Mangos. Ich habe daher für ihn schon Schwertfisch mit Mango-Avocado-Salsa, Zucchini-Pasta mit Kokosflocken und Mango und auch dieses Tilapia-Rezept mit Mango gekocht, das sein Favorit ist. Der pikant gewürzte und dadurch dunkel gefärbte Fisch harmoniert wunderbar mit der erfrischenden Chayote, der Paprikaschote und der süßen Mango. Wenn sich dazu noch Koriandergrün und Minze gesellen, fühlt man sich fast wie am Strand!

Für den Salat

1 große Chayote, mit KLINGE D in Spiralstreifen geschnitten, gekürzt

1 rote Paprikaschote, mit KLINGE A in Spiralstreifen geschnitten, gekürzt

1 reife Mango, geschält, entsteint und das Fruchtfleisch in Juliennestreifen geschnitten

160 g Tomate, fein gewürfelt

1 mittelgroße rote Zwiebel, gewürfelt

1 Handvoll gehacktes frisches Koriandergrün

1 Handvoll gehackte frische Minzeblätter

Saft von 1 Limette, frisch gepresst

2 TL natives Olivenöl extra

1 Msp. Cayennepfeffer

Salz und frisch gemahlener schwarzer Pfeffer

Für die Würzpaste

4 TL Paprikapulver

1 TL Cayennepfeffer

2 TL getrockneter Oregano

2 TL Knoblauchpulver

2 TL Zwiebelpulver

2 TL gemahlener Kreuzkümmel

4 Tilapia-Filets (à 100 g)

1 EL natives Olivenöl extra

1 Alle Salatzutaten in eine Schüssel geben und vorsichtig vermengen. Im Kühlschrank bis zum Servieren marinieren.

2 Alle Zutaten für die Würzpaste in einer Schüssel vermengen. Die Tilapia-Filets auf beiden Seiten damit einreiben.

3 Das Olivenöl in einer großen Pfanne erhitzen. Sobald das Öl glänzt, die Filets zugeben. Auf jeder Seite 3 Minuten braten, bis der Fisch gar und nicht mehr durchscheinend ist und sich mit einer Gabel leicht zerteilen lässt.

4 Den Chayote-Salat auf vier Teller verteilen und mit je einem Tilapia-Filet krönen. Den Bratensaft aus der Pfanne darübergießen.

Gurke

Meist tunken wir Gurken nur in Dips, schneiden sie für ein Sandwich in Scheiben oder würfeln sie für einen Salat. Nicht wirklich aufregend, oder? Aber jetzt können Sie auch Gurken-Nudeln als Nudelalternative einsetzen oder sie als knackige Zutat in trendige Bowls mixen.

Da Gurken vor allem aus Wasser bestehen, eignen sie sich perfekt, um etwas mehr Feuchtigkeit ins Spiel zu bringen. Doch wenn man sie in Spiralstreifen schneidet, tritt diese Flüssigkeit sofort aus. Bevor Sie die Gurken-Nudeln verwenden, müssen Sie sie deshalb sorgfältig trocken tupfen – und kochen sollten Sie sie besser nicht!

NÄHRWERT-PLUS: Nur mit ausreichend Flüssigkeit kann unser Körper funktionieren und Giftstoffe ausschwemmen. Gurken unterstützen Ihren Flüssigkeitshaushalt. Außerdem enthalten sie hautpflegendes Magnesium, Kalium und Silizium. Deshalb sind auch Gurkenduft- oder -wirkstoffe oft Bestandteil von Kosmetikprodukten!

VORBEREITEN UND AUFBEWAHREN: Gurken besser nicht schälen, sondern einfach die Enden glatt abschneiden. In einem luftdichten Behälter auf Küchenpapier im Kühlschrank etwa drei Tage haltbar.

GEEIGNETE MESSEREINSÄTZE

- **KLINGE A**
- **KLINGE B**
- **KLINGE C**
- **KLINGE D**

GEEIGNETE ZUBEREITUNGSARTEN

- **roh**

Putenbrusträllchen mit Spinat und Gurken-Nudeln in Hummus

glutenfrei
laktosefrei
kalorienarm
ohne Kochen

VORBEREITUNG 15 Minuten
ZUBEREITUNG 5 Minuten
FÜR 2 Personen
(2 Röllchen pro Portion)

NÄHRWERTE
Kalorien: 64
Fett: 2 g
Natrium: 219 mg
Kohlenhydrate: 4 g
Ballaststoffe: 1 g
Zucker: 1 g
Eiweiß: 7 g

FUNKTIONIERT AUCH MIT
Apfel, Zucchini

Die Putenbruströllchen, die mir meine Mutter früher als Snack nach der Schule zubereitet hat, habe ich noch in liebevoller Erinnerung. Ich tunkte die Röllchen mit Begeisterung in Senf ein und knabberte daran, während ich ihr von meinem Tag erzählte. Nun habe ich diese Kindheitserinnerung nachgebaut. Der vitaminreiche Spinat und die knackigen Gurken-Nudeln sorgen für die richtige Konsistenz, der Hummus für den Eiweißgehalt und den besonderen Geschmack. Ob als Snack für Kinder oder als Büromahlzeit für Erwachsene – mit diesen Röllchen haben Sie Spaß und werden satt.

4 große runde Scheiben Putenbrustaufschnitt
4 EL Hummus
2 TL Hanfsamen (nach Belieben)
70 g Babyspinat
1 mittelgroße Gurke, mit KLINGE D in Spiralstreifen geschnitten, gekürzt und trocken getupft
Chilisauce zum Servieren

1 Die Putenbrustscheiben auf einer sauberen, trockenen Arbeitsfläche auslegen. Mit je 1 Esslöffel Hummus bestreichen und mit den Hanfsamen bestreuen. Auf jede Putenbrustscheibe Spinatblätter auf eine Seite geben und diese mit Gurken-Nudeln belegen.

2 Die belegten Putenbrustscheiben wie ein Burrito zusammenrollen (siehe Abbildungen rechte Seite oben). Falls nötig, die Röllchen mit einem Zahnstocher fixieren und mit Chilisauce beträufeln oder in die Sauce tunken.

Sie werden diese Röllchen lieben und nicht genug davon bekommen können. Zur Abwechslung können Sie andere Wurst- oder Schinkensorten und Aufstriche verwenden. Ich nehme gern Pastrami (geräuchertes und gewürztes Fleisch) und dazu einen scharfen Senf.

California Roll Sushi Bowl

mit Ingwer-Karotten-Dressing

Wer noch nie eine Sushi Bowl probiert hat, darf sich auf etwas Besonderes freuen. Diese Bowls enthalten die leckeren Aromen der Sushi-Klassiker, gehen aber noch einen Schritt weiter. Bei einer Bowl kann man sich die Zutaten selbst zusammenstellen. Eine Schüssel mit etwas mehr Avocado, die andere mit einer Extraportion Krebsfleisch. Der lockere »Reis« aus Daikon-Rettich und die knackigen Gurken-Nudeln füllen den Magen schneller als Sushi-Röllchen. Ich habe mich hier für die klassischen California Rolls entschieden, da die Zutaten in den meisten Lebensmittelläden erhältlich sind. Oder Sie mixen einfach Ihre individuelle Sushi Bowl!

laktosefrei
kalorienarm

VORBEREITUNG 25 Minuten
ZUBEREITUNG 10 Minuten
FÜR 4 Personen

NÄHRWERTE
Kalorien: 300
Fett: 16 g
Natrium: 445 mg
Kohlenhydrate: 22 g
Ballaststoffe: 7 g
Zucker: 11 g
Eiweiß: 13 g

FUNKTIONIERT AUCH MIT
Karotte

Für das Dressing

2 EL natives Olivenöl extra

2 TL geriebener frischer Ingwer

60 ml Reisessig

1 EL salzarme Sojasauce

1 TL Honig

1 Karotte (ca. 120 g), geschält und fein gerieben

Für die Sushi Bowl

1 großer Daikon-Rettich, geschält, mit KLINGE D in Spiralstreifen geschnitten, dann zu »Reis« verarbeitet (siehe Seite 16) und abgetropft

4 Frühlingszwiebeln, geputzt und in feine Ringe geschnitten

1T L Reisessig

1 große Gurke, mit KLINGE C in Spiralstreifen geschnitten, gekürzt

1 Blatt Nori (getrockneter Seetang), in dünne Streifen geschnitten

340 g Kani (Krebsfleisch), in kleine Stücke geschnitten

1 Avocado, geschält, entkernt und das Fruchtfleisch in Scheiben geschnitten

4 TL geröstete weiße Sesamsaat

1 Alle Zutaten für das Dressing in einem Mixer zu einer cremigen Paste verarbeiten.

2 In einer mittelgroßen Schüssel Daikon-Reis, Frühlingszwiebeln und Reisessig vermengen.

3 Den aromatisierten Daikon-Reis auf vier Schüsseln verteilen und mit jeweils derselben Menge Gurken-Nudeln, Nori, Kani, Avocado und Sesamsaat krönen. Mit dem Dressing beträufeln und servieren.

Lamm-Feta-Burger
mit griechischem Gurken-Nudel-Salat

Wie lautet die korrekte Antwort, wenn Sie im Restaurant gefragt werden: »Mit Pommes oder Salat?« Selbstverständlich »Bitte Salat!« Leider kann das traurige Häufchen Kopfsalat nie wirklich mit den knusprigen Pommes mithalten. Doch zu Hause können Sie die Sache anders angehen. Statt die Burger mit schlappem Salat zu servieren, peppen Sie sie mit Gemüse-Nudeln auf! Diese Gurken-Nudeln sind saftig, knackig und sättigend. Und fettige Finger haben Sie danach auch nicht. Der griechisch gewürzte Lamm-Burger ist mit ein wenig Feta gefüllt, was hervorragend zur Gurke passt. Pluspunkt: Da Sie statt Pommes Gurken nehmen, können Sie sich noch ein Dessert erlauben. Solche Kompromisse gefallen mir!

glutenfrei

VORBEREITUNG 25 Minuten
ZUBEREITUNG 15 Minuten
FÜR 4 Personen

NÄHRWERTE
Kalorien: 413
Fett: 30 g
Natrium: 499 mg
Kohlenhydrate: 15 g
Ballaststoffe: 3 g
Zucker: 4 g
Eiweiß: 22 g

FUNKTIONIERT AUCH MIT
Bete, Chayote, Zucchini

Für die Burger
500 g mageres Lammhack
3 EL gehackte frische Petersilie
½ TL gemahlener Kreuzkümmel
½ TL getrockneter Oregano
½ TL Paprikapulver
½ TL Knoblauchpulver
100 g Feta, zerbröckelt
1 EL natives Olivenöl extra
Salz und frisch gemahlener schwarzer Pfeffer

Für das Dressing
1 ½ TL getrockneter Oregano
1 TL Knoblauchpulver
1 Prise Chiliflocken
1 EL Rotweinessig
1 EL natives Olivenöl extra
Salz und frisch gemahlener schwarzer Pfeffer

Für den Gurkensalat
2 kernlose Gurken, mit KLINGE C in Spiralstreifen geschnitten, gekürzt und trocken getupft
½ rote Zwiebel, gewürfelt
12 Kirschtomaten, halbiert
70 g Babyspinat
40 g Kalamata-Oliven, entsteint und halbiert
60 g rote Paprikaschote, gewürfelt
50 g vorgekochte Kichererbsen (aus der Dose), abgespült und abgetropft
4 große Blätter Romanasalat zum Servieren (nach Belieben)

Fortsetzung auf Seite 128

1 Alle Zutaten für die Lamm-Burger in einer großen Schüssel mit den Händen gründlich vermengen und mit Salz unf Pfeffer würzen. Die Mischung mit angefeuchteten Händen zu vier Bratlingen formen. Die Bratlinge auf einem Teller 10 Minuten in den Kühlschrank stellen.

2 Währenddessen für das Dressing in einer großen Schüssel Oregano, Knoblauchpulver, Chiliflocken, Essig und Olivenöl vermengen. Mit Salz und Pfeffer abschmecken.

3 Alle Zutaten für den Gurkensalat zum Dressing geben und gut vermengen.

4 Das Olivenöl in einer großen Pfanne erhitzen. Sobald das Öl glänzt, die Burger hineinlegen und, falls nötig, portionsweise, 3 bis 4 Minuten auf jeder Seite braten, bis sie gar sind.

5 Jeden Lamm-Burger nach Belieben auf einem Blatt Romanasalat mit dem Gurken-Nudel-Salat als Beilage servieren.

Die Burger werden in diesem Rezept auf Romanasalat serviert. Wer will, legt ein Brötchen dazu oder drapiert den Gurkensalat über den Burger!

Carrot Dogs im Chicago-Style

mit spiralisierten Dillgurken

Nach Chicago kam ich zum ersten Mal wegen eines Halbmarathons. Ich war nicht nur aufgeregt wegen des Laufs, sondern dachte auch an das gute Essen in Chicago, das berühmt für seine Food-Szene ist. Wie würde die Pizza im Chicago-Style schmecken? Was würde mich bei den Hot Dogs erwarten? Ich musste danach zugeben, dass die Hot Dogs aus Chicago wirklich eindrucksvoll sind: Knackiges Gemüse-Topping, Zwiebeln, Tomaten sowie Relishes und Essiggurken machen eine komplette Mahlzeit daraus. In meinem Rezept habe ich mich für eine vegane Variante entschieden: Carrot Dogs mit Dillgurken in Spiralform sind Biss für Biss einzigartig. Was aber die Pizza angeht ... da würde ich mich immer für ein Stück aus New York entscheiden!

- ✓ vegan
- ✓ vegetarisch
- ✓ laktosefrei
- kalorienarm
- gut aufzubewahren

VORBEREITUNG 20 Minuten, plus 2 Stunden für das Marinieren der Karotten

ZUBEREITUNG 55 Minuten

FÜR 4 Personen

NÄHRWERTE
Kalorien: 203
Fett: 2 g
Kohlenhydrate: 39 g
Natrium: 1070 mg
Zucker: 13 g
Eiweiß: 6 g

FUNKTIONIERT AUCH MIT
Zucchini

4 dicke Karotten
2 EL Liquid Smoke (ich bevorzuge Hickory-Aroma)
2 EL Sojasauce
1 EL Ahornsirup
1 Msp. Zwiebelpulver
1 Msp. Knoblauchpulver
4 Hot-Dog-Brötchen (siehe Tipp)
2 Strauchtomaten, in 8 Spalten geschnitten
8 Peperoncinos oder Sport Peppers (kleine scharfe Chilischoten, in Essig und Salz eingelegt; Spezialität aus Chicago; online zu bestellen)
Senf
½ weiße Zwiebel, fein gewürfelt
4 EL Sweet Relish (Würzsauce aus Obst oder Gemüse; aus dem Glas), plus mehr nach Belieben
2 Dillgurken, mit KLINGE D in Spiralstreifen geschnitten, gekürzt
frisch gemahlener schwarzer Pfeffer

Die Hot-Dog-Brötchen sollten möglichst wenig Zusatz- oder Konservierungsstoffe enthalten.

1 Den Backofen auf 220 °C vorheizen.

2 Die Karotten schälen, dabei die Enden abrunden, sodass sie einem Hot-Dog-Würstchen ähneln.

3 In einer Schüssel Liquid Smoke, Sojasauce, Ahornsirup, Zwiebel- und Knoblauchpulver verquirlen. Die Karotten in eine flache Schale legen, die Würzsauce darübergießen und mit den Fingern einreiben. Wenn genügend Zeit bleibt, für mindestens 2 Stunden marinieren.

4 Die marinierten Karotten pfeffern und auf ein Backblech legen. Marinade aufbewahren. Karotten im Ofen 45 bis 50 Minuten rösten, bis sie gabelzart sind. Alle 20 Minuten mit der Marinade bestreichen.

5 Die gerösteten Carrot Dogs in die Hot-Dog-Brötchen legen. Auf einer Seite je 2 Tomatenspalten platzieren. Auf die andere Seite die Peperoncinos oder Sport Peppers geben. Den Senf im Zickzack-Muster auftragen. Mit 2 Esslöffel weißer Zwiebel und etwa Sweet Relish garnieren. Die spiralisierten Dillgurken obenauf drapieren und servieren.

Jícama

Die aus Lateinamerika stammende Jícama oder Yambohne ist ein knackiges, leicht stärkehaltiges Wurzelgemüse, das süßlich-nussig schmeckt. Jícama lässt sich als Basis für zahlreiche Gerichte einsetzen. Traditionell kommt sie in Salaten zum Einsatz und überzeugt durch ihre knackige Frische und den niedrigen Kaloriengehalt.

Jícamas sind meist groß und schwer. Beim Kauf sollten Sie auf eine feste Schale achten, da man daran den Reifegrad erkennt. Jícamas, die sich schwammig anfühlen und weiche Stellen haben, sollten Sie liegen lassen, denn sie sind überreif. Mit einem normalen Schäler und etwas Muskelkraft lässt sich die Wurzel schälen. Danach sollte sie frisch duften. Falls die Wurzel sauer oder seifig riecht, ist sie überreif und lässt sich nicht gut spiralisieren (vom Geschmack will ich gar nicht reden!).

NÄHRWERT-PLUS: Die Jícama hat einen niedrigen Kalorien- und einen hohen Vitamin-C-Gehalt und ist reich an Ballaststoffen: hilfreich beim Abnehmen und Gewichthalten.

VORBEREITEN UND AUFBEWAHREN: Die Wurzel komplett schälen. Bei einer größeren Wurzelknolle die Rundungen an den Seiten abschneiden, sodass Sie zum Spiralisieren eine dünnere, gleichförmigere Wurzel mit einem maximalen Durchmesser von etwa 15 Zentimeter erhalten. In einem luftdichten Behälter im Kühlschrank bis zu fünf Tage haltbar.

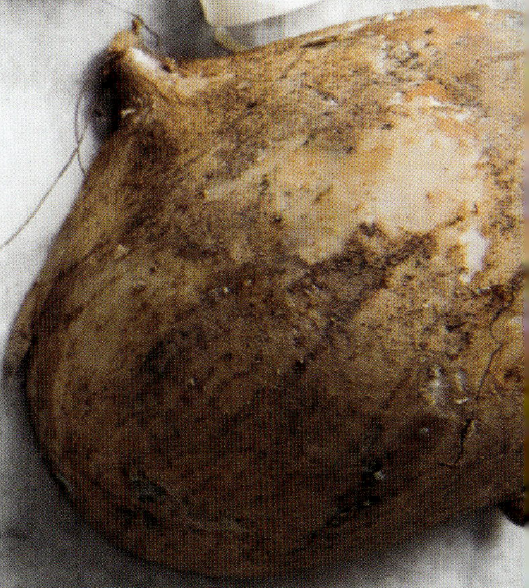

GEEIGNETE MESSEREINSÄTZE

- **KLINGE B**
- **KLINGE C**
- **KLINGE D**

GEEIGNETE ZUBEREITUNGSARTEN

- **roh**
- **bei 200 °C 10 bis 20 Minuten im Ofen braten**
- **gegart oder gedämpft**

Pochierter Lachs

auf Jícama-Nudel-Salat mit Koriander-Limetten-Joghurtdressing

glutenfrei
kalorienarm

VORBEREITUNG 10 Minuten
ZUBEREITUNG 20 Minuten
FÜR 4 Personen

NÄHRWERTE
Kalorien: 218
Fett: 1 g
Natrium: 198 mg
Kohlenhydrate: 21 g
Ballaststoffe: 8 g
Zucker: 6 g
Eiweiß: 31 g

FUNKTIONIERT AUCH MIT
Gelbe Bete, Kohlrabi, Zucchini

Pochieren ist eine recht einfache Methode der Fisch- und Fleischzubereitung. Der Lachs wird in siedendem Wasser sanft gegart und lässt sich dann butterweich mit der Gabel zerteilen. Das würzige Dressing aus Koriander, Limettensaft und Joghurt vermischt sich mit dem sanften Fischaroma, während die knackigen »Nudeln« aus Jícama-Wurzel schön erfrischend schmecken.

Für den Lachs

1 Karotte, in ca. 2,5 cm große Würfel geschnitten

1 Stange Staudensellerie, geputzt und in ca. 2,5 cm lange Stücke geschnitten

½ kleine weiße Zwiebel

½ unbehandelte Zitrone, in dünne Scheiben geschnitten

4 Lachsfilets (à ca. 120 g), ohne Haut

Salz

Für das Dressing

225 g fettarmer griechischer Joghurt (natur)

2 EL gehacktes frisches Koriandergrün

1 EL Apfelessig

1 Msp. Knoblauchpulver

Saft von 1 großen Limette, frisch gepresst

Salz und frisch gemahlener schwarzer Pfeffer

Für den Jícama-Nudel-Salat

1 große oder 2 kleine Jícama-Wurzeln, geschält, mit KLINGE C in Spiralstreifen geschnitten, gekürzt

1 große Jalapeño, in feine Ringe geschnitten, zum Garnieren

1 Kästchen Kresse oder 1 Handvoll Rettichsprossen zum Garnieren

1 In einem großen Suppentopf Karotte, Staudensellerie, Zwiebel und Zitronenscheiben vermengen. Mit Wasser bedecken (ca. 1,5 Liter) und etwas Salz zufügen. Zum Kochen bringen, dann die Hitze auf mittlere Stufe reduzieren, den Deckel auflegen und 8 Minuten köcheln lassen.

Den Lachs auf beiden Seiten salzen und vorsichtig in den Topf legen, sodass der Fisch gerade vom Wasser bedeckt ist. Die Hitze auf niedrige Stufe reduzieren, den Deckel wieder auflegen und den Lachs 5 Minuten pochieren. Die Filets mit einem Schlitzwender vorsichtig aus der Flüssigkeit heben und beiseitestellen. Die Flüssigkeit und das Gemüse entsorgen.

2 Währenddessen alle Zutaten für das Dressing in einer Schüssel verquirlen. Nach Belieben abschmecken, danach beiseitestellen.

3 Die Jícama-Nudeln auf vier Teller verteilen, jeweils mit einem Lachsfilet krönen und einen großzügigen Klecks Dressing obenauf setzen. Mit Jalapeño und Kresse oder Sprossen garnieren.

Im Sommer können Sie den Lachs auch mit Zitronenscheiben grillen.

Cobb Salad mit Jícama-Nudeln

Wenn ich in einer Sportsbar bin und etwas halbwegs Gesundes bestellen möchte, wähle ich Cobb Salad – viel Salat und Gemüse, aber auch typisches Barfood wie Bacon und Käse. In dieser Version tausche ich den Kopfsalat im klassischen Cobb Salad gegen Jícama-Nudeln. Dazu gibt es Geflügel-Bacon und ein schlankes Dressing – aber keinen Käse. Der Biss in Jícama-Nudeln ist wesentlich aufregender, als auf dem altbekannten Kopfsalat herumzukauen, besonders wenn neben Ihnen ein Freund sitzt, der sich schamlos einen fetten Burger schmecken lässt. Aber bei gutem Essen geht es um ein vernünftiges Maß und darum, die Geschmacksknospen an gesunde Kost zu gewöhnen.

glutenfrei
laktosefrei

VORBEREITUNG 20 Minuten
ZUBEREITUNG 10 Minuten
FÜR 2 Personen

NÄHRWERTE
Kalorien: 369
Fett: 24 g
Natrium: 453 mg
Kohlenhydrate: 27 g
Ballaststoffe: 11 g
Zucker: 10 g
Eiweiß: 13 g

FUNKTIONIERT AUCH MIT
Gurke, Kohlrabi, Zucchini

Für den Salat

4 Scheiben Geflügel-Bacon

1 kleine Jícama-Wurzel, geschält, mit KLINGE D in Spiralstreifen geschnitten, gekürzt

1 hart gekochtes Ei, geviertelt

6 Kirschtomaten, jeweils halbiert

1 Handvoll schwarze Oliven, entsteint und geviertelt

½ Avocado, geschält und entkernt, das Fruchtfleisch in Scheiben geschnitten

Für das Dressing

2 EL Rotweinessig

2 ½ TL Dijon-Senf

½ EL gehackter frischer Schnittlauch

½ Schalotte, fein gehackt

2 EL natives Olivenöl extra

Salz und frisch gemahlener schwarzer Pfeffer

1 Den Geflügel-Bacon in einer großen Pfanne mit Antihaftbeschichtung bei mittlerer bis hoher Hitze 10 Minuten braten, bis er knusprig und goldbraun ist. Dabei ein Mal wenden. Zum Abtropfen auf einen mit Küchenpapier bedeckten Teller legen.

2 Die Jícama-Nudeln auf zwei Teller verteilen und zu gleichen Teilen mit Ei, Tomaten und Avocado krönen. Auf jede Portion zwei Scheiben Geflügel-Bacon krümeln.

3 Für das Dressing in einer Schüssel Essig, Senf, Salz und Pfeffer vermengen und abschmecken. Den Schnittlauch und die Schalotte zugeben. Nach und nach das Öl zugießen und alles verquirlen.

4 Den Salat mit dem Dressing beträufeln und sofort servieren.

Damit die Jícama-Nudeln etwas weicher werden, mariniere ich sie in der Hälfte des Dressings und stelle sie 15 Minuten in den Kühlschrank. Dann verteile ich die »Nudeln« auf zwei Teller, belege sie mit den übrigen Zutaten und gieße die restliche Vinaigrette darüber.

Kalter vietnamesischer Jícama-Nudel-Salat

glutenfrei
paläo
laktosefrei
kalorienarm
ohne Kochen
gut aufzubewahren

Dieser Nudelsalat ist von der asiatischen Küche inspiriert. Er passt wunderbar zu einem gegrillten Hähnchen oder einem Steak. Aber auch als Gemüsefan werden Sie von diesem Rezept hellauf begeistert sein, denn der Salat ergibt mit Tofu oder auch Garnelen eine vollständige Mahlzeit und besticht durch seine Vielfalt an Aromen, appetitlichen Farben und herzgesunden Zutaten wie Ingwer, Cashewnüssen und frischen Kräutern.

VORBEREITUNG 30 Minuten
ZUBEREITUNG 5 Minuten
FÜR 4 Personen

NÄHRWERTE
Kalorien: 236
Fett: 14 g
Natrium: 1145 mg
Kohlenhydrate: 26 g
Ballaststoffe: 9 g
Zucker: 11 g
Eiweiß: 4 g

FUNKTIONIERT AUCH MIT
Gelbe Bete, Zucchini

Für das Dressing

3 EL frisch gepresster Limettensaft
3 EL Fischsauce
1 Knoblauchzehe, geschält und feine Scheiben geschnitten
1 Stück Ingwer (ca. 1 cm), geschält und in dünne Scheiben geschnitten
1 EL Reisessig
1 EL Honig
2 Thai-Chilischoten, entkernt und in feine Ringe geschnitten, oder 2 Serrano-Chilischoten
3 EL Avocadoöl oder ein anderes neutrales Öl

Für den Salat

1 große kernlose Gurke
1 mittelgroße bis große Jícama-Wurzel, geschält, mit KLINGE D in Spiralstreifen geschnitten, gekürzt
1 große Karotte, geschält, mit KLINGE D in Spiralstreifen geschnitten, gekürzt
4 Frühlingszwiebeln, geputzt und in Ringe geschnitten
4 Radieschen, in dünne Scheiben geschnitten
1 Handvoll frisches Koriandergrün, nur die Blättchen
1 Handvoll in Streifen geschnittene frische Thai-Basilikumblätter
30 g geröstete, ungesalzene Cashewnüsse
Limettenspalten zum Servieren

1 Alle Zutaten für das Dressing in einem Mixer zu einer glatten Paste verarbeiten.

2 Für den Salat die Gurke quer halbieren, dann jede Hälfte der Länge nach maximal bis zur Mitte einschneiden, sodass ein Schlitz entsteht. Beide Hälften mit **KLINGE A** in Spiralstreifen schneiden. Die Gurken-Nudeln trocken tupfen und in eine große Schüssel legen. Jícama- und Karotten-Nudeln, Frühlingszwiebeln, Radieschen, Koriander und Basilikum zugeben. Das Dressing über den Salat gießen und den Salat gründlich vermengen.

3 Den Salat auf vier Teller verteilen und mit den Cashewnüssen garnieren. Mit Limettenspalten servieren.

Jícama-Nudeln langsam spiralisieren und nur leichten Druck ausüben, damit möglichst dünne »Nudeln« entstehen, die typisch für diesen vietnamesischen Salat sind (siehe Tipp auf Seite 15).

Carne Asada

mit Manchego-Chimichurri und Jícama-Nudeln

Bei diesem Rezept passt das Timing – trotz der Zubereitung von Marinade, Würzsauce und Grillfleisch! Während das Steak noch in der Marinade liegt, bereiten Sie den Chimicurri zu. Und wenn das Steak fertig ist, müssen Sie nur noch alles auf den Teller bringen. Die Jícama-Nudeln nehmen den herzhaften Manchego-Chimichurri gut auf: So durchzieht der runde Geschmack von frischen Kräutern und nussigem Manchego-Käse das ganze Gericht.

glutenfrei

VORBEREITUNG 90 Minuten
ZUBEREITUNG 20 Minuten
FÜR 4 Personen

NÄHRWERTE
Kalorien: 421
Fett: 29 g
Natrium: 145 mg
Kohlenhydrate: 14 g
Ballaststoffe: 6 g
Zucker: 3 g
Eiweiß: 26 g

FUNKTIONIERT AUCH MIT
Kohlrabi, Süßkartoffel, Zucchini

Für die Marinade
2 Knoblauchzehen, geschält
1 Handvoll gehacktes frisches Koriandergrün
abgeriebene Schale von 1 unbehandelten Zitrone
Saft von 2 Limetten, frisch gepresst
60 ml natives Olivenöl extra
1 EL Chilipulver
1 TL gemahlener Kreuzkümmel
1 TL getrockneter Oregano
1 Msp. Cayennepfeffer
750 g Flank-Steak (Bavette)

Für den Chimichurri
1 Handvoll gehackte frische Petersilie
½ TL getrockneter Oregano
1 Handvoll gehacktes frisches Koriandergrün
2 Knoblauchzehen, geschält und grob gehackt
½ Serrano- oder Jalapeño-Chilischote, entkernt und fein gehackt
1 kleine weiße Zwiebel, fein gehackt
1 ½ EL Rotweinessig
2 EL natives Olivenöl extra
40 g Manchego, gewürfelt
1 große Jícama-Wurzel, geschält
2 Ochsenherztomaten, in Würfel geschnitten

Salz und frisch gemahlener schwarzer Pfeffer

1 Alle Zutaten für die Marinade in einem Mixer zu einer Paste verarbeiten. Mit Salz und Pfeffer würzen.

2 Die Marinade in eine verschließbare Plastiktüte füllen, das Steak zugeben und die Marinade durch die Tüte in das Fleisch massieren. Das Steak unter gelegentlichem Wenden 1 bis 2 Stunden im Kühlschrank marinieren. Herausnehmen und bei Raumtemperatur 15 Minuten ruhen lassen.

3 Währenddessen alle Zutaten für den Chimichurri vermengen. Mit Salz und Pfeffer würzen.

4 Die Jícama mit **KLINGE C** zu Spiralstreifen schneiden, »Nudeln« kürzen und in eine Schüssel füllen. Die Tomaten zu den Jícama-Nudeln geben. Drei Viertel des Chimichurri darübergießen, gut vermengen und beiseitestellen.

5 Eine große Pfanne erhitzen. Sobald die Pfanne heiß ist, das Steak hineinlegen und auf jeder Seite 4 Minuten *(medium)* oder 6 Minuten *(medium well)* braten. Fleisch auf ein Schneidebrett legen und 5 Minuten ruhen lassen. Quer zur Faser in dünne Scheiben schneiden.

6 Die Jícama-Mischung auf vier Teller verteilen. Jede Portion mit Carne Asada krönen. Mit dem restlichen Chimichurri und dem Fleischsaft beträufeln. Sofort servieren.

Kohlrabi

Der Kohlrabi zählt zu den Gemüsearten, die sich am besten spiralisieren lassen. Die Knollen haben eine purpurfarbene oder grünliche Schale, ihr Fleisch ist jedoch immer cremefarben und hat die Konsistenz von Rettich. Geschmacklich erinnert die leichte Süße des Kohlrabi an die Jícama-Wurzel mit einem Hauch von Gurke und Brokkoli. Sein mild-würziges Aroma eröffnet dem Kohlrabi vielfältige Einsatzmöglichkeiten in der »inspiralisierten« Küche. Aus der Knolle sprießen Stängel, die zusammen mit dem eigentlichen Kohlrabi zubereitet werden können.

Beim Kauf sollten Sie darauf achten, dass die Blätter frisch und straff wirken und die Knolle schön prall und glatt ist und möglichst keine Risse aufweist.

NÄHRWERT-PLUS: Wie die meisten Kreuzblütengewächse liefert Kohlrabi reichlich verdauungsfördernde Ballaststoffe. Dank seines niedrigen Kaloriengehalts eignet er sich beim Abnehmen. Die Knolle enthält viel Kalium und Eisen und fördert somit die Gefäßgesundheit.

VORBEREITUNG UND LAGERUNG: Zuerst die Knolle schälen. Falls sie oben und unten uneben ist, die Enden abschneiden, damit eine glatte Fläche entsteht. In einem luftdichten Behälter im Kühlschrank aufbewahrt, hält sich Kohlrabi bis zu fünf Tage.

GEEIGNETE MESSEREINSÄTZE

- **KLINGE A**
- **KLINGE B**
- **KLINGE C**
- **KLINGE D**

GEEIGNETE ZUBEREITUNGSARTEN

- **roh**
- **kochen oder dämpfen**
- **bei mittlerer Hitze 5 Minuten braten**
- **bei 200 °C 10 bis 15 Minuten im Ofen rösten**

Kohlrabi-Spaghettini »aglio e olio«

vegetarisch
laktosefrei (opt.)
glutenfrei
kalorienarm
gut aufzubewahren

ZUBEREITUNG 20 Minuten
VORBEREITUNG 10 Minuten
FÜR 4 Personen

NÄHRWERTE
Kalorien: 104
Fett: 9 g
Natrium: 51 mg
Kohlenhydrate: 5 g
Ballaststoffe: 3 g
Zucker: 2 g
Eiweiß: 4 g

FUNKTIONIERT AUCH MIT
Zucchini

Spaghettini sind eine Pastasorte, deren Nudeln dünner als Spaghetti, aber dicker als Vermicelli sind. Da die Nudeln fein sind, serviert man sie am besten *aglio e olio*, also mit einer schlichten Olivenöl-Knoblauch-Sauce. Als ich im Ausland studierte und Freunde in Italien besuchte, versammelten wir uns oft spätabends, berauscht von Wein und Gelächter, um gemeinsam einen riesigen Topf mit Spaghettini zu verspeisen! Dieses einfache Pastagericht passt immer – ob als späte Mahlzeit oder als schnelles vegetarisches Essen.

- 2 EL natives Olivenöl extra
- *2 mittelgroße Knollen Kohlrabi, geschält, und mit KLINGE D in Spiralstreifen geschnitten, gekürzt*
- 4 mittelgroße Knoblauchzehen, geschält und in dünne Scheiben geschnitten
- 1 Msp. Chiliflocken
- 1 Handvoll gehackte frische Petersilie
- 4 EL geriebener Parmigiano-Reggiano-Käse
- Salz und frisch gemahlener schwarzer Pfeffer

1 In einer großen Pfanne mit Antihaftbeschichtung 1 Esslöffel Olivenöl erhitzen. Sobald das Öl glänzt, die Kohlrabi-Nudeln zugeben. Mit Salz und Pfeffer würzen und 5 Minuten braten, bis sie bissfest sind. Herausnehmen und auf einen Teller legen.

2 Den Herd ausschalten und die Pfanne 2 Minuten abkühlen lassen. Den Herd erneut einschalten und das restliche Olivenöl in der Pfanne erhitzen. Sobald das Öl glänzt, den Knoblauch und die Chiliflocken zugeben und 2 Minuten braten, bis der Knoblauch goldbraun ist (er sollte jedoch nicht anbrennen!).

3 Die Pfanne vom Herd nehmen, die Kohlrabi-Nudeln und die Petersilie zugeben und mit reichlich Salz und Pfeffer würzen. Alles gründlich vermengen.

4 Die Pasta auf vier Schüsseln verteilen und jede Portion mit 1 Esslöffel Käse bestreuen.

Mit etwas frisch geriebener Zitronenschale garniert, schmecken die Kohlrabi-Nudeln noch erfrischender.

General Tso's Blumenkohl
mit Kohlrabi-Reis

- vegetarisch
- laktosefrei (opt.)
- kalorienarm

VORBEREITUNG 15 Minuten
ZUBEREITUNG 45 Minuten
FÜR 4 Personen

NÄHRWERTE
Kalorien: 214
Fett: 11 g
Natrium: 134 mg
Kohlenhydrate: 28 g
Ballaststoffe: 7 g
Zucker: 16 g
Eiweiß: 5 g

FUNKTIONIERT AUCH MIT
Butternusskürbis, Gelbe Bete, Jícama

Wenn es ums Essen geht, bin ich eine Verfechterin des gesunden Maßhaltens. Manche Gerichte sind derart katastrophal, was ihren Nährwert angeht, dass man sie seinem Körper gar nicht mehr antun möchte. Auch das amerikanisch-chinesische Gericht »General Tso« zählt für mich dazu. Als spiralisierte, kalorienarme Version kann ich diesen Klassiker, der im Original mit Hähnchenfleisch zubereitet wird, jedoch wieder in mein Repertoire aufnehmen. Dank glutenfreiem Pfeilwurzelmehl, knackigem Blumenkohl und Kohlrabi-Reis, der die köstliche Sauce aufsaugt, enthält das Gericht all die herrlichen Aromen des ursprünglichen Gerichts, ohne dass die Zutaten in Mehl, Stärke oder Zucker getaucht und in Fett frittiert werden.

1 kleiner Blumenkohl, in Röschen zerteilt
1 EL natives Olivenöl extra
3 Frühlingszwiebeln, geputzt und in Ringe geschnitten; weiße und grüne Teile getrennt aufbewahren
2 mittelgroße Knollen Kohlrabi, geschält und mit KLINGE D in Spiralstreifen geschnitten, dann zu »Reis« verarbeitet (siehe Seite 16)
1 EL Sesamöl
3 EL dunkle Sojasauce
2 TL Reisessig
2 EL Honig
240 ml salzarme Gemüsebrühe
1 EL Kokosöl
2 TL fein gehackter frischer Ingwer
2 Knoblauchzehen, geschält und fein gehackt
5 getrocknete rote Chilischoten, halbiert
1 EL Pfeilwurzelmehl, mit 1 EL Wasser vermischt
1 EL weiße Sesamsaat
Salz und weißer Pfeffer oder schwarzer, frisch gemahlener Pfeffer

Fortsetzung auf Seite 145

1 Den Backofen auf 230 °C vorheizen. Ein Backblech mit Backpapier auslegen.

2 Die Blumenkohlröschen auf das Backblech legen und mit Olivenöl beträufeln. Das Öl mit den Händen gleichmäßig verreiben. Die Röschen gleichmäßig verteilen, mit Salz und Pfeffer würzen und im Ofen 20 bis 25 Minuten rösten, bis sie goldbraun sind. Nach der Hälfte der Zeit wenden. Herausnehmen und beiseitestellen.

3 Eine große Pfanne bei mittlerer Hitze erhitzen. Etwas Wasser in die Pfanne spritzen. Wenn es zischt, die weißen Abschnitte der Frühlingszwiebeln zugeben und 1 Minute braten, bis sie aromatisch duften. Den Kohlrabi-Reis zugeben und mit Salz würzen. Etwa 5 Minuten braten, bis er bissfest ist. Den Kohlrabi-Reis auf vier Teller verteilen und beiseitestellen.

4 Währenddessen in einer kleinen Schüssel Sesamöl, Sojasauce, Essig, Honig und Gemüsebrühe vermengen und beiseitestellen.

5 In der Pfanne, in der der Kohlrabi-Reis gebraten wurde, nun das Kokosöl bei mittlerer Hitze erhitzen. Sobald das Öl geschmolzen ist, Ingwer, Knoblauch und Chilischoten zufügen und umrühren. Die Sojasaucen-Mischung zugießen und die Mischung zum Kochen bringen. Die Hitze auf niedrige Stufe reduzieren und die Sauce 1 Minute köcheln lassen.

6 Die Pfeilwurzel-Mischung zugeben und die Sauce rühren, bis sie sämig wird. Den Blumenkohl und die grünen Abschnitte der Frühlingszwiebeln unter ständigem Rühren zufügen. Dabei die Sauce immer wieder über den Blumenkohl löffeln und etwa 5 Minuten braten.

7 Den Blumenkohl auf den Kohlrabi-Reis legen und mit Sesamsaat garnieren.

Dieses Gericht hält sich im Kühlschrank höchstens einen Tag. Falls Sie das Gericht nur für eine Person zubereiten und eine Portion extra möchten, halbieren Sie einfach die Zutatenmenge.

Kohlrabi-Tortilla-Suppe

mit Garnelen

Im Restaurant bestelle ich selten eine Suppe, da sie mir meist zu salzig ist und versteckte Zutaten wie Zucker enthält. Doch bei einer pikanten Tortilla-Suppe fällt es mir ausgesprochen schwer, zu widerstehen: Sie hat immer exakt die richtige Schärfe für mich und steckt voll gesundem Gemüse und knuspriger Tortilla-Streifen. In dieser spiralisierten Version der Suppe nehme ich anstelle der Tortilla-Streifen knackige Kohlrabi-Nudeln und gebe zusätzlich Garnelen als Eiweißlieferant und Aromakick dazu.

glutenfrei
laktosefrei
One Pot
gut aufzubewahren

VORBEREITUNG 15 Minuten
ZUBEREITUNG 20 Minuten
FÜR 4 bis 6 Personen

NÄHRWERTE
Kalorien: 384
Fett: 11 g
Natrium: 1155 mg
Kohlenhydrate: 39 g
Ballaststoffe: 15 g
Zucker: 10 g
Eiweiß: 36 g

FUNKTIONIERT AUCH MIT
Jícama, Zucchini

1 mittelgroße Knolle Kohlrabi, geschält und vorbereitet
1 EL natives Olivenöl extra
1 kleine weiße oder braune Zwiebel, fein gehackt
1 große Knoblauchzehe, geschält und fein gehackt
1 große Jalapeño, entkernt und fein gehackt
1 TL Chilipulver
1 TL getrockneter Oregano
½ TL gemahlener Kreuzkümmel
1 Msp. geräuchertes Paprikapulver
1,5 Liter salzarme Gemüse- oder Hühnerbrühe
400 g *Fire-roasted Diced Tomatoes* (geröstete Tomaten, in Stücken; aus der Dose; im Internethandel erhältlich)
400 g vorgekochte schwarze Bohnen (aus der Dose), abgespült und abgetropft
500 g TK-Garnelen, aufgetaut, geschält und entdarmt
1 Avocado, geschält, entkernt und das Fruchtfleisch in Scheiben geschnitten
Saft von 2 kleinen Limetten, frisch gepresst
60 g gehacktes frisches Koriandergrün
Salz und frisch gemahlener schwarzer Pfeffer

1 Die Kohlrabiknolle der Länge nach maximal bis zur Mitte einschneiden, sodass ein Schlitz entsteht. Mit **KLINGE D** in Spiralstreifen schneiden und beiseitestellen.

2 Das Olivenöl in einem großen Topf erhitzen. Sobald das Öl glänzt, die Zwiebel zufügen und 3 bis 5 Minuten braten, bis sie weich wird. Den Knoblauch und die Jalapeño zugeben und 30 Sekunden braten, bis sie aromatisch duften. Chilipulver, Oregano, Kreuzkümmel und Paprikapulver zugeben und gut vermengen.

3 Die Brühe, die Tomaten und die schwarzen Bohnen zugeben. Die Hitze erhöhen und die Brühe zum Kochen bringen, dann die Temperatur auf mittlere bis niedrige Stufe reduzieren und die Garnelen, die Avocadoscheiben und den Limettensaft zugeben. Etwa 5 Minuten köcheln lassen, bis die Garnelen gar sind.

4 Das Koriandergrün und die Kohlrabi-Nudeln zugeben und vermengen. Mit Salz und Pfeffer würzen und 30 Sekunden köcheln lassen. Die Suppe in Schüsseln füllen und servieren.

Gebratene grüne Tomaten

mit Kohlrabi in Avocado-Mandelmilch-Dressing

vegetarisch
glutenfrei
paläo
laktosefrei

VORBEREITUNG 20 Minuten
ZUBEREITUNG 10 Minuten
FÜR 4 Personen

NÄHRWERTE
Kalorien: 421
Fett: 31 g
Natrium: 132 mg
Kohlenhydrate: 30 g
Ballaststoffe: 13 g
Zucker: 12 g
Eiweiß: 15 g

FUNKTIONIERT AUCH MIT
Jícama, Zucchini

Auf einer Reise ins kalifornische Napa Valley, die ich mit Lu einen Monat nach unserer Hochzeit unternahm, kehrten wir im berühmten Restaurant *Farmstead* ein. Auf der Tageskarte standen gebratene grüne Tomaten. Da ich in North Carolina auf dem College war, habe ich in meinem Leben schon eine beachtliche Menge an grünen Tomaten verspeist. Doch Lu hatte sie noch nie probiert. Natürlich bestand ich darauf, eine Portion zu bestellen! Als wir die Tomaten in die Knoblauchsauce dippten, vergaßen wir alles um uns herum! Um dieses Gericht etwas gesünder zu gestalten, habe ich gemahlene Mandeln als Panade verwendet und den Knoblauch-Dip durch einen Avocado-Kohlrabi-Salat mit einem würzigen Dressing aus Mandelmilch ersetzt.

Für das Dressing
1 reife Avocado, geschält und entkernt
240 ml ungesüßte Mandelmilch
3 EL frisch gepresster Zitronensaft
2 TL Rotweinessig
1 TL Knoblauchpulver
1 ½ TL gehackter frischer Dill
2 TL gehackte frische Petersilie
1 TL Zwiebelpulver
1 TL Paprikapulver
1 Msp. Salz
schwarzer Pfeffer

2 mittelgroße Knollen Kohlrabi, geschält und vorbereitet
2 große Eier
100 g gemahlene Mandeln (blanchiert)
1 TL Zwiebelpulver
1 Msp. Paprikapulver
½ TL Knoblauchpulver
1 Msp. Cayennepfeffer
Kokosöl zum Braten (pro Lage in der Pfanne je 2 TL)
4 grüne Tomaten, in dünne Scheiben geschnitten
Salz und frisch gemahlener schwarzer Pfeffer

1 Alle Zutaten für das Dressing in einem Mixer zu einer glatten Paste vermengen. Abschmecken und nach Belieben nachwürzen.

2 Die Kohlrabiknollen der Länge nach bis zur Mitte einschneiden, sodass ein Schlitz entsteht, und mit **KLINGE C** in Spiralstreifen schneiden. Die »Nudeln« in eine Schüssel geben, das Dressing zugeben und vermengen. Bis zum Servieren kühl stellen.

3 Alle Zutaten für die Panade herrichten: Die Eier in einer Schale verquirlen. Auf einem großen Teller Mandeln, Zwiebel-, Paprika-, Knoblauchpulver und Cayennepfeffer vermengen. Mit Salz und Pfeffer würzen. Schale und Teller nebeneinanderstellen.

4 In einer großen Pfanne 2 Teelöffel Kokosöl erhitzen. Sobald das Öl geschmolzen ist, einige Tomatenscheiben in das verquirlte Ei tauchen, über der Schale abtropfen lassen und dann in der Mandelmischung wenden. Die Tomaten in einer Schicht in die Pfanne legen und auf jeder Seite 3 bis 4 Minuten braten, bis sie goldbraun sind. Mit den restlichen Tomatenscheiben ebenso verfahren, dabei pro Lage je 2 Teelöffel Kokosöl verwenden.

5 Je vier Tomatenscheiben mit einer Portion Avocado-Kohlrabi-Salat servieren.

Geröstete Kürbis- oder Sonnenblumenkerne sind eine salzig-knackige Garnierung für die grünen Tomaten.

Hähnchenbrust in
mexikanischer Schokosauce mit Kohlrabi-Reis

glutenfrei
paläo
laktosefrei (opt.)
gut aufzubewahren

VORBEREITUNG 20 Minuten
ZUBEREITUNG 25 Minuten
FÜR 4 Personen

NÄHRWERTE
Kalorien: 460
Fett: 16 g
Natrium: 424 mg
Kohlenhydrate: 28 g
Ballaststoffe: 8 g
Zucker: 17 g
Eiweiß: 54 g

FUNKTIONIERT AUCH MIT
Jícama, Steckrübe, Süßkartoffel

Schon immer mochte ich die verführerisch duftende mexikanische Schoko-Chili-Sauce. In diesem Rezept verwende ich *mole poblano*, eine fast schon dunkelrote Sauce, die mit Fleisch serviert wird. Es heißt, dass Nonnen in einem mexikanischen Kloster aus dem Stegreif eine Sauce für den Erzbischof zaubern mussten, der unerwartet zu Besuch kam. Schnell holten sie ein paar Zutaten aus der Vorratskammer, vor allem Chilischoten, Gewürze und Schokolade. Für meine Sauce nehme ich eine Schokolade mit 70 Prozent Kakaoanteil, wodurch sie ein intensives Aroma und eine kräftige Farbe bekommt. So bildet sie ein Gegengewicht zur Schärfe der Chilischoten. Der Kohlrabi-Reis ist schlicht, um dem Hähnchen in Schokosauce nicht die Show zu stehlen.

1 EL natives Olivenöl extra, plus 3 TL mehr
4 Hähnchenbrustfilets, ohne Haut
2 Knoblauchzehen, geschält und fein gehackt
½ Zwiebel, gewürfelt
200 g Tomatenmark
1 große Chipotle-Chilischote in Adobo-Sauce (aus der Dose), fein gehackt, plus 1 TL Adobo-Sauce
2 EL Rosinen
30 g Zartbitterschokolade (70 % Kakaoanteil), fein gehackt
1 TL gemahlener Zimt
1 TL gemahlener Kreuzkümmel
½ TL Chilipulver
½ TL gemahlener Koriander
360 ml salzarme Hühnerbrühe
2 mittelgroße Kohlrabiknollen, geschält, mit KLINGE D in Spiralstreifen geschnitten, dann zu »Reis« verarbeitet (siehe Seite 16)
2 EL gehacktes frisches Koriandergrün
1 EL frisch gepresster Limettensaft
2 EL zerbröckelter mexikanischer Cotija-Käse zum Garnieren oder Parmesan (nach Belieben)
Salz und frisch gemahlener schwarzer Pfeffer

1 In einer mittelgroßen Pfanne 1 Esslöffel Olivenöl erhitzen. Die Hähnchenfilets mit Salz und Pfeffer würzen. Sobald das Öl glänzt, die Filets zugeben und auf jeder Seite etwa 5 Minuten bei hoher Hitze braten, bis sie goldbraun und durchgegart sind. Auf einen Teller legen und zum Warmhalten mit Alufolie bedecken.

2 In der gleichen Pfanne 2 Teelöffel Öl erhitzen. Sobald das Öl glänzt, Knoblauch und Zwiebel unter häufigem Rühren 3 bis 5 Minuten braten, bis die Zwiebel weich ist. Tomatenmark, Chipotle-Chilischote und Adobo-Sauce zufügen und unter Rühren 1 Minute erhitzen.

3 Rosinen, Schokolade, Zimt, Kreuzkümmel, Chilipulver, Koriander und Brühe zugeben und salzen. Die Sauce kurz aufkochen, dann die Hitze reduzieren und unter Rühren 5 bis 7 Minuten köcheln lassen, bis die Sauce leicht eingedickt ist.

4 Die Filets wieder in die Pfanne legen, den ausgetretenen Fleischsaft ebenfalls zugießen. Etwa 5 Minuten köcheln lassen, bis das Fleisch gut durchgewärmt und rundum mit Sauce bedeckt ist.

5 Währenddessen für den Reis 1 Teelöffel Öl bei mittlerer Hitze in einer großen Pfanne erhitzen. Sobald das Öl glänzt, den Kohlrabi-Reis zugeben. Mit Salz und Pfeffer würzen und 5 Minuten braten, bis er bissfest ist. Koriandergrün und Limettensaft zufügen und gut vermengen.

6 Zum Servieren den Reis auf vier Teller verteilen. Jeweils mit einem Hähnchenbrustfilet krönen und die Schoko-Chili-Sauce darüberlöffeln. Nach Belieben mit Cotija-Käse oder Parmesan garnieren.

Wählen Sie eine Schokolade von guter Qualität und mit möglichst hohem Anteil an Kakao, damit die Schokosauce nicht bitter und dumpf schmeckt. Wenn wir uns schon Schokolade gönnen, dann sollte es auch eine wirklich leckere sein!

Zwiebel

Bevor Spiralschneidegeräte populär wurden, nannte man sie einfach Gemüseschneider. Eine Gemüseart lässt sich ja bekanntlich mit einem Messer nur unter Mühen oder Tränen zerkleinern. Ja, die Zwiebel! Wenn ich den Spiralschneider in Kochkursen oder bei Vorführungen zum Einsatz bringe, ernte ich Begeisterungsausrufe beim Aufschneiden der Zwiebel. Das Gerät produziert sekundenschnell gleichmäßige Zwiebelkringel. Das geht weitaus schneller als mit dem Messer – und man vergießt weniger Tränen.

Ich möchte Sie ermutigen, das Messer aus der Hand zu legen und beim Zwiebelschneiden zum Spiralschneider zu greifen – unabhängig davon, ob Sie ein Rezept aus diesem Buch ausprobieren oder einfach nur einen Salat zubereiten.

NÄHRWERT-PLUS: Zwiebeln unterstützen den Transport von Vitamin C im Körper und steigern dadurch die Abwehrkräfte. Rohe Zwiebeln fördern zudem die Produktion des guten Cholesterins (HDL).

VORBEREITEN UND AUFBEWAHREN: Die Zwiebel schälen und die Enden glatt abschneiden. In einem luftdichten Behälter im Kühlschrank etwa drei Tage haltbar.

GEEIGNETE MESSEREINSÄTZE

- **KLINGE A**

GEEIGNETE ZUBEREITUNGSARTEN

- **roh**
- **bei 220 °C 15 bis 20 Minuten im Ofen rösten**

Grünkohl-Quinoa-Salat

mit eingelegten Zwiebeln und Caesar-Dressing

vegetarisch
glutenfrei
laktosefrei
kalorienarm
ohne Kochen

Die eingelegten Zwiebeln sind ein bewährter Party-Snack. Sie passen zu Burgern, Hot Dogs und Tacos, machen sich aber auch in Currys und Salaten gut. Mit ihrer säuerlichen Schärfe verfeinern sie viele Gerichte. Wenn man rote Zwiebeln einlegt, verlieren sie etwas von ihrer Schärfe, und je länger sie mariniert werden, desto aromatischer schmecken sie. Dieser typische Wintersalat mit Grünkohl punktet mit vitaminreichen Granatapfelkernen, eiweißreicher Quinoa und einem laktosefreien Dressing. Schön knusprig wird der Salat durch nussige Leinsamen.

VORBEREITUNG 2 bis 12 Stunden zum Einweichen der Cashewnüsse

ZUBEREITUNG 15 Minuten

FÜR 4 Personen

NÄHRWERTE
Kalorien: 218
Fett: 5 g
Natrium: 461 mg
Kohlenhydrate: 34 g
Ballaststoffe: 5 g
Zucker: 11 g
Eiweiß: 10 g

Für die eingelegten Zwiebeln

120 ml Apfelessig

1 EL Honig

1 ½ TL grobkörniges Salz

1 rote Zwiebel, geschält, mit KLINGE A in Spiralstreifen geschnitten, gekürzt

80 g Quinoa

Für das Dressing

30 g Cashewnüsse, mind. 2 Std. eingeweicht (am besten über Nacht) und gut abgetropft

60 ml ungesüßte Mandelmilch (natur)

1 große Knoblauchzehe, geschält

1 ½ TL frisch gepresster Zitronensaft

2 TL Nährhefe

½ TL Dijon-Senf

Salz und frisch gemahlener schwarzer Pfeffer

250 g Grünkohlblätter, fein gehackt

50 g Granatapfelkerne

2 TL gemahlener Leinsamen

1 Für die eingelegten Zwiebeln Essig, Honig und Salz in einem verschließbaren Behälter vermischen. Die spiralisierte Zwiebel zugeben, beiseitestellen und mindestens 1 Stunde bei Raumtemperatur durchziehen lassen oder im Kühlschrank über Nacht.

2 Quinoa mit 240 Milliliter Wasser in einen Topf füllen, den Deckel auflegen und aufkochen. Den Deckel abnehmen, die Hitze stark reduzieren und 10 bis 15 Minuten sanft köcheln lassen. Bei Bedarf mehr Wasser zugeben, bis die Quinoa leicht und locker wird. Ist das Wasser verdampft, die Quinoa in eine Schüssel füllen und in den Kühlschrank stellen.

3 Alle Zutaten für das Dressing in einem Mixer vermengen. Mit Salz und Pfeffer abschmecken.

4 Gekühlte Quinoa, Grünkohl und Granatapfelkerne in eine große Schüssel füllen. Den Salat mit Caesar-Dressing beträufeln, gründlich vermengen und auf vier Teller verteilen. Mit eingelegter Zwiebel krönen und Leinsamen darüberstreuen.

Die eingelegten Zwiebeln und das Dressing kann man am Vortag zubereiten, sodass der Salat am nächsten Tag ruck-zuck fertig ist. Außerdem wird das Aroma des Salats dadurch intensiver.

Salatspalten

mit karamellisierten Zwiebeln, »Bacon« aus Pilzen und Joghurt-Balsamico-Dressing

vegetarisch
glutenfrei

VORBEREITUNG 15 Minuten
ZUBEREITUNG 30 Minuten
FÜR 4 Personen

NÄHRWERTE
Kalorien: 362
Fett: 26 g
Natrium: 335 mg
Kohlenhydrate: 29 g
Ballaststoffe: 8 g
Zucker: 16 g
Eiweiß: 10 g

Der Steakhouse-Klassiker »Wedge Salad« besteht aus halbierten oder geviertelten Salatköpfen. Traditionell wird der Salat mit einem Blauschimmelkäse-Dressing und gewürfeltem Bacon serviert – äußerst lecker, aber auch nicht gerade kalorienbewusst. Ich habe eine gesunde Version davon kreiert. Der Salat trumpft mit karamellisierten Zwiebeln, griechischem Joghurt-Dressing und »Bacon« aus Pilzen auf. Toll! Der vegane Speck besteht lediglich aus süß-rauchig gewürzten Pilzscheibchen. Im Ofen werden sie schön kross, sodass sie tatsächlich fast wie echter Bacon schmecken.

Für den Pilz-Bacon

2 EL natives Olivenöl extra
2 EL Liquid Smoke (flüssiges Gewürzkonzentrat mit Raucharoma; ich bevorzuge »Hickory«)
2 EL Sesamöl
1 Msp. Knoblauchpulver
1 Msp. Paprikapulver
4 TL Ahornsirup
250 g Kräuterseitlinge, der Länge nach in Streifen von ca. 1,5 cm geschnitten
Salz und frisch gemahlener schwarzer Pfeffer

Für das Dressing

60 g fettarmer griechischer Joghurt (natur)
3 EL Balsamicoessig
2 TL Dijon-Senf
1 EL Honig
Salz und frisch gemahlener schwarzer Pfeffer

Für den Salat

2 Köpfe Romanasalat, geputzt und der Länge nach halbiert
2 EL natives Olivenöl extra
1 Zwiebel, geschält, mit KLINGE A in Spiralstreifen geschnitten, gekürzt
1 Msp. Knoblauchpulver
12 aromatische Kirschtomaten, halbiert, oder 300 g Romatomaten, entkernt und gewürfelt
100 g zerkrümelter Blauschimmelkäse
Salz und frisch gemahlener schwarzer Pfeffer

Fortsetzung auf Seite 158

1 Den Backofen auf 180 °C vorheizen. Ein Backblech mit Backpapier auslegen.

2 Für den Pilz-Bacon alle Zutaten außer den Pilzen vermischen. Die Pilze vorsichtig unterheben, bis sie rundum bedeckt sind. Anschließend gleichmäßig auf dem Backblech verteilen. Im Ofen 10 Minuten rösten, dann wenden und erneut 10 Minuten rösten, bis sie rundum gebräunt sind. (Vorsicht, nicht anbrennen lassen!) Die Pilze aus dem Ofen nehmen und auf einem mit Küchenpapier bedeckten Teller abtropfen lassen.

3 Währenddessen alle Zutaten für das Dressing in einem Mixer zu einer Sauce verarbeiten. Nach Belieben abschmecken.

4 Für den Salat eine große Pfanne erhitzen. Die Schnittseiten des Romanasalats mit 1 Esslöffel Olivenöl bestreichen. Leicht salzen und großzügig pfeffern. Sobald die Pfanne heiß ist, den Romanasalat mit der Schnittseite nach unten hineinlegen. Falls nötig, in mehreren Durchgängen braten. Etwa 5 Minuten braten, bis er leicht angebräunt ist und dunkle Stellen bekommt. Dabei mehrfach mit einem Pfannenwender andrücken.

5 Jede Salathälfte auf einen Servierteller legen.

6 Das restliche Olivenöl in der gleichen Pfanne erhitzen. Sobald das Öl glänzt, die Zwiebel-Nudeln zugeben. Mit Knoblauchpulver, Salz und Pfeffer würzen und 5 bis 7 Minuten braten, bis sie karamellisieren und leicht angebräunt sind. Die Pfanne vom Herd nehmen.

7 Zwiebeln, Pilz-Bacon, Tomaten und Blauschimmelkäse über den Romanasalat streuen und mit dem Dressing beträufeln.

In manchen Bioläden und im Internet ist Pilz-Bacon auch als Fertigprodukt erhältlich. Falls Sie keine Kräuterseitlinge bekommen sollten: Auch Shiitake-Pilze passen sehr gut zu diesem Gericht.

Französische Zwiebel-Linsen-Suppe ohne Käse

glutenfrei
laktosefrei
ohne Kochen
gut aufzubewahren

VORBEREITUNG 15 Minuten
ZUBEREITUNG 1 Stunde
FÜR 4 bis 6 Personen

NÄHRWERTE
(für 1 von 6 Portionen)
Kalorien: 325
Fett: 8 g
Natrium: 145 mg
Kohlenhydrate: 44 g
Ballaststoffe: 7 g
Zucker: 6 g
Eiweiß: 19 g

Genau genommen ist das eigentlich keine echte französische Zwiebelsuppe – ohne Croûtons und ohne Käse obendrauf. Dafür enthält die Suppe all die anderen Zutaten, auf die es bei diesem Klassiker ankommt: das zarte Thymianaroma, die karamellisierten Zwiebeln und eine kräftig-aromatische Rinderbrühe mit Rotwein. Außerdem verleihen ihr die eiweißreichen Linsen eine wunderbar weiche Konsistenz.

3 EL natives Olivenöl extra
4 rote Zwiebeln, geschält, mit KLINGE A in Spiralstreifen geschnitten, gekürzt
120 ml trockener Rotwein
400 g rote Linsen, abgespült und abgetropft
2 Lorbeerblätter
1,5 Liter salzarme Rinderbrühe
1 TL getrockneter Thymian
2 EL gehackte frische Petersilie
Salz und frisch gemahlener schwarzer Pfeffer

1 Das Olivenöl bei mittlerer Hitze in einem großen Suppentopf erhitzen. Sobald das Öl glänzt, die Zwiebel-Nudeln und 1 Prise Salz zugeben. Unter Rühren 5 Minuten braten, bis die Zwiebeln glasig sind. Die Hitze auf mittlere bis niedrige Stufe reduzieren und unter Rühren 20 bis 30 Minuten braten, bis die Zwiebeln im Umfang auf die Hälfte geschrumpft und weich und gebräunt sind.

2 Den Rotwein zu den Zwiebeln gießen und die Krusten mit einem Kochlöffel vom Boden lösen. Linsen, Lorbeerblätter, Brühe und Thymian zugeben. Mit Salz und Pfeffer würzen, ein Mal umrühren, den Deckel zur Hälfte auflegen und etwa 20 Minuten köcheln lassen, bis die Linsen gerade gar sind. Nach Belieben abschmecken.

3 Die Petersilie unterrühren und zum Abschluss etwa 1 Minute köcheln lassen. Vor dem Servieren die Lorbeerblätter entfernen.

Vegetarier ersetzen die Rinderbrühe einfach durch Gemüsebrühe. Das Aroma ist dann nicht mehr so intensiv, aber die Suppe schmeckt nach wie vor köstlich.

Rotzunge in Mandelkruste

mit Salat aus Tomaten, Zwiebeln und Kapern

glutenfrei
paläo
laktosefrei

VORBEREITUNG 15 Minuten
ZUBEREITUNG 15 Minuten
FÜR 4 Personen

NÄHRWERTE
Kalorien: 405
Fett: 29 g
Natrium: 386 mg
Kohlenhydrate: 15 g
Ballaststoffe: 4 g
Zucker: 7 g
Eiweiß: 24 g

Fischgerichte habe ich schon als Kind geliebt – wenn Sie die panierte Rotzunge meiner Mutter probiert hätten, würde es Ihnen genauso gehen. Knusperzarte, goldbraune Panade über weißem Fischfleisch, das sich butterweich mit der Gabel zerteilen lässt: Das ist pure Küchenmagie. Wenn es daheim nach Zitrone und Fisch duftete, war ich die Erste am Esstisch. Der erfrischende Salat mit süßer Zwiebel und Kapern passt wunderbar zum Fisch.

Für den Fisch

2 große Eier
50 g gemahlene Mandeln (nicht blanchiert)
1 TL Knoblauchpulver
2 EL natives Olivenöl extra
4 Rotzungenfilets (à 80–100 g), ohne Haut
4 große Zitronenspalten
Salz und frisch gemahlener schwarzer Pfeffer

Für den Salat

2 kleine Gemüse- oder weiße Zwiebeln, geschält, mit KLINGE A in Spiralstreifen geschnitten, gekürzt
4 Romatomaten, in dünne Scheiben geschnitten
15 g in Salz eingelegte Kapern, abgespült und gut abgetropft
1 Handvoll gehackte frische Petersilie
60 ml Rotweinessig
60 ml frisch gepresster Zitronensaft
2 EL natives Olivenöl extra, plus 2 TL mehr
Salz und frisch gemahlener schwarzer Pfeffer

1 Zuerst die Panade für den Fisch vorbereiten: In einer Schale die Eier verquirlen. Auf einem großen Teller die gemahlenen Mandeln und das Knoblauchpulver vermischen. Mit Salz und Pfeffer würzen. Schale und Teller nebeneinanderstellen.

2 Das Olivenöl in einer mittelgroßen Pfanne erhitzen. Jeweils ein Rotzungenfilet in das Ei legen, wenden, bis es rundum bedeckt ist, und dann überschüssiges Ei abtropfen lassen. Das Filet anschließend in die Mandelmischung legen und die Panade auf beiden Seiten etwas andrücken. Sobald das Öl glänzt, die Fischfilets in die Pfanne geben. Falls nötig, in mehreren Durchgängen. Die Filets etwa 3 Minuten braten, dann wenden. Mit Zitronensaft beträufeln und 3 Minuten braten, bis der Fisch gar und die Kruste goldbraun ist.

3 Alle Zutaten für den Salat in einer großen Schüssel gut vermengen.

4 Die panierten Filets mit dem Salat servieren.

Wer die Panade etwas knuspriger haben möchte, kann zusätzlich fein gehackte Mandeln unter die gemahlenen Mandeln mischen.

Zwiebel-Frittata mit Rosmarin und Oliven,

dazu Rucola mit Parmesan-Vinaigrette

vegetarisch
glutenfrei
laktosefrei (opt.)
kalorienarm

VORBEREITUNG 10 Minuten
ZUBEREITUNG 25 Minuten
FÜR 4 bis 6 Personen

NÄHRWERTE
(für 1 von 6 Portionen)
Kalorien: 221
Fett: 16 g
Natrium: 293 mg
Kohlenhydrate: 5 g
Ballaststoffe: 1 g
Zucker: 1 g
Eiweiß: 14 g

An verregneten Wochenenden kommt es schon mal vor, dass ich mit meinem Smartphone auf der Couch liege und nichts anderes tue, als durch Instagram zu scrollen. Ich sehe dort Fotos von eleganten Frauen mit perfekt sitzender Frisur und Stilettos, die in Restaurants im West Village sitzen. Wenn ich erst einmal mein schlechtes Gewissen weggewischt habe, dass ich faul daheim in Jogginghose herumlümmle, bereite ich mir oft eine besondere Mahlzeit vor, zum Beispiel ein edles Stück Frittata mit einem appetitlichen Salat. Mit diesem Frittata-Rezept fühle ich mich dann auch ein wenig »sophisticated«, besonders an den geliebten Relaxwochenenden.

Für die Zwiebel-Frittata

1 EL natives Olivenöl extra

1 mittelgroße rote Zwiebel, geschält, mit KLINGE A in Spiralstreifen geschnitten, gekürzt

1 Rosmarinzweig, die Nadeln abgezupft

1 Msp. Knoblauchpulver

60 g große schwarze Oliven, entsteint und geviertelt

9 Eiweiß, plus 3 große Eier, verquirlt

Salz und frisch gemahlener schwarzer Pfeffer

Für die Vinaigrette

2 EL natives Olivenöl extra

1 EL Rotweinessig

2 TL frisch geriebener Parmesan

1 Msp. Knoblauchpulver

1 Msp. getrockneter Oregano

1 TL frisch gepresster Zitronensaft

1 Prise Chiliflocken

Salz und frisch gemahlener schwarzer Pfeffer

250 g zarte Rucolablätter

1 Den Backofen auf 190 °C vorheizen.

2 Das Olivenöl in einer mittelgroßen, ofenfesten Pfanne erhitzen. Sobald das Öl glänzt, die Zwiebel zugeben. Mit Rosmarin, Knoblauchpulver, Salz und Pfeffer würzen und 5 Minuten braten, bis sie weich ist. Die Oliven unterrühren, dann die Eimischung darübergießen und 3 Minuten braten, bis die Eier am Boden zu stocken beginnen. Die Pfanne in den Ofen stellen und etwa 15 Minuten backen. Die Frittata mit einem Messer einstechen. Wenn beim Herausziehen nichts daran hängenbleibt, ist sie fertig. Ansonsten weitere 3 bis 5 Minuten backen.

3 Währenddessen alle Zutaten für die Vinaigrette in einer mittelgroßen Schüssel vermengen. Nach Belieben mit Salz und Pfeffer abschmecken. Die Rucolablättchen zugeben und gut vermengen.

4 Die Zwiebel-Frittata aufschneiden und mit dem Salat als Beilage auf einem Teller servieren.

Pastinake

Sobald die Temperaturen sinken und die ersten Herbst- und Winterprodukte auf den Bauernmärkten und in den Läden auftauchen, freue ich mich auf Pastinaken. Kennengelernt habe ich sie während eines Aufenthalts bei der Familie eines Freundes in England. Die Mutter meines Freundes bereitete gebackenes Wurzelgemüse zu, darunter auch Pastinaken. Ich war damals überrascht, wie mild und wunderbar zart sie waren. Seitdem sind sie fester Bestandteil meiner Ernährung!

Pastinaken schmecken süßlich und nussig und haben eine leicht faserige Konsistenz. Ihr typischer Geschmack bildet sich bei kaltem Wetter, wenn die enthaltene Stärke in natürlichen Zucker umgewandelt wird. Pastinaken sollten Sie nur mit den dazu passenden Aromen kombinieren, da ihr Geschmack so einzigartig ist.

Wie Karotten haben Pastinaken ein spitz zulaufendes Ende, das sich nicht spiralisieren lässt. Um viele Pastinaken-Nudeln zu erhalten, nehmen Sie am besten Pastinaken mit einem möglichst dickem Ende. Die Pastinaken sollten außerdem fest und cremefarben sein.

NÄHRWERT-PLUS: Pastinaken haben einen hohen Folsäure- und Kaliumgehalt. Beide spielen bei der Herz- und Gefäßgesundheit eine grundlegende Rolle. Außerdem sind Pastinaken eine gute Quelle für Vitamin C und reich an Ballaststoffen.

VORBEREITEN UND AUFBEWAHREN: Die Wurzel schälen und beide Enden glatt abschneiden. Enden, die dünner als 1,5 Zentimeter im Durchmesser sind, abschneiden und anderweitig verwenden. Geschälte Pastinaken oxidieren an der Luft. In einem mit Wasser und einem Spritzer Zitronensaft gefüllten Behälter sind sie im Kühlschrank bis zu zwei Tage haltbar.

GEEIGNETE MESSEREINSÄTZE

- **KLINGE C**
- **KLINGE D**

GEEIGNETE ZUBEREITUNGSARTEN

- **bei mittlerer bis hoher Hitze 5 bis 7 Minuten braten**
- **bei 220 °C 10 bis 15 Minuten im Ofen rösten**

Pastinaken-Waffeln

und glutenfreies Brathähnchen

glutenfrei
paläo
laktosefrei

VORBEREITUNG 15 Minuten
ZUBEREITUNG 50 Minuten
FÜR 4 Personen

NÄHRWERTE
Kalorien: 494
Fett: 30 g
Natrium: 170 mg
Kohlenhydrate: 24 g
Ballaststoffe: 7 g
Zucker: 6 g
Eiweiß: 31 g

FUNKTIONIERT AUCH MIT
Steckrübe, Süßkartoffel

Brathähnchen und Waffeln sind eine Soul-Food-Delikatesse, die ich während meiner Collegezeit in North Carolina kennenlernte. Das frittierte Hühnerfleisch aber war stets fettig und die Waffeln enthielten keinerlei Nährstoffe. Diese spiralisierte Version ist nicht nur glutenfrei, sondern wird auch mit gesunden Zutaten zubereitet, die mit denselben köstlichen Aromen aufwarten wie das Original. Der große Unterschied: Dieses Brathähnchen mit Waffeln unterstützt Sie auf Ihrem Weg zu einem gesunden Lebensstil!

Für das Brathähnchen

Olivenöl-Kochspray oder natives Olivenöl extra

2 große Eier

50 g gemahlene Mandeln (nicht blanchiert)

1 Msp. getrockneter Thymian

1 Msp. Cayennepfeffer

1 Msp. Paprikapulver

1 Msp. Zwiebelpulver

1 Msp. Knoblauchpulver

750 g Hähnchenteile, mit Haut und Knochen (am besten eine Mischung aus Hähnchenschenkel und -brust), trocken getupft

Salz und frisch gemahlener schwarzer Pfeffer

Für die Pastinaken-Waffeln

Olivenöl-Kochspray oder natives Olivenöl extra

3 große Pastinaken, geschält, mit KLINGE C in Spiralstreifen geschnitten, gekürzt

½ TL Knoblauchpulver

2 große Eier, verquirlt

3 EL gehackter frischer Schnittlauch

Ahornsirup zum Servieren

Salz und frisch gemahlener schwarzer Pfeffer

Fortsetzung auf Seite 168

1 Für das Brathähnchen den Backofen auf 190 °C vorheizen. Einen Grillrost mit Kochspray besprühen oder mit Öl einfetten und auf ein mit Alufolie bedecktes Backblech legen.

2 Für das Panieren des Brathähnchens die Eier in einer großen Schüssel verquirlen. Gemahlene Mandeln, Thymian, Cayennepfeffer, Paprika-, Zwiebel-, Knoblauchpulver, Salz und Pfeffer auf einem großen Teller vermengen. Schüssel und Teller nebeneinanderstellen.

3 Die Hähnchenteile nacheinander in das Ei tauchen und gut abtropfen lassen. Dann in den gewürzten gemahlenen Mandeln wenden und die Panade rundum, auch in den Spalten, gut andrücken. Die Hähnchenstücke anschließend auf den Grillrost legen und im Ofen 20 bis 30 Minuten backen, bis alle Teile gar sind. Währenddessen ein Waffeleisen vorheizen.

4 Eine Pfanne mit reichlich Kochspray besprühen oder mit Öl einfetten und erhitzen. Sobald die Pfanne heiß ist, die Pastinaken-Nudeln zugeben und mit Knoblauchpulver, Salz und Pfeffer würzen. Den Deckel auflegen und 5 Minuten braten, bis die Pastinaken-Nudeln zusammenfallen. Die »Nudeln« in eine mittelgroße Schüssel füllen. Eier und Schnittlauch zugeben und gut vermengen.

5 Das Waffeleisen mit Kochspray besprühen oder mit Öl einfetten und die Pastinakenmischung auf die Waffelvertiefungen verteilen und vier Waffeln (je nach Herstellerangaben) backen.

6 Die fertigen Waffeln auf vier Teller verteilen und mit den panierten Hähnchenteilen krönen. Mit Ahornsirup beträufeln und sofort servieren.

Zu diesen herzhaften Waffeln passen unterschiedliche Toppings. Wer kein Hähnchen mag oder keine Zeit für die Zubereitung hat, kann die Waffeln mit Avocadomus, Spiegeleiern oder geschmolzenem Käse kombinieren. Auch pur schmecken die Waffeln hervorragend!

Rindfleischeintopf

mit Pastinaken- und Karotten-Nudeln

glutenfrei
laktosefrei
kalorienarm
gut aufzubewahren

VORBEREITUNG 20 Minuten
ZUBEREITUNG 90 Minuten
FÜR 4 Personen

NÄHRWERTE
Kalorien: 213
Fett: 11 g
Natrium: 449 mg
Kohlenhydrate: 18 g
Ballaststoffe: 7 g
Zucker: 5 g
Eiweiß: 15 g

FUNKTIONIERT AUCH MIT
Butternusskürbis, Knollensellerie, Speiserübe, Steckrübe, Süßkartoffel

Wenn es draußen kalt ist, sehne ich mich nach gerösteten, im Ofen gebackenen Gerichten oder nach etwas Leckerem aus dem Schmortopf, das lange vor sich hin köchelt. Dieser Eintopf mit Rindfleisch, Pastinaken und Karotten ist eine tolle Ergänzung für Ihr Kochrepertoire im Winter. Die nussigen Pastinaken und die leicht süßen Karotten nehmen die intensiven Aromen des Rindfleischs wunderbar auf. Lassen Sie es sich mit einer Schüssel voll Eintopf gut gehen und genießen Sie die gemütliche Seite der kalten Jahreszeit.

2 EL natives Olivenöl extra
500 g Rindergulasch (oder z. B. hohe Rippe oder Beinscheibe), in mundgerechte Stücke geschnitten
2 Knoblauchzehen, geschält und fein gehackt
½ rote Zwiebel, gewürfelt
1 Msp. Chiliflocken
3 Stangen Staudensellerie, geputzt und gewürfelt
3 EL Worcestershiresauce
1 TL getrockneter Thymian
½ TL Cayennepfeffer
1 Liter salzarme Rinderbrühe
400 g stückige Tomaten (aus der Dose)
2 Lorbeerblätter
3 große Karotten, geschält, mit KLINGE D in Spiralstreifen geschnitten, gekürzt
3 große Pastinaken, geschält, mit KLINGE D in Spiralstreifen geschnitten, gekürzt
½ Handvoll fein gehackte krause Petersilie zum Garnieren
Salz und frisch gemahlener schwarzer Pfeffer

Die Karotten- und Pastinaken-Nudeln lassen sich nach dem Braten gut einfrieren. Sie können das Gericht also komplett vorbereiten und portionsweise genießen.

1 In einem großen Suppentopf 1 Esslöffel Olivenöl erhitzen. Sobald das Öl glänzt, das Rindfleisch zugeben und 7 bis 10 Minuten scharf anbraten. Mit einer Küchenzange herausnehmen und in eine Schüssel legen. Den Fleischsaft im Topf lassen.

2 Den Knoblauch zufügen und 30 Sekunden braten, bis er duftet. Zwiebel, Chiliflocken und Staudensellerie zugeben und 2 Minuten anschwitzen. Das Fleisch wieder in den Topf geben. Worcestershiresauce, Thymian und Cayennepfeffer zufügen und vermengen. Mit Salz und Pfeffer würzen und Brühe und Tomaten mit Saft zugeben. Die Lorbeerblätter obenauf platzieren. Den Deckel auflegen und den Eintopf zum Kochen bringen. Die Hitze reduzieren und 40 Minuten köcheln lassen. Den Deckel abnehmen und weitere 35 Minuten köcheln lassen.

3 Das restliche Öl in einer großen Pfanne erhitzen. Sobald das Öl glänzt, die Karotten- und Pastinaken-Nudeln zugeben. Mit Salz und Pfeffer würzen und 5 bis 7 Minuten braten, bis sie bissfest sind. Die Lorbeerblätter entsorgen und die »Nudeln« auf vier Schüsseln verteilen. Den Eintopf darüber verteilen. Mit Petersilie garnieren und servieren.

Avocado-»Toast«

mit Kirschtomaten-Marmelade

Der Erfinder des Avocado-Toasts muss ein absolutes Genie gewesen sein! Cremig-frisches Avocadomus mit Stückchen auf dickem, körnigem Toastbrot: Kein Wunder, dass diese Leckerei so unglaublich beliebt ist. Mit unterschiedlichen Toppings wird jedes Mal eine neue Mahlzeit daraus. Meine Lieblingsversion gibt es nur bei *Jack's Wife Freda* in New York City. Sie nehmen dort eine dicke Scheibe Sauerteigbrot, leicht getoastet, und obendrauf kommt Kirschtomaten-Chutney. Diese spiralisierte Version ist glutenfrei und nahrhaft. Und ein bisschen trendy fühle ich mich damit auch.

glutenfrei
paläo
laktosefrei

VORBEREITUNG 20 Minuten
ZUBEREITUNG 45 Minuten
FÜR 4 Personen

NÄHRWERTE
Kalorien: 352
Fett: 17 g
Natrium: 93 mg
Kohlenhydrate: 45 g
Ballaststoffe: 12 g
Zucker: 21 g
Eiweiß: 8 g

FUNKTIONIERT AUCH MIT
Steckrübe, Süßkartoffel

Für die Tomaten-Marmelade

750 g Kirschtomaten, halbiert
2 EL Kokosblütenzucker oder Honig
2 EL Apfelessig
Saft von 1 Zitrone, frisch gepresst
½ TL gemahlener Zimt
1 Msp. Chiliflocken
60–120 ml salzarme Gemüsebrühe (nach Belieben)
1 TL Salz
frisch gemahlener schwarzer Pfeffer

Für den »Toast«

Olivenöl-Kochspray oder natives Olivenöl extra
4 große Pastinaken, geschält, mit KLINGE D in Spiralstreifen geschnitten, gekürzt
3 große Eier, verquirlt
2 EL natives Olivenöl extra
1 Avocado, geschält, entkernt und das Fruchtfleisch mit einer Gabel grob zerdrückt
Meersalz
1 Schale Kresse oder Rettichsprossen zum Garnieren (nach Belieben)
Salz und frisch gemahlener schwarzer Pfeffer

1 In einem großen Topf alle Zutaten für die Tomaten-Marmelade außer der Brühe zum Kochen bringen. Die Hitze reduzieren und unter gelegentlichem Rühren 45 bis 60 Minuten köcheln lassen, bis die Mischung eindickt und sirupartig wird. Falls die Marmelade noch länger köcheln muss, damit die Kirschtomaten zerfallen, und die Flüssigkeit bereits verdunstet ist, nach und nach die Brühe zugießen und mit Salz und Pfeffer abschmecken.

2 Währenddessen für den »Toast« eine große Pfanne mit Antihaftbeschichtung erhitzen und mit Kochspray besprühen oder mit Öl einfetten. Etwas Wasser in die Pfanne spritzen. Wenn es zischt, die Pastinaken-Nudeln zugeben und mit Salz und Pfeffer würzen. 5 bis 7 Minuten braten, bis die »Nudeln« weich und leicht gebräunt sind. In eine Schüssel geben und 1 bis 2 Minuten abkühlen lassen. Die Eier zugeben und gut vermengen.

Fortsetzung auf Seite 172

3 Vier Auflaufförmchen zur Hälfte mit den Pastinaken-Nudeln füllen. Mit einem Stück Alufolie oder Backpapier abdecken, die »Nudeln« fest in die Formen drücken und mindestens 15 Minuten im Kühlschrank ruhen lassen.

4 In der Pfanne, in der die Pastinaken zubereitet wurden, 1 Esslöffel Olivenöl erhitzen. Sobald das Öl glänzt, je zwei Pastinakentörtchen direkt aus den Förmchen in die Pfanne geben. Dabei auf den Boden klopfen, bis die »Nudeln« herausfallen.

5 Die Pastinaken-Nudeln etwa 3 Minuten braten, bis sie fest werden. Dabei lose »Nudeln« wieder andrücken. Vorsichtig wenden und nochmals 2 bis 3 Minuten braten, bis die »Nudelnester« fest und auf beiden Seiten gebräunt sind. Beim Braten jeweils mit der Rückseite eines Pfannenwenders flach drücken. Die »Toasts« herausnehmen. Das restliche Öl in die Pfanne geben und mit den beiden übrigen »Nudelnestern« ebenso verfahren.

6 Die getoasteten »Nudelnester« gleichmäßig mit dem Avocadomus bestreichen. Mit Meersalz bestreuen und mit einem Klecks Tomaten-Marmelade krönen. Nach Belieben mit Kresse oder Rettichsprossen garnieren.

Wer keine Zeit hat, die Tomaten-Marmelade selbst zuzubereiten, kann auch welche aus dem Glas kaufen, denn mittlerweile gibt es die Gemüsemarmelade auch im Supermarkt.

Pastinaken-Pasta

mit karamellisiertem Lauch und Schinken

glutenfrei
laktosefrei (opt.)
kalorienarm
gut aufzubewahren

VORBEREITUNG 10 Minuten
ZUBEREITUNG 25 Minuten
FÜR 4 Personen

NÄHRWERTE
Kalorien: 176
Fett: 3 g
Kohlenhydrate: 25 g
Natrium: 600 mg
Ballaststoffe: 6 g
Eiweiß: 11 g
Zucker: 9 g

Wer Gemüse-Nudeln als Pastaersatz verwendet, vermeidet industriell zubereitete Zutaten und verfeinert das Gericht durch zusätzliche Aromen. Während die milden Zucchini eher dezent am unteren Ende des Aromaspektrums rangieren, stehen die nussig-süßen Pastinaken weiter oben. Sie locken hier die Süße des geräucherten Schinkens hervor. Mit seinem erdigen Geschmack und der weichen Konsistenz wirkt der Lauch ausgleichend.

60 g fein gewürfelten Schinken
120 g Lauch, geputzt und in feine Ringe geschnitten
1 Schalotte, fein gehackt
3 große Pastinaken, geschält, mit KLINGE D in Spiralstreifen geschnitten, gekürzt
50 g frisch geriebener Parmesan
Salz und frisch gemahlener schwarzer Pfeffer

1 Eine große Pfanne erhitzen. Etwas Wasser in die Pfanne spritzen. Wenn es zischt, den Schinken zugeben und anbräunen. Mit einem Schaumlöffel herausnehmen und auf einem Teller beiseitestellen.

2 Lauchringe und Schalotte in die heiße Pfanne geben. Mit Salz und Pfeffer würzen und 5 Minuten braten, bis der Lauch zusammengefallen und fast karamellisiert ist. Lauch und Schalotte herausnehmen und zum Schinken geben.

3 Die Pastinaken-Nudeln in der gleichen Pfanne erhitzen und mit Salz und Pfeffer würzen. Einen Deckel auflegen und die »Nudeln« 5 bis 7 Minuten garen, bis sie bissfest sind. Den Deckel abnehmen und Schinken, Lauch und Schalotte unterrühren.

4 Die Pfanne vom Herd nehmen, den Parmesan zugeben und unterrühren. Die Pasta auf vier Teller verteilen und sofort servieren.

Stängelkohl mit Wurst und Pastinaken-Nudeln

glutenfrei
laktosefrei (opt.)
kalorienarm
gut aufzubewahren

VORBEREITUNG 15 Minuten
ZUBEREITUNG 15 Minuten
FÜR 4 Personen

NÄHRWERTE
Kalorien: 213
Fett: 11 g
Natrium: 449 mg
Kohlenhydrate: 18 g
Ballaststoffe: 7 g
Zucker: 5 g
Eiweiß: 15 g

FUNKTIONIERT AUCH MIT
Butternusskürbis, Knollensellerie, Speiserübe, Steckrübe, Zucchini

Hätte ich jedes Mal, wenn mein Großvater für uns Stängelkohl mit Würstchen kochte, eine Münze als Belohnung erhalten, dann wäre dieses Kochbuch jetzt vergoldet. Dank der herzhaften, geräucherten Wurst und der leicht bitteren Note des Stängelkohls *(cima di rapa)* ist dies eine klassisch italienische Kombination. Die Pastinaken-Nudeln sind in diesem Gericht jedoch der eigentliche Star und nehmen die Sauce aus Olivenöl und Fleischsaft wunderbar auf. Der Parmesan verbindet die einzelnen Elemente und sorgt für eine seidenweiche Konsistenz, einen salzigen Hauch und kräftiges Aroma. *Salute!*

1 Bund Stängelkohl *(cima di rapa)*, abgespült und trocken getupft
2 scharfe Salsicce, die Haut entfernt
½ TL getrockneter Oregano
2 Pastinaken, geschält, mit KLINGE D in Spiralstreifen geschnitten, gekürzt
2 Knoblauchzehen, geschält und gehackt
1 Msp. Chiliflocken
120 ml salzarme Hühnerbrühe
120 g frisch geriebener Parmesan
1 EL gehackte frische Petersilie zum Garnieren
Salz und frisch gemahlener schwarzer Pfeffer

Wer den etwas bitteren Geschmack des Stängelkohls nicht mag, kann ihn nach dem Zurechtschneiden kurz blanchieren. Dazu Wasser in einem großen Topf zum Kochen bringen. Den Kohl zufügen, 3 Minuten garen und dann in eine Schüssel mit Eiswasser geben. Auch Brokkoli oder Broccolini machen sich statt Stängelkohl wunderbar in diesem Rezept. Sie haben eine ganz ähnliche Textur wie Stängelkohl.

1 Vom Stängelkohl die dicksten Abschnitte der Stängel abschneiden. Mit einem Gemüseschäler die verbliebenen Stängel bis zum Blattansatz schälen, in Stücke von etwa 2 Zentimeter schneiden und beiseitestellen.

2 Eine große Pfanne erhitzen. Etwas Wasser in die Pfanne spritzen. Wenn es zischt, das Wurstbrät und den Oregano zugeben und 6 bis 8 Minuten braten, bis das Brät angebräunt ist. Dabei mit einem Kochlöffel zerteilen. Das Wurstbrät mit einer Küchenzange oder einem Schaumlöffel herausnehmen und auf einen Teller legen.

3 Den Stängelkohl zusammen mit den Pastinaken-Nudeln, dem Knoblauch und den Chiliflocken in die heiße Pfanne geben. Mit Salz und Pfeffer würzen, dann die Brühe angießen und 5 Minuten einkochen lassen, bis die Pastinaken-Nudeln bissfest sind.

4 Das Wurstbrät wieder in die Pfanne geben, den Käse zufügen und gut verrühren. Vom Herd nehmen und nochmals gründlich umrühren.

5 Auf vier Teller verteilen, mit Petersilie garnieren und heiß servieren.

Birne

Wenn mir der Sinn nach Obst steht, das nicht allzu süß, dafür aber weich und saftig sein soll, entscheide ich mich für eine Birne, mit buttrigem Fruchtfleisch und zarter Schale. Es gibt sie in vielen Sorten, alle einzigartig in Geschmack, Form und Größe. Zu den beliebtesten Sorten in der EU gehören Conférence, Abbé Fétel, Williams Christ, Forelle und Boscs Flaschenbirne (auch Alexander- oder Kaiserbirne genannt). Am leichtesten aber lässt sich die Nashi-Birne spiralisieren. Sie ist rundlich und hellbraun, ähnelt in der Form eher einem Apfel als einer Birne und liefert reichlich »Nudeln«.

Achten Sie darauf, dass die Birnen fest sind (aber nicht steinhart!), denn mit überreifen Birnen funktioniert das Spiralisieren nicht. Unreife Exemplare lassen sich zwar spiralisieren, schmecken aber bei weitem nicht so aromatisch und frisch wie reife Birnen.

NÄHRWERT-PLUS: Birnen sind sehr ballaststoffreich, helfen gut gegen Blähungen und senken den Cholesterinspiegel. Ihre Schale enthält zudem Antioxidantien, die blutdrucksenkend wirken und wahrscheinlich sogar Krebs bekämpfen.

VORBEREITEN UND AUFBEWAHREN: Vor dem Spiralisieren den Stängel entfernen. Da geschälte Birnen und Birnen-Nudeln an der Luft oxidieren, gibt man sie am besten in einem mit Wasser und einem Spritzer Zitronensaft gefüllten Behälter. Im Kühlschrank bis zu zwei Tage haltbar.

GEEIGNETE MESSEREINSÄTZE

- **KLINGE A**
- **KLINGE C**
- **KLINGE D**

GEEIGNETE ZUBEREITUNGSARTEN

- **roh**
- **bei 180 °C 15 Minuten im Ofen gegart**

Gegrillter Halloumi auf Linsen und Rucola

mit Fenchel und Birnen-Nudeln

vegetarisch
glutenfrei

VORBEREITUNG 20 Minuten
ZUBEREITUNG 45 Minuten
FÜR 4 Personen

NÄHRWERTE
Kalorien: 430
Fett: 29 g
Natrium: 642 mg
Kohlenhydrate: 28 g
Ballaststoffe: 6 g
Zucker: 7 g
Eiweiß: 23 g

FUNKTIONIERT AUCH MIT
Apfel

Meine Mutter behauptet, ich bereite die besten Salate zu. Für mich ist ein Salat eben nicht nur ein Haufen Grünzeug. In meiner Vorstellung sehe ich einen richtigen Salat als einen Teller voll mit köstlichen, frischen Zutaten. In diesem Rezept können Sie gleichzeitig gerösteten Fenchel, knackige Birnen-Nudeln, sättigende Linsen und warmen Halloumi genießen.

1 Fenchelknolle, geputzt und in Spalten geschnitten
1 EL natives Olivenöl extra
1 EL Balsamicoessig
½ TL Knoblauchpulver
80 g Linsen, abgespült
Salz und frisch gemahlener schwarzer Pfeffer

Für das Dressing
3 EL natives Olivenöl extra
2 EL frisch gepresster Zitronensaft
1 TL Dijon-Senf
1 TL Honig

Olivenöl-Kochspray oder natives Olivenöl extra
250 g Halloumi, in dünne Scheiben geschnitten
1 Boscs-Flaschenbirne oder 1 Birne Gute Luise
300 g zarte Rucolablätter

Statt Halloumi-Käse können Sie ebenso Feta-Käse nehmen. Schmeckt auch köstlich!

1 Den Backofen auf 200 °C vorheizen. Ein Backblech mit Backpapier auslegen.

2 In einer großen Schale Fenchel, Öl, Essig und Knoblauchpulver vermengen. Auf das Blech legen, mit Salz und Pfeffer würzen und 30 Minuten im Ofen rösten, bis der Fenchel karamellisiert. Nach der Hälfte der Zeit wenden.

3 Währenddessen die Linsen in einen Topf geben und mit Wasser bedecken. Zum Kochen bringen, dann auf niedrige Stufe reduzieren und die Linsen 25 Minuten köcheln lassen, bis sie gar sind. Abgießen, trocken tupfen und beiseitestellen.

4 Alle Zutaten für das Dressing in einer großen Schüssel mit einer Gabel verquirlen.

5 Eine große Pfanne erhitzen und mit Kochspray einsprühen oder mit Öl einfetten. Etwas Wasser in die Pfanne spritzen. Wenn es zischt, den Halloumi hineinlegen und 2 bis 3 Minuten auf jeder Seite braten. Herausnehmen und auf einen Teller legen.

6 Sobald der Fenchel fertig ist, die Birne mit **KLINGE D** in Spiralstreifen schneiden und die »Nudeln« kürzen. Birnen-Nudeln, gerösteten Fenchel und Rucola in die Schüssel zum Dressing geben und gut vermengen. Den Salat und die Linsen auf vier Teller verteilen. Mit dem gegrillten Halloumi krönen und sofort servieren.

Birnen-Haferbrei mit Chai-Aroma

Draußen ist es kalt, ein paar Schneeflocken fallen vom Himmel. Sie stehen in der warmen Küche am Herd und rühren die Birnen-Nudeln um, während ihr Frühstücksbrei aufquillt. Chai-Aromen steigen auf und Ihre Wohnung wird zum gemütlichen Rückzugsort. Dieser Frühstücksbrei ist Löffel für Löffel pure Entspannung und nährendes Glück – wie eine weiche Kuscheldecke, unter der es selbst an eisigen Tagen kuschlig warm ist.

vegan
vegetarisch
glutenfrei
laktosefrei
kalorienarm

VORBEREITUNG 5 Minuten
ZUBEREITUNG 20 Minuten
FÜR 2 Personen

NÄHRWERTE
Kalorien: 244
Fett: 11 g
Natrium: 121 mg
Kohlenhydrate: 32 g
Ballaststoffe: 6 g
Zucker: 9 g
Eiweiß: 6 g

FUNKTIONIERT AUCH MIT
Apfel

60 g glutenfreie Haferflocken
1 TL Kokosöl
1 Birne Williams Christ, mit KLINGE D in Spiralstreifen geschnitten, gekürzt
360 ml ungesüßte Mandelmilch (natur)
1 Msp. reiner Vanilleextrakt
1 Msp. gemahlener Zimt
1 Msp. gemahlener Kardamom
1 TL Ahornsirup
2 EL grob zerstoßene Walnusskerne

Kardamom ist eines der Hauptgewürze im Chai-Tee. Wer es gerade nicht im Vorratsschrank hat, kann es hier auch einfach weglassen.

1 In einem Topf 500 Milliliter Wasser zum Kochen bringen. Die Haferflocken zugeben, dann die Hitze auf niedrige Stufe reduzieren und etwa 10 Minuten köcheln lassen, bis das Wasser aufgenommen und der Brei schön locker ist.

2 Währenddessen das Kokosöl in einer Pfanne erhitzen. Sobald das Öl geschmolzen ist, Birnen-Nudeln, Mandelmilch, Vanilleextrakt, Zimt, Kardamom und Ahornsirup zugeben. Vermengen und 15 Minuten köcheln lassen.

3 Eine kleine Pfanne erhitzen und die Walnusskerne zugeben. Unter Rühren 5 Minuten rösten, bis sie duften. Aus der Pfanne nehmen.

4 Den Haferbrei auf zwei Schüsseln verteilen und mit der Birnenmischung und den gerösteten Walnüssen krönen.

Birnen-Nudel-Bowl

mit geröstetem Eichelkürbis und Granatapfel-Dressing

vegan
vegetarisch
glutenfrei
laktosefrei
kalorienarm

VORBEREITUNG 15 Minuten
ZUBEREITUNG 45 Minuten
FÜR 4 Personen

NÄHRWERTE
Kalorien: 259
Fett: 7 g
Natrium: 5 mg
Kohlenhydrate: 50 g
Ballaststoffe: 8 g
Zucker: 21 g
Eiweiß: 6 g

FUNKTIONIERT AUCH MIT
Apfel

Wenn es Herbst wird, freue ich mich auf zwei Dinge: das bunte, raschelnde Laub im Park und die Winterkürbisse auf dem Bauernmarkt. Kürbisse haben so appetitliche Farben, weshalb ich sie gern in einer Schale in der Küche aufstelle. Ich liebe sie auch im Ofen zu zartsamtigen Schnitten geröstet. Kürbis steckt voller nahrhafter Ballaststoffe und lässt sich schnell zu einem gesunden Gericht zusammenstellen. In diesem Rezept vereinen sich Kürbis, Granatapfel und Birne zum köstlichen Herbstschmaus.

1 Eichelkürbis, geviertelt und entkernt
2 TL natives Olivenöl extra
4 TL Ahornsirup
80 g getrocknete rote Quinoa, abgespült
Salz und frisch gemahlener schwarzer Pfeffer

Für das Dressing
60 ml Granatapfelsaft
60 ml natives Olivenöl extra
2 EL Apfelessig
50 g Granatapfelkerne
1 TL Ahornsirup

2 rote Birnen Williams Christ, mit KLINGE D in Spiralstreifen geschnitten, gekürzt
30 g Mandeln, grob gehackt

Auch andere Kürbisarten wie Butternuss oder Delicata passen gut zu diesem Rezept.

1 Den Backofen auf 200 °C vorheizen. Ein Backblech mit Backpapier auslegen.

2 Jedes Kürbisviertel halbieren und auf dem Blech gleichmäßig verteilen. Mit Olivenöl und Ahornsirup beträufeln und mit Salz und Pfeffer würzen. Im Ofen 35 bis 40 Minuten rösten, bis das Kürbisfleisch gabelzart ist.

3 Währenddessen die Quinoa mit 500 Milliliter Wasser in einen mittelgroßen Topf geben und zum Kochen bringen. Die Hitze reduzieren und die Quinoa 15 Minuten köcheln lassen, bis sie schön locker ist. In eine große Schüssel füllen.

4 Alle Zutaten für das Dressing in einer kleinen Schüssel vermengen.

5 Die Birnen-Nudeln und Mandeln in die Schüssel zur Quinoa geben. Das Dressing darübergießen und alles gut vermengen. Auf vier Schüsseln verteilen und jeweils mit zwei Kürbisschnitten krönen.

Birnen-Nudel-Pancakes mit Zimt und Pekannuss

vegetarisch
glutenfrei
paläo
laktosefrei
kalorienarm

VORBEREITUNG 15 Minuten
ZUBEREITUNG 20 Minuten
FÜR 4 Personen

NÄHRWERTE
Kalorien: 155
Fett: 8 g
Natrium: 113 mg
Kohlenhydrate: 18 g
Ballaststoffe: 2 g
Zucker: 2 g
Eiweiß: 4 g

FUNKTIONIERT AUCH MIT
Apfel

Sollte Sie einmal die Sehnsucht nach Pancakes überkommen, rate ich Ihnen unbedingt dazu, dem Wunsch nachzugeben. Diese gesunde Version wird Ihre Sehnsucht ganz bestimmt stillen. Die Pancakes sind dank der Birnen-Nudeln und der Pecannüsse erstaunlich süß und knackig. Deshalb könnte es durchaus passieren, dass Sie nach dem Genuss dieser Birnen-Nudel-Pancakes öfter den Wunsch verspüren werden, eine Runde davon zu essen. Aber das wäre vom gesundheitlichen Standpunkt aus betrachtet absolut in Ordnung!

240 g glutenfreies Mehl zum Backen (z. B. Hirse- oder Buchweizenmehl)
1 TL Backpulver
½ TL Backnatron
1 TL gemahlener Zimt
½ TL Meersalz
2 große Eier, verquirlt
180 ml ungesüßte Mandelmilch (natur)
1 TL reiner Vanilleextrakt
2 EL Kokosöl, zerlassen und auf Raumtemperatur abgekühlt
1 Birne Williams Christ oder 1 Boscs-Flaschenbirne
30 g Pekannüsse, gehackt
Olivenöl-Kochspray oder natives Olivenöl extra
Ahornsirup zum Servieren

Wenn Sie nur wenig Zeit haben, können Sie auch eine glutenfreie Fertigbackmischung für Waffeln verwenden und die restlichen Zutaten untermischen.

1 In einer Schüssel Mehl, Backpulver, Backnatron, Zimt und Salz vermengen. In einer anderen Schüssel Eier, Mandelmilch, Vanilleextrakt und Kokosöl verquirlen. Die feuchten zu den trockenen Zutaten geben und zu einem glatten Teig verarbeiten.

2 Die Birne mit **KLINGE D** in Spiralstreifen schneiden und die »Nudeln« mit einem Messer zerkleinern. Birnen-Nudeln und Pekannüsse zum Teig geben und vermengen.

3 Eine große Pfanne erhitzen und mit Kochspray besprühen oder mit Öl einfetten. Etwas Wasser in die Pfanne spritzen. Wenn es zischt, den Pancake-Teig einfüllen (10–12 Mini-Pancakes oder vier große, in mehreren Durchgängen). Den Teig mit der Rückseite des Schöpflöffels glatt streichen und etwa 3 Minuten backen. Sobald die Oberfläche Blasen wirft und die Ränder trocknen, die Pancakes wenden und nochmals 3 Minuten backen. Erneut mit dem Schöpflöffel glatt streichen.

4 Die Pancakes auf Servierteller legen und mit dem restlichen Teig ebenso verfahren. Ahornsirup über die Pancakes träufeln und servieren.

Schnelles Schweinekotelett
mit Grünkohl-Streifen und Birnen-Nudeln

glutenfrei
paläo
laktosefrei
gut aufzubewahren

VORBEREITUNG 20 Minuten
ZUBEREITUNG 15 Minuten
FÜR 4 Personen

NÄHRWERTE
Kalorien: 390
Fett: 24 g
Natrium: 79 mg
Kohlenhydrate: 17 g
Ballaststoffe: 4 g
Zucker: 10 g
Eiweiß: 29 g

FUNKTIONIERT AUCH MIT
Apfel

Da ich Gemüse geschmacklich dem Fleisch vorziehe, hat es eine ganze Weile gedauert, bis ich gelernt habe, Fleisch richtig zuzubereiten. Ein Lieblingsgericht meines Mannes Lu ist Schweinekotelett. Kotelett steht daher ganz oben auf meiner Liste der Fleischzubereitung. Ich habe eine einfache und schnelle Methode dafür entdeckt. In diesem Rezept steckt der knackige Salat dank Grünkohl voller Nährstoffe, enthält gesunde Fette der Mandel und herbstliche Aromen von Birne und Rosenkohl. Eine perfekte Ergänzung zum Fleisch.

2 EL natives Olivenöl extra, plus 2 TL mehr
4 Schweinekoteletts, ohne Knochen
1 EL Ahornsirup
3 EL Mandelblättchen
Salz und frisch gemahlener schwarzer Pfeffer

Für die Vinaigrette
2 EL natives Olivenöl extra
1 EL fein gehackte Schalotte
1 TL Honig
2 EL Apfelessig
½ TL Dijon-Senf
Salz und frisch gemahlener schwarzer Pfeffer

170 g Rosenkohl, geputzt
1 Boscs-Flaschenbirne oder 1 Nashi-Birne, mit KLINGE D in Spiralstreifen geschnitten
60 g Grünkohlblätter, fein gehackt

1 Den Backofen auf 200 °C vorheizen.

2 In einer großen feuerfesten Pfanne 1 Teelöffel Olivenöl erhitzen. Die Koteletts mit je 1 Teelöffel Olivenöl einreiben, dann mit reichlich Salz und Pfeffer würzen. Sobald das Öl glänzt, die Koteletts in die Pfanne geben und auf jeder Seite 3 Minuten scharf anbraten, bis sie goldbraun sind.

3 Währenddessen in einer Schale das restliche Öl mit dem Ahornsirup verquirlen. Die Sirup-Öl-Mischung über das Fleisch gießen. Die Pfanne in den Ofen stellen und 7 bis 9 Minuten braten, bis das Fleisch gar ist. (Auf einem Fleischthermometer sollte an der dicksten Stelle des Koteletts 60 °C angezeigt werden.) Herausnehmen, das Fleisch auf einen Teller legen und 5 Minuten ruhen lassen.

4 Eine Pfanne erhitzen. Etwas Wasser in die Pfanne spritzen. Wenn es zischt, die Mandelblättchen zugeben und 3 Minuten unter Rühren rösten, bis sie leicht gebräunt sind und duften.

5 Alle Zutaten für die Vinaigrette in einer Schüssel verquirlen. Nach Belieben mit Salz und Pfeffer abschmecken.

6 Den Rosenkohl in einem Mixer zerkleinern. In die Schüssel zum Dressing geben. Geröstete Mandeln, Birnen-Nudeln und Grünkohl zufügen und gründlich vermengen.

7 Die Rosenkohlmischung auf vier Teller verteilen. Mit je einem Schweinekotelett krönen und den Bratensaft darübergießen.

Rettich

Früher habe ich Rettich ausschließlich roh in Salaten oder eingelegt auf Sandwiches gegessen. Inzwischen liebe ich Rettich-Reis, Rettich-Pasta und Rettich-Nudel-Suppe. Wenn Sie etwas Erfahrung mit dem Spiralschneider gesammelt haben, werden Sie feststellen, dass sich ein Gemüse am Gaumen ganz anders anfühlt, wenn man seine Form und damit seine Struktur und Konsistenz verändert.

Es gibt so viele Rettich-Sorten: Schwarzer Rettich schmeckt würzig und passt gut zu Fleisch oder herzhaftem Fisch und Meeresfrüchten. Daikon-Rettich dagegen ist mild. Wassermelonen-Rettiche haben einen größeren Durchmesser und lassen sich wunderbar in Spiralstreifen aufschneiden! Manchmal ist es schwierig, andere Rettiche zu finden, die groß genug sind. Am besten halten Sie sich an schwarze Rettiche und an Daikon-Rettiche, die überall erhältlich sind. Und sollte Ihnen ein großer roter Rettich begegnen, schnappen Sie ihn sich!

NÄHRWERT-PLUS: Daikon-Rettich wirkt entwässernd und unterstützt die Verdauung. Er reinigt nicht nur Körper und Gaumen, sondern verbessert auch die Nierenfunktion. Andere Rettichsorten haben eine ähnlich gesunde Wirkung.

VORBEREITEN UND AUFBEWAHREN: Den Rettich komplett schälen. Die Enden glatt abschneiden. In einem luftdichten Behälter im Kühlschrank 5 bis 7 Tage haltbar.

GEEIGNETE MESSEREINSÄTZE

- **KLINGE A**
- **KLINGE C**
- **KLINGE D**

GEEIGNETE ZUBEREITUNGSARTEN

- **roh**
- **in einer Suppe köcheln oder kochen**
- **bei mittlerer Hitze 5 bis 7 Minuten braten**

Scharfsaure Suppe
mit Daikon-Nudeln

vegetarisch
laktosefrei
kalorienarm
One Pot
gut aufzubewahren

Als ich Kind war, bestellte meine Mutter immer scharfsaure Suppe, wenn wir uns vom Chinesen Essen holten. Sie war überzeugt davon, dass die Suppe jede Erkältung heilte. Zwar bin ich mir nicht sicher, ob die scharfsaure Suppe tatsächlich eine Heilwirkung entfaltet, doch sie ist definitiv höchst aromatisch und kräftig. Mit Eierflocken, salziger Brühe und sanft gekocheltem Gemüse befriedigt sie alle Sinne. Die Daikon-Nudeln verwandeln die simple Takeaway-Suppe in eine herzhafte Nudelsuppe.

VORBEREITUNG 30 Minuten
ZUBEREITUNG 15 Minuten
FÜR 4 Personen

NÄHRWERTE
Kalorien: 110
Fett: 5 g
Natrium: 714 mg
Kohlenhydrate: 12 g
Ballaststoffe: 4 g
Zucker: 5 g
Eiweiß: 8 g

FUNKTIONIERT AUCH MIT
Karotte, Speiserübe, Zucchini

1 getrocknete Chilischote, sorgfältig entkernt und fein gehackt

1 Liter salzarme Hühnerbrühe

1 EL salzarme Sojasauce oder Tamari

6 getrocknete Shiitake-Pilze, in heißem Wasser eingeweicht und in dünne Streifen geschnitten

170 g gestiftelte Bambussprossen (aus der Dose), gut abgetropft

100 g fester Tofu, abgetropft und gestiftelt (siehe Seite 98)

1 Msp. gemahlener weißer Pfeffer

60 ml weißer Essig

1 großer Daikon-Rettich, geschält, mit KLINGE D in Spiralstreifen geschnitten, gekürzt

1 großes Ei, leicht verquirlt

1 TL Sesamöl

1 Frühlingszwiebel, in feine Ringe geschnitten, zum Garnieren

Salz

1 Chilischoten, Brühe und Sojasauce in einem Suppentopf vermengen und zum Kochen bringen. Pilze und Bambussprossen zugeben. Die Hitze reduzieren, den Deckel auflegen und 3 Minuten köcheln lassen, bis die Pilze weich sind.

2 Tofu, weißen Pfeffer und Essig zugeben und erneut zum Kochen bringen. Die Daikon-Nudeln einrühren und etwa 3 Minuten kochen, bis sie bissfest sind.

3 Den Herd ausschalten und das Ei zufügen. Vorsichtig umrühren, sodass Flocken entstehen. Das Sesamöl zugeben. Nach Belieben mit Salz abschmecken.

4 Die Suppe auf vier Schüsseln verteilen und mit den Frühlingszwiebeln garnieren.

Salat aus Rettich, Orange und Radicchio

mit Lachsfrikadellen

Dieser Salat ist ein gutes Beispiel dafür, wie man mit spiralisiertem Gemüse Gerichten mehr Konsistenz und Aroma verleiht. In Scheiben geschnittener schwarzer Rettich wäre in diesem Salat etwas zu scharf und bitter und würde zudem die anderen Aromen übertönen. Doch jeder Biss in die feinen Rettich-Streifen betont den Kontrast zur saftigen Süße der Orange und zum herzhaften Geschmack des Lachses.

glutenfrei

VORBEREITUNG 20 Minuten
ZUBEREITUNG 10 Minuten
FÜR 2 Personen

NÄHRWERTE
Kalorien: 323
Fett: 15 g
Natrium: 587 mg
Kohlenhydrate: 19 g
Ballaststoffe: 4 g
Zucker: 8 g
Eiweiß: 28 g

FUNKTIONIERT AUCH MIT
Karotte, Kartoffel

Für die Lachsfrikadellen

250 g Lachsfilet, ohne Haut, in Würfel geschnitten
2 TL Dijon-Senf
1 Knoblauchzehe, geschält und in Scheiben geschnitten
1 Msp. abgeriebene Schale von 1 unbehandelten Zitrone
1 TL frisch gepresster Zitronensaft
1 EL gehackte frische Petersilie
1 Schalotte, gehackt
1 EL natives Olivenöl extra
Salz und frisch gemahlener schwarzer Pfeffer

Für die Vinaigrette

2 EL fettarmer griechischer Joghurt (natur)
1 EL natives Olivenöl extra
1 EL Rotweinessig
1 EL kleine Kapern (aus dem Glas), gut abgetropft
1 Msp. Knoblauchpulver
2 TL frisch gepresster Zitronensaft
1 TL Dijon-Senf
Salz und frisch gemahlener schwarzer Pfeffer

Für den Salat

1 schwarzer Rettich, geschält, mit KLINGE D in Spiralstreifen geschnitten, gekürzt
1 Orange, geschält und klein geschnitten
250 g Radicchio, geputzt und in feine Streifen geschnitten

1 Für die Lachsfrikadellen Lachs, Senf, Knoblauch, Zitronenschale und -saft sowie Petersilie in einem Mixer vermischen. (Es sollten in der Lachs-Mischung noch kleine Lachsstücke zu sehen sein.) In eine kleine Schüssel geben und die Schalotte unterrühren. Die Mischung mit den Händen zu vier kleinen Bratlingen (ø 5–8 cm) formen.

2 Das Olivenöl in einer großen Pfanne erhitzen. Sobald das Öl glänzt, die Lachsfrikadellen in einer Schicht hineinlegen. Falls nötig, in mehreren Durchgängen. Mit Salz und Pfeffer würzen und auf jeder Seite 2 bis 3 Minuten braten, bis sie außen gebräunt und ganz durchgegart sind.

3 Währenddessen alle Zutaten für die Vinaigrette in einer großen Schüssel vermengen. Nach Belieben abschmecken. Rettich-Nudeln, Orange und Radicchio zugeben und gut vermengen.

4 Den Salat auf zwei Teller verteilen und mit je zwei Lachsfrikadellen krönen.

Die Lachsfrikadellen kann man auch etwas größer formen und als Burgerbelag verwenden.

Gebratener Daikon-Reis mit Ingwer-Krebsfleisch

laktosefrei
kalorienarm
one Pot

VORBEREITUNG 15 Minuten
ZUBEREITUNG 15 Minuten
FÜR 4 Personen

NÄHRWERTE
Kalorien: 147
Fett: 9 g
Natrium: 1025 mg
Kohlenhydrate: 6 g
Ballaststoffe: 2 g
Zucker: 3 g
Eiweiß: 12 g

FUNKTIONIERT AUCH MIT
Kohlrabi, Speiserübe

Da ich außergewöhnliches Essen liebe, war ich begeistert, als der renommierte Koch Dale Talde in unserer Gegend ein Restaurant eröffnete. Das *Talde* ist ein beliebtes asiatisch-amerikanisches Lokal, das für sein hervorragendes Essen und die gute Atmosphäre bekannt ist. Wir bestellen dort meist den gebratenen Reis mit Blaukrabbe. Diese Version hier greift viele der Aromen auf, die das Gericht aus dem *Talde* so besonders lecker macht.

1 EL Kokosöl
1 Knoblauchzehe, geschält und fein gehackt
1 Stück frischer Ingewer (ca. 12,5 cm), geschält und gehackt
1 Msp. Chiliflocken, plus mehr nach Belieben
2 mittelgroße Daikon-Rettiche, geschält, mit KLINGE D in Spiralstreifen geschnitten, dann zu »Reis« verarbeitet (siehe Seite 16) und abgetropft
2 große Eier, verquirlt
1 EL Sojasauce
2–3 EL Fischsauce
130 g Krebsfleisch
30 g Cashewnüsse, grob gehackt
2 Frühlingszwiebeln, geputzt, nur die grünen Abschnitte, klein geschnitten
15 g frisches Koriandergrün
Chilisauce oder -öl zum Garnieren

1 Das Kokosöl in einer großen Pfanne erhitzen. Sobald das Öl geschmolzen ist, Knoblauch, Ingwer und Chiliflocken zufügen und 1 Minute braten, bis es aromatisch duftet. Den Daikon-Reis unterrühren und etwa 2 Minuten braten, bis er weich ist.

2 Den Daikon-Reis an den Rand der Pfanne schieben. Die verquirlten Eier in die Pfannenmitte geben und verrühren, bis das Eiweiß stockt. Das Ei mit dem Daikon-Reis vermengen und die Soja- und Fischsauce unterrühren. Das Krebsfleisch zugeben und vermengen und 2 Minuten braten, bis alles gut durchgewärmt ist.

3 Die Pfanne vom Herd nehmen und Cashewnüsse, Frühlingszwiebeln und Koriandergrün unterrühren. Nach Belieben mit Chilisauce oder -öl garnieren.

Wassermelonen-Rettich-Salat

mit Zitronen-Ingwer-Vinaigrette und veganem Parmesan

Haben Sie manchmal auch Lust auf eine Schüssel Grünzeug? Wenn ich mir einen Salat zubereite, dann nehme ich normalerweise das, was ich gerade im Kühlschrank finde. Aber manchmal wünsche ich mir auch einen Salat mit Konzept. Ich möchte mich dann gemütlich mit meiner Salatschüssel hinsetzen und ein gesundes, nahrhaftes Gericht genießen, während ich langsam kaue, atme und spüre, wie sich mein Körper regeneriert. Dieser Salat mit Scheiben von Wassermelonen-Rettich, die hell auf dunklen Mangoldblättern leuchten, hat Charakter. Der vegane Parmesan sorgt für einen Hauch von Nussaroma. Wahlweise können Sie den Salat mit spiralisiertem Rettich zubereiten. Rettich-Nudeln verleihen dem Ganzen noch mal einen anderen Kick.

vegan
vegetarisch
glutenfrei
paläo
laktosefrei
ohne Kochen

VORBEREITUNG 30 Minuten
ZUBEREITUNG 10 Minuten
FÜR 2 Personen

NÄHRWERTE
Kalorien: 390
Fett: 36 g
Natrium: 171 mg
Kohlenhydrate: 15 g
Ballaststoffe: 6 g
Zucker: 6 g
Eiweiß: 6 g

FUNKTIONIERT AUCH MIT
Gelbe Bete, Jícama, Kohlrabi

Für den veganen Parmesan
40 g Pinienkerne
1 TL geröstete ungesalzene Sonnenblumenkerne
1 ½ TL Nährhefe

Für das Dressing
1 TL abgeriebene Schale von ½ unbehandelten Zitrone
1 EL frisch gepresster Zitronensaft
1 ½ TL geriebener frischer Ingwer
2 ½ EL natives Olivenöl extra
1 TL Honig
1 EL gehackte frische Petersilie
Salz und frisch gemahlener schwarzer Pfeffer

Für den Salat
1 großer Wassermelonen-Rettich, geschält
250 g Mangold, geputzt und in mundgerechte Stücke zerteilt
½ Avocado, geschält, entkernt und das Fruchtfleisch in dünne Scheiben geschnitten

1 Alle Zutaten für den veganen Parmesan in einem Mixer zerkleinern.

2 Die Zutaten für das Dressing in einer großen Schüssel verquirlen. Nach Belieben mit Salz und Pfeffer abschmecken.

3 Für den Salat den Rettich der Länge nach maximal bis zur Mitte einschneiden, sodass ein Schlitz entsteht und mit **KLINGE A** in Spiralstreifen schneiden. Rettich und Mangold in die Schüssel zum Dressing geben und vermengen. Den Salat auf zwei Teller verteilen und mit den Avocadoscheiben belegen. Den veganen Parmesan darüberstreuen.

Der vegane Parmesan aus diesem Rezept lässt sich übrigens bei vielen Gerichten anstelle von echtem Parmesan-Käse einsetzen.

Gegrilltes Steak
mit Blattsenf und Rettich-Nudeln

Zugegeben war ich nie ein großer Steak-Fan. Geschmorte Querrippen oder eine üppige Bolognese esse ich zwar sehr gern, aber ein Steak schmeckt mir eigentlich nur in Streifen geschnitten auf einem Salat. Habe ich bei jedem Bissen Fleisch auch etwas Gemüse zwischen den Zähnen, spricht mich Steak geschmacklich also schon eher an. Dieser knackige Salat mit gegrilltem Fleisch ist ganz nach meinem Geschmack und ruck-zuck zubereitet.

glutenfrei
paläo
laktosefrei

VORBEREITUNG 15 Minuten
ZUBEREITUNG 15 Minuten
FÜR 4 Personen

NÄHRWERTE
Kalorien: 413
Fett: 30 g
Natrium: 347 mg
Kohlenhydrate: 8 g
Ballaststoffe: 3 g
Zucker: 5 g
Eiweiß: 27 g

FUNKTIONIERT AUCH MIT
Birne, Kartoffel

500 g Rumpsteak oder nach Belieben ein anderes Steak

1 EL natives Olivenöl extra

Salz und frisch gemahlener schwarzer Pfeffer

Für das Dressing

60 ml natives Olivenöl extra

2 EL Balsamicoessig

1 TL Honig

1 Msp. Knoblauchpulver

1 TL Dijon-Senf

Salz und frisch gemahlener schwarzer Pfeffer

Für den Salat

250 g Blattsenf (*Brassica juncea;* asiatischer Salat), fein gehackt

1 großer Rettich, geschält, mit KLINGE D in Spiralstreifen geschnitten, gekürzt

60 g Endiviensalat, geputzt und in feine Streifen geschnitten

1 Das Steak auf beiden Seiten mit reichlich Salz und Pfeffer würzen.

2 Eine Pfanne erhitzen und das Olivenöl zugeben. Sobald das Öl glänzt, das Steak zugeben und auf jeder Seite 4 Minuten *(medium)* oder 6 Minuten *(medium well)* braten. Herausnehmen, auf ein Schneidebrett legen und 5 Minuten ruhen lassen. Steak quer zur Faser in dünne Streifen schneiden.

3 Währenddessen die Zutaten für das Dressing in einer Schüssel vermengen. Blattsenf, Rettich-Nudeln und Endiviensalat zugeben und vermengen.

4 Den Salat auf vier Teller verteilen und mit den Steakstreifen belegen. Den Fleischsaft vom Schneidebrett über die Steakstreifen gießen.

Ob Wassermelonen-Rettich, schwarzer Rettich oder Daikon-Rettich – alle Rettichsorten passen zu diesem Rezept. Statt Blattsenf können Sie Baby-Spinat oder milde Salatblätter wie Feldsalat oder Portulak nehmen.

Klare Immunsystem-Suppe
mit Daikon-Nudeln

Zur Stärkung des Immunsystems und um sich im Winter nicht so schnell eine Erkältung einzufangen, trinken viele von uns grüne Säfte, heißes Wasser mit Zitrone, Matcha Latte oder Knochenbrühe. Meine absolute Lieblingswaffe im Kampf gegen Infekte ist diese ausgesprochen leckere Suppe. Durch die Heilkräfte von Knoblauch und Ingwer werden Sie sich bald gestärkt und für eisige Temperaturen, Viren und Bakterien gewappnet fühlen.

vegan
vegetarisch
glutenfrei
paläo
laktosefrei
kalorienarm
One Pot

VORBEREITUNG 20 Minuten
ZUBEREITUNG 30 Minuten
FÜR 4 Personen

NÄHRWERTE
Kalorien: 70
Fett: 3 g
Natrium: 25 mg
Kohlenhydrate: 8 g
Ballaststoffe: 2 g
Zucker: 3 g
Eiweiß: 3 g

FUNKTIONIERT AUCH MIT
Karotte, Speiserübe, Zucchini

1 EL natives Olivenöl extra

1 kleine weiße Zwiebel, geschält, mit KLINGE A in Spiralstreifen geschnitten, gekürzt

2 Stängel Staudensellerie, geputzt und in kleine Stücke geschnitten

2 Frühlingszwiebeln,geputzt und in Ringe geschnitten, die weißen und grünen Abschnitte getrennt

3 Knoblauchzehen, geschält und in dünne Scheiben geschnitten

2 TL fein geriebener frischer Ingwer

1 Msp. weißer Pfeffer

250 g kleine Champignons, geputzt und in dünne Scheiben geschnitten

1 mittelgroßer Daikon-Rettich, geschält, mit KLINGE C in Spiralstreifen geschnitten, gekürzt

60 g Erbsensprossen zum Garnieren

Salz

1 Das Öl in einem Suppentopf erhitzen. Dann Zwiebel, Staudensellerie, weiße Frühlingszwiebelabschnitte, Knoblauch und Ingwer zugeben. Salzen und 3 Minuten braten, bis die Zwiebel weich ist.

2 Den weißen Pfeffer und 2 Liter Wasser zugeben und die Suppe aufkochen. Etwa 10 Minuten kochen lassen, dann die Champignons und die Daikon-Nudeln zufügen und weitere 5 Minuten köcheln lassen, bis der Rettich bissfest ist.

3 Die Suppe in vier Schüsseln füllen. Mit den Erbsensprossen und den grünen Frühlingszwiebelabschnitten garnieren.

Wer es etwas aromatischer will, nimmt statt Wasser Hühnerbrühe (am besten selbst gekocht)!

Steckrübe

Wie der Knollensellerie so ist auch die Steckrübe ein festes Gemüse. Die Rübe hat eine wächserne Außenhaut und ist nicht ganz leicht zu schälen. Für ein Gemüse ist sie ziemlich groß und schwer. Aber lassen Sie sich davon nicht abschrecken – wenn Sie die Rübe erst einmal vorbereitet haben, lässt sie sich ganz leicht zu reichlich Spiralstreifen verarbeiten. Steckrüben sind vielleicht sogar die robusteste spiralisierbare Gemüseart. Sie lassen sich auf vielfältige Weise zubereiten und passen zu zahlreichen Saucen.

Steckrüben schmecken roh mild und leicht bitter, denn sie gehören zur gleichen Familie wie die Speiserüben. Gekocht stiehlt die Steckrübe jedoch mit ihrer goldenen Farbe und einer leichten Süße den anderen Zutaten die Show, weshalb sie als Brei, geröstet oder als Eintopfzutat sehr beliebt ist. Sie ist weniger stärkehaltig und deshalb nicht so kohlenhydratreich wie Kartoffeln. Daher ist sie, je nachdem, was Sie für Ziele haben, vielleicht die bessere Wahl.

Beim Kauf sollten Sie eine nicht zu schwere oder große Rübe wählen, die im Durchmesser kleiner als 15 Zentimeter ist. Die Schale von reifen Steckrüben hat einen Stich ins Purpurfarbene und sollten möglichst keine größeren Schadstellen aufweisen.

NÄHRWERT-PLUS: Steckrüben haben einen hohen Vitamin-C-Gehalt und viele Ballaststoffe. Sie unterstützen als Zinklieferant Immunsystem und Stoffwechsel.

VORBEREITEN UND AUFBEWAHREN: Steckrübe schälen und die Enden glatt abschneiden. Große, unhandliche Rüben auch an den Seiten abschneiden, sodass ein dünneres, eher rechteckiges Stück entsteht, das nicht dicker als 15 bis 18 Zentimeter ist. In einem luftdichten Behälter im Kühlschrank bis zu sechs Tage haltbar. Rüben-Nudeln lassen sich tiefgekühlt bis zu acht Monate aufbewahren.

GEEIGNETE MESSEREINSÄTZE

- **KLINGE A**
- **KLINGE B**
- **KLINGE C**
- **KLINGE D**

GEEIGNETE ZUBEREITUNGSARTEN

- **5 bis 10 Minuten kochen**
- **10 bis15 Minuten braten**
- **bei 220 °C im Ofen bis zu 30 Minuten rösten, je nach verwendeter Klinge**

Schweinefleisch-Curry

mit Mandeln und Steckrüben-Nudeln

glutenfrei
paläo
laktosefrei

VORBEREITUNG 15 Minuten
ZUBEREITUNG 30 Minuten
FÜR 4 Personen

NÄHRWERTE
Kalorien: 330
Fett: 14 g
Natrium: 992 mg
Kohlenhydrate: 22 g
Ballaststoffe: 3 g
Zucker: 15 g
Eiweiß: 29 g

FUNKTIONIERT AUCH MIT
Karotte, Kohlrabi, Speiserübe, Süßkartoffel, Zucchini

Mandel- oder Erdnussbutter – auf welcher Seite stehen Sie? Bei mir macht die Mandelbutter klar das Rennen, denn sie ist nährstoffreicher und hat gleichzeitig weniger Zucker als Erdnussbutter. Mit Mandelbutter liegen Sie auch bei diesem Rezept komplett richtig. Die Steckrüben-Nudeln sind herzhaft und ähneln in der Konsistenz wie Soba, den japanischen Buchweizennudeln. Das Schweinefleisch drängt sich in diesem Curry nicht in den Vordergrund, sondern nimmt die thailändischen Aromen wunderbar auf.

2 kleine Steckrüben, geschält, mit KLINGE C in Spiralstreifen geschnitten, gekürzt
400 ml fettarme Kokosmilch (aus der Dose)
3 EL Fischsauce
3 EL Honig
60 g feine Mandelbutter
1 EL Kokosöl
750 g Schweinelende, in ca. 1 cm dicke Streifen geschnitten
1 Knoblauchzehe, geschält und in Scheiben geschnitten
2 Frühlingszwiebeln, geputzt und in Ringe geschnitten, die weißen und grünen Abschnitte getrennt
3 EL rote Currypaste
1 TL Chilipaste
2 EL gehacktes frisches Koriandergrün zum Garnieren
2 EL grob gehackte Mandeln zum Garnieren
Salz und frisch gemahlener schwarzer Pfeffer

Das Schweinefilet können Sie gegen Hähnchen, Tofu oder eine andere eiweißhaltige Zutat austauschen.

1 Den Backofen auf 220 °C vorheizen. Ein Backblech mit Backpapier auslegen.

2 Die Steckrüben-Nudeln gleichmäßig auf dem Blech verteilen, mit Salz und Pfeffer würzen und im Ofen 15 bis 20 Minuten backen, bis sie bissfest sind.

3 Währenddessen in einer mittelgroßen Schüssel Kokosmilch, Fischsauce, Honig und Mandelbutter zu einer glatten Paste vermengen.

4 Das Kokosöl in einer großen Pfanne erhitzen. Sobald das Öl geschmolzen ist, das Schweinefleisch zugeben und 5 bis 7 Minuten braten, bis es rundum gebräunt ist. Gelegentlich wenden. Herausnehmen und auf einen Teller legen.

5 Knoblauch, weiße Frühlingszwiebelabschnitte, Curry- und Chilipaste in die Pfanne geben und unter Rühren 30 Sekunden braten. Die Kokosmilchmischung und das gebratene Fleisch zufügen und vermengen. Die Hitze reduzieren und 10 Minuten köcheln lassen, bis die Sauce eingedickt ist.

6 Die Steckrüben-Nudeln auf vier Teller verteilen und das Curry darübergeben. Mit Koriandergrün, den grünen Frühlingszwiebelabschnitten und den Mandeln garnieren und sofort servieren.

Steckrübengratin
mit Lauch

Eine hungrige Meute bekommt man erfahrungsgemäß am besten mit Aufläufen satt. Einen Auflauf können Sie wunderbar zu einer Abendeinladung mitbringen oder bei einem Familientreffen servieren. Der König unter den Aufläufen aber ist das Gratin. In der Regel fällt es etwas üppiger aus als ein gewöhnlicher Auflauf, da es häufig Sahne und Mehl enthält. Dieses vegane Gratin-Rezept aber wird mit gesunden Zutaten wie Cashewnüssen, Knoblauch, Lauch – und Steckrüben-Nudeln zubereitet. Damit wird es sicher Ihr neues Standard-Partygericht.

vegan
vegetarisch
glutenfrei
paläo
laktosefrei

VORBEREITUNG 20 Minuten, plus 2 bis 12 Stunden zum Einweichen der Cashewnüsse

ZUBEREITUNG 50 Minuten

FÜR 4 bis 6 Personen

NÄHRWERTE
Kalorien: 317
Fett: 22 g
Natrium: 269 mg
Kohlenhydrate: 24 g
Ballaststoffe: 4 g
Zucker: 7 g
Eiweiß: 10 g

FUNKTIONIERT AUCH MIT
Butternusskürbis, Kartoffel, Pastinake, Süßkartoffel

Olivenöl-Kochspray oder natives Olivenöl extra

Für die Sauce

500 ml salzarme Gemüsebrühe

250 g Cashewnüsse, über Nacht (oder mind. 2 Std.) eingeweicht und abgetropft

1 EL Nährhefe

2 TL frisch gepresster Zitronensaft

2 große Knoblauchzehen, geschält und grob gehackt

Salz und frisch gemahlener schwarzer Pfeffer

Für das Gratin

1 EL natives Olivenöl extra

1 kleine Zwiebel, gewürfelt

120 g Lauch, geputzt und in feine Ringe geschnitten

2 Knoblauchzehen, geschält und fein gehackt

1 ½ EL frischer Thymian

1 mittelgroße Steckrübe, geschält, mit KLINGE A in Spiralstreifen geschnitten, gekürzt

Salz und frisch gemahlener schwarzer Pfeffer

1 Den Backofen auf 200 °C vorheizen. Eine mittelgroße Auflaufform mit Kochspray einsprühen oder mit Öl einfetten.

2 Alle Zutaten für die Sauce in einem Mixer zu einer Paste verarbeiten. Mit Salz und Pfeffer würzen.

3 Für das Gratin das Olivenöl in einer Pfanne erhitzen. Sobald das Öl glänzt, die Zwiebel und den Lauch zugeben und 5 Minuten braten, bis sie weich sind. Den Knoblauch zugeben und 30 Sekunden braten, bis er duftet. Die Sauce und den Thymian zugeben und mit Salz und Pfeffer würzen. Gründlich vermengen und die Pfanne vom Herd nehmen.

4 Etwas von der Lauchmischung auf dem Boden der Auflaufform verteilen. Mit einer Lage Steckrüben-Nudeln bedecken. Mit den restlichen Zutaten in dieser Weise fortfahren und mit einer Schicht Lauch abschließen. Mit Pfeffer würzen.

5 Die Form mit Alufolie abdecken und im Ofen etwa 30 Minuten backen. Die Grillfunktion des Ofens einschalten, die Alufolie entfernen und das Gratin 2 Minuten überbacken, bis die Kruste gebräunt ist. Portionieren und servieren.

Miesmuscheln

auf Steckrüben-Pasta

Im Winter buhlen Süßkartoffel und Steckrübe um meine Aufmerksamkeit. Wenn ich mich entscheiden müsste, würde ich die Steckrübe wählen. Das ist vielleicht eine überraschende Antwort, da die als Superfood gerühmte Süßkartoffel normalerweise im Rampenlicht steht. Hier aber sind die milden, butterzarten Steckrüben-Nudeln die Stars. In der leichten Tomaten-Weißwein-Sauce mit Knoblauch und frischer Petersilie leuchten sie förmlich unter der Krone aus frischen Miesmuscheln – und sie sehen fast wie Spaghetti aus!

glutenfrei
laktosefrei
kalorienarm

VORBEREITUNG 15 Minuten
ZUBEREITUNG 30 Minuten
FÜR 4 Personen

NÄHRWERTE
Kalorien: 228
Fett: 6 g
Natrium: 515 mg
Kohlenhydrate: 21 g
Ballaststoffe: 4 g
Zucker: 8 g
Eiweiß: 16 g

FUNKTIONIERT AUCH MIT
Chayote, Kohlrabi, Speiserübe, Zucchini

2 kleine Steckrüben, geschält, mit KLINGE D in Spiralstreifen geschnitten, gekürzt
1 TL Knoblauchpulver
4 Knoblauchzehen, geschält und fein gehackt
1 Schalotte, gehackt
120 ml trockener Weißwein
1 kg Miesmuscheln, gut abgespült, gesäubert und die Bärte entfernt
400 g stückige Tomaten (aus der Dose)
1 EL natives Olivenöl extra
1 Msp. Chiliflocken
1 Msp. getrockneter Oregano
1 Msp. getrocknetes Basilikum
1 Handvoll gehackte krause Petersilie
1 EL fein abgeriebene Schale von 1 unbehandelten Zitrone
Salz und frisch gemahlener schwarzer Pfeffer

1 Den Backofen auf 220 °C vorheizen. Ein Backblech mit Backpapier auslegen.

2 Die Steckrüben-Nudeln auf dem Blech verteilen und mit Knoblauchpulver, Salz und Pfeffer würzen. Im Ofen 20 Minuten rösten, bis sie bissfest sind.

3 Währenddessen eine große Pfanne mit Deckel erhitzen. Etwas Wasser in die Pfanne spritzen. Wenn es zischt, drei Knoblauchzehen, die Schalotte und den Wein zufügen. Aufkochen und die Muscheln zugeben. Den Deckel auflegen und die Muscheln 3 bis 5 Minuten kochen, bis sie sich öffnen. Dabei gelegentlich an der Pfanne rütteln. Die Muscheln in eine große Schüssel geben. Noch geschlossene Muscheln sofort entsorgen.

4 Währenddessen die Tomaten in einem Mixer grob zerkleinern, sodass noch Stücke sichtbar sind.

5 Die Hälfte der Muscheln aus den Schalen lösen. Eine Muschel probieren: Falls sie sandig ist, alle Muscheln in einem Sieb abspülen.

6 Die Pfanne auswischen und darin das Olivenöl erhitzen. Sobald das Öl glänzt, den restlichen Knoblauch und die Chiliflocken zugeben und etwa 30 Sekunden braten, bis es aromatisch duftet.

7 Tomaten, Oregano und Basilikum zugeben. Die Hitze auf mittlere bis hohe Stufe erhöhen. Unter häufigem Rühren 5 bis 10 Minuten köcheln lassen, bis die Tomatensauce leicht eingedickt ist.

8 Die Muscheln wieder in die Pfanne geben, den Deckel auflegen. Die Hitze reduzieren und 5 Minuten sanft köcheln lassen, damit sich das Aroma entfaltet.

9 Die Steckrüben-Nudeln in eine Servierschale geben. Den Deckel von den Muscheln abnehmen, die Petersilie unterheben und mit der Zitronenschale garnieren. Die Muscheln auf den Steckrüben verteilen. Servierschale auf den Tisch stellen, sodass sich jeder bedienen kann.

Chicken Cacciatore
auf Steckrüben-Nudeln

Sie suchen ein herzhaftes Gericht, um Ihre Gäste zu beeindrucken? Ich hätte einen Tipp für Sie: »Chicken Cacciatore«, ursprünglich ein Geflügelrezept der Italienischen Küche *(Pollo alla Cacciatora)* in einer gesunden, spiralisierten Version. Robuste Steckrüben-Nudeln passen perfekt zu diesem amerikanisch-italienischen Klassiker, denn sie zerfallen nicht so schnell auf dem Teller und ihre weiche, butterige Konsistenz nimmt das Aroma von geschmorten Tomaten, Kräutern, Knoblauch und Zwiebeln auf. Dieses Gericht sollte fester Bestandteil Ihres Menüplans werden.

glutenfrei
laktosefrei
gut aufzubewahren

VORBEREITUNG 20 Minuten
ZUBEREITUNG 40 Minuten
FÜR 4 Personen

NÄHRWERTE
Kalorien: 493
Fett: 22 g
Natrium: 485 mg
Kohlenhydrate: 38 g
Ballaststoffe: 11 g
Zucker: 18 g
Eiweiß: 38 g

FUNKTIONIERT AUCH MIT
Zucchini, Sellerie, Speiserübe

3 kleine Steckrüben, geschält, mit KLINGE D in Spiralstreifen geschnitten, gekürzt
Olivenöl-Kochspray oder natives Olivenöl extra
1 TL Knoblauchpulver
50 g gemahlene Mandeln (blanchiert)
600 g Hähnchenschenkel
2 Karotten, gewürfelt
1 große rote Paprikaschote, gewürfelt
1 mittelgroße Zwiebel, geschält, mit KLINGE A in Spiralstreifen geschnitten, gekürzt
2 große Knoblauchzehen, geschält und fein gehackt
1 Msp. Chiliflocken
½ TL getrockneter Rosmarin
120 ml trockener Weißwein (ich nehme dazu gern einen Sauvignon blanc)
800 g stückige Tomaten (aus der Dose)
240 ml salzarme Hühnerbrühe
1 ½ TL getrockneter Oregano
15 g frisches Basilikum, grob gehackt, zum Garnieren
Salz und frisch gemahlener schwarzer Pfeffer

Wer die Hähnchenbrust lieber mag – kein Problem: Nehmen Sie vier Bruststücke und braten Sie sie ein wenig länger als die Schenkel.

1 Den Backofen auf 220 °C vorheizen. Ein Backblech mit Backpapier auslegen. Die Steckrüben-Nudeln auf dem Backblech verteilen. Mit Kochspray besprühen oder mit Öl einfetten und mit Knoblauchpulver, Salz und Pfeffer würzen. 20 bis 30 Minuten rösten, bis sie bissfest sind.

2 Auf einem großen Teller die Mandeln mit Salz und Pfeffer würzen. Das Hähnchenfleisch rundum mit Salz und Pfeffer würzen, dann in den Mandeln wenden. Panade fest andrücken.

3 Eine große Pfanne bei mittlerer bis hoher Hitze erhitzen und mit Kochspray besprühen oder mit Öl einfetten. Etwas Wasser in die Pfanne spritzen. Wenn es zischt, die Hähnchenschenkel in einer Schicht hineinlegen. Falls nötig, in mehreren Durchgängen. Auf jeder Seite 5 Minuten anbräunen. Auf einen Teller legen und beiseitestellen.

4 Karotten, Paprikaschote, Zwiebel, frischen Knoblauch, Chiliflocken und Rosmarin in die Pfanne geben. Mit Salz und Pfeffer würzen. Etwa 5 Minuten anbraten, bis das Gemüse weich ist. Den Wein zugießen und etwa 5 Minuten köcheln lassen. Flüssigkeit auf die Hälfte reduzieren. Tomaten mit Saft, Brühe und Oregano zugeben.

5 Die Hähnchenschenkel wieder in die Pfanne geben. Mit einem Löffel Sauce auf dem Fleisch verteilen, dann die Hitze auf mittlere bis niedrige Stufe reduzieren und 20 Minuten köcheln lassen, bis das Fleisch gar ist.

6 Mit einer Küchenzange die Hähnchenschenkel herausnehmen und auf einen großen Teller legen. Die Steckrüben in die Pfanne geben und mit der Sauce vermengen. Etwa 2 Minuten köcheln lassen, damit sich die Aromen verbinden.

7 Mit einer Küchenzange die Steckrüben-Pasta auf vier Teller verteilen und mit dem Hähnchenfleisch krönen. Mit Basilikum garnieren und servieren.

Überbackene Rüben-Ziti
mit Pilzen und Grünkohl

vegetarisch
glutenfrei
gut aufzubewahren

VORBEREITUNG 25 Minuten
ZUBEREITUNG 35 Minuten
FÜR 4 bis 6 Personen

Wer italienische Wurzeln hat, liebt gebackene Ziti oder Lasagne. Doch gut möglich, dass Ihnen Leute begegnen, die diese Gerichte dennoch nicht essen, weil sie der hohe Gehalt an Kalorien, Fett und Kohlenhydraten abschreckt. Die »inspiralisierte« Version verwendet Steckrüben-Nudeln statt Rigatoni oder Penne. Sie werden Ihnen nicht fehlen, denn der Geschmack der Rübe kann sich neben dem Käse durchaus behaupten. Pilze und Grünkohl erhöhen den Gemüseanteil und versorgen Sie mit wichtigen Nährstoffen.

NÄHRWERTE
Kalorien: 320
Fett: 18 g
Natrium: 794 mg
Kohlenhydrate: 20 g
Ballaststoffe: 5 g
Zucker: 8 g
Eiweiß: 22 g

FUNKTIONIERT AUCH MIT
Kartoffel, Süßkartoffel

Olivenöl-Kochspray oder natives Olivenöl extra
1 EL natives Olivenöl extra
2 Knoblauchzehen, geschält und fein gehackt
1 kleine Zwiebel, gewürfelt
300 g Grünkohlblätter, grob gehackt
350 g Egerlinge, geputzt und in Scheiben geschnitten
1 mittelgroße Steckrübe, geschält, mit KLINGE C in Spiralstreifen geschnitten, gekürzt
400 g stückige Tomaten (aus der Dose)
2 TL getrockneter Rosmarin
2 TL getrockneter Oregano
½ TL Chiliflocken
250 g Ricotta
250 g frisch geriebener Parmesan
300 g Mozzarella, grob zerpflückt
Salz und frisch gemahlener schwarzer Pfeffer

Fleischliebhaber können auch Wurstbrät oder Putenhackfleisch über das Gericht bröckeln und erhalten so eine Extraportion Geschmack und Eiweiß.

1 Den Backofen auf 200 °C vorheizen. Eine Auflaufform mit Kochspray einsprühen oder mit Öl fetten.

2 Das Olivenöl in einer großen Pfanne erhitzen. Sobald das Öl glänzt, Knoblauch und Zwiebel zugeben und 3 bis 5 Minuten braten, bis die Zwiebel glasig ist. Grünkohl und Egerlinge zufügen, mit Salz und Pfeffer würzen und 5 Minuten braten, bis der Grünkohl zusammenfällt. Die Mischung in eine mittelgroße Schüssel füllen.

3 Die Steckrüben-Nudeln in die gleiche Pfanne geben und 5 Minuten braten, bis sie weich werden. Die Grünkohlmischung wieder in die Pfanne geben und alles vermengen. Tomaten, Rosmarin, Oregano und Chiliflocken zufügen. Die Hitze erhöhen und die Mischung zum Köcheln bringen. Dann die Pfanne vom Herd nehmen.

4 In einer Schüssel Ricotta, Parmesan und zwei Drittel des Mozzarellas vermengen. Käsemischung zu den Rüben geben und gut vermengen.

5 Die Mischung in die Auflaufform füllen und mit dem restlichen Mozzarella bestreuen. Mit Alufolie abdecken und im Ofen etwa 20 Minuten backen. Die Folie entfernen und nochmals 10 Minuten backen, bis die Steckrüben-Nudeln bissfest sind und der Käse goldbraun ist. Sofort servieren.

Süßkartoffel

Im Handel werden zwei Sorten von Süßkartoffeln angeboten, die eine fest, die andere weich. Die festen Süßkartoffeln haben eine goldene Schale und ein blasseres Fruchtfleisch. Sie können ein wenig speckig sein und lassen sich nicht so gut spiralisieren. Die weiche Sorte hat eine kupferfarbene Schale und orangefarbenes Fleisch. Zum Spiralisieren eignet sich eher die weiche Süßkartoffelsorte. Falls Sie sich nicht sicher sind, kratzen Sie ein wenig Schale ab, um die Farbe des Fruchtfleischs zu sehen.

Ich verwende die weichere Sorte mit dem orangefarbenen Fruchtfleisch für meine Rezepte, da die spiralisierten Kartoffeln cremiger, lockerer und saftiger werden. Die Knollen sollten mittelgroß bis groß sein und möglichst länglich. Noch etwas: Süßkartoffeln sollte man nicht kochen, denn sie zerfallen sonst auf dem Teller zu Brei!

NÄHRWERT-PLUS: Süßkartoffeln sind ein hervorragender Lieferant von Vitamin A, B_6 und C. Sie enthalten auch Eisen, das einen ausgeglichenen Energielevel aufrechterhält, sowie Magnesium, das von grundlegender Bedeutung für die Gesundheit der Gefäße und die Nervenfunktionen ist. Süßkartoffeln besitzen außerdem einen niedrigen glykämischen Index und eine höhere Nährstoffdichte als normale Kartoffeln, weshalb sie ideal für die gesunde Ernährung sind.

VORBEREITEN UND AUFBEWAHREN: Nach Belieben die Süßkartoffel schälen. Die Enden glatt abschneiden. In einem luftdichten Behälter im Kühlschrank bis zu fünf Tage haltbar. Die Süßkartoffel-Nudeln lassen sich tiefgekühlt bis zu acht Monate lagern.

GEEIGNETE MESSEREINSÄTZE

- **KLINGE A**
- **KLINGE C**
- **KLINGE D**

GEEIGNETE ZUBEREITUNGSARTEN

- **bei mittlerer bis hoher Hitze 5 bis 7 Minuten braten**
- **bei 220 °C 10 bis 15 Minuten rösten**

Tandoori-Hähnchen

auf Süßkartoffel-Reis

Sollten Sie Lust auf wunderbar pikantes und aromatisches Hähnchenfleisch haben, dann würzen sie das Hähnchenfleisch mit Tandoori-Gewürz. Traditionell wird das indische Tandoori-Hähnchen mit Joghurt zubereitet. Ich verwende Kokoscreme, um Milchprodukte zu vermeiden und um der milden Sauce auf dem Süßkartoffel-Reis einen süßlichen Touch zu verleihen. Während das Original stundenlang mariniert und am Spieß gebraten wird, brauchen Sie für diese 1-Stunden-Schnellversion nur einen Ofen und eine Pfanne.

glutenfrei
paläo
laktosefrei
gut aufzubewahren

VORBEREITUNG 35 Minuten
ZUBEREITUNG 35 Minuten
FÜR 4 Personen

NÄHRWERTE
Kalorien: 329
Fett: 21 g
Natrium: 111 mg
Kohlenhydrate: 20 g
Ballaststoffe: 4 g
Zucker: 5 g
Eiweiß: 16 g

FUNKTIONIERT AUCH MIT
Butternusskürbis, Kohlrabi, Speiserübe

80 g Kokoscreme (siehe Seite 20)
½ TL Zwiebelpulver
1 TL Knoblauchpulver
1 TL gemahlenes Kurkuma
1 TL Cayennepfeffer
1 TL Paprikapulver
½ TL gemahlener Kreuzkümmel
½ TL gemahlener Koriander
Saft von ½ Zitrone, frisch gepresst
4 Hähnchenbrustfilets, mit Haut, oder Hähnchenschenkel
1 EL natives Olivenöl extra
2 Knoblauchzehen, geschält und fein gehackt
2 mittelgroße Süßkartoffeln, geschält, mit KLINGE D in Spiralstreifen geschnitten, dann zu »Reis« verarbeitet (siehe Seite 16)
120 ml salzarme Hühnerbrühe
2 EL gehacktes frisches Koriandergrün
30 g Mandelsplitter
Salz und frisch gemahlener schwarzer Pfeffer

1 Den Backofen auf 230 °C vorheizen. Ein Backblech mit Backpapier auslegen.

2 In einer Schüssel Kokoscreme, Zwiebel- und Knoblauchpulver, Kurkuma, Cayennepfeffer, Paprikapulver, gemahlenen Kreuzkümmel und Koriander sowie Zitronensaft vermengen und mit Salz und Pfeffer würzen.

3 Das Fleisch in eine verschließbare Plastiktüte oder einen Behälter füllen und die Gewürzmischung zugeben. Das Fleisch darin mehrfach wenden und 20 Minuten bei Raumtemperatur oder bis zu 2 Stunden im Kühlschrank marinieren.

4 Das Fleisch aus der Marinade nehmen und abtropfen lassen. Auf das Backblech legen und etwa 25 Minuten backen, bis es außen braun und knusprig und innen gar ist.

5 Das Olivenöl in einer großen Pfanne erhitzen. Sobald das Öl glänzt, den Knoblauch zugeben und 30 Sekunden braten, bis er duftet. Den Süßkartoffel-Reis und die Brühe zufügen, den Deckel auflegen und 7 Minuten kochen, bis er weich ist. Koriandergrün und Mandeln unterrühren.

6 Den Süßkartoffel-Reis auf vier Teller verteilen und je 1 Stück Hähnchenfleisch obenauf legen.

Süßkartoffel-Pizza aus der Pfanne

vegetarisch
glutenfrei
One Pot
gut aufzubewahren

VORBEREITUNG 25 Minuten
ZUBEREITUNG 35 Minuten
FÜR 4 Personen

NÄHRWERTE
Kalorien: 315
Fett: 15 g
Natrium: 812 mg
Kohlenhydrate: 35 g
Ballaststoffe: 5 g
Zucker: 15 g
Eiweiß: 13 g

FUNKTIONIERT AUCH MIT
Kartoffeln, Steckrübe

Wer Pizza mithilfe des Spiralschneiders kreieren möchte, kann entweder eine Minipizza aus einem Gemüse-Nudelnest (siehe Seite 17) oder eine Pizza aus einem größeren Teigfladen zubereiten. Und wenn Sie der Hunger überkommt und es schnell gehen soll, bietet sich diese simple Süßkartoffel-Pizza aus der Pfanne an. Ganz einfach: Süßkartoffeln-Nudeln gut würzen und abwechslungsreich belegen, Käse darübergestreut – das war es schon. Falls die Versuchung zu groß ist, zu viel von der Süßkartoffel-Pizza zu essen, sollten Sie schnell noch jemanden einladen, um sich die Mahlzeit zu teilen!

1 EL natives Olivenöl extra
3 mittelgroße Süßkartoffeln, geschält, mit KLINGE C in Spiralstreifen geschnitten, gekürzt
1 TL Knoblauchpulver
400 g Tomaten-Basilikum-Sauce (aus dem Glas)
½ TL getrockneter Oregano
250 g Mozzarella, grob zerpflückt
30 g schwarze Oliven, entsteint und in feine Ringe geschnitten
½ kleine rote Zwiebel, in feine Ringe geschnitten
1 kleine grüne Paprikaschote, geputzt und in feine Ringe geschnitten
2 EL gehacktes frisches Basilikum zum Garnieren
1 EL frisch geriebener Parmesan zum Garnieren
Salz und frisch gemahlener schwarzer Pfeffer

1 Den Backofen auf 220 °C vorheizen.

2 Das Olivenöl in einer feuerfesten Pfanne (ø 25 cm) erhitzen. Sobald das Öl glänzt, Süßkartoffel-Nudeln zugeben. Mit Knoblauchpulver, Salz und Pfeffer würzen und 5 Minuten braten, bis sie weich werden.

3 Die Tomaten-Basilikum-Sauce gleichmäßig auf den »Nudeln« verteilen. Mit Oregano bestreuen und mit Mozzarella, Oliven, Zwiebel und Paprikaschote belegen.

4 Im Ofen 20 bis 25 Minuten überbacken, bis der Käse goldbraun und geschmolzen ist.

5 Vor dem Servieren mit Basilikum und Parmesan garnieren.

Überschüssige Sauce in der Pfanne vor dem Servieren abgießen. Oder Sie tunken sie einfach mit ein wenig knusprigem Vollkornbrot auf.

Chorizo-Süßkartoffel-Nudelnester

mit Tomaten und Chilikäse

glutenfrei

VORBEREITUNG 25 Minuten
ZUBEREITUNG 15 Minuten
FÜR 4 Personen

NÄHRWERTE
Kalorien: 403
Fett: 30 g
Natrium: 462 mg
Kohlenhydrate: 18 g
Ballaststoffe: 5 g
Zucker: 3 g
Eiweiß: 15 g

FUNKTIONIERT AUCH MIT
Kartoffel, Steckrübe

Diese Süßkartoffel-Nudeln bekommen beim Braten sozusagen ihr Fett ab, und zwar das der würzigen Chorizo, sodass ein köstliches Törtchen entsteht. Pikante und süße Aromen verbinden sich hier mit dem Geschmack der weich gegarten Tomate, während schmelzender Käse und Avocadoscheiben den krönenden Abschluss bilden. Einen scharfen Hauch von Jalapeño, Knoblauch, Rosmarin und Paprika ergänzt dann noch der Chilikäse.

2 Chorizos, die Wursthaut entfernt
1 große Süßkartoffel, geschält, mit KLINGE D in Spiralstreifen geschnitten, gekürzt
½ TL Knoblauchpulver
½ TL Paprikapulver
2 große Eier, verquirlt
2 EL natives Olivenöl extra
4 Scheiben Ochsenherztomate
4 Scheiben kalifornischer *Pepper Jack* oder ein anderer Chilikäse
1 Avocado, geschält, entkernt, und das Fruchtfleisch in dünne Scheiben geschnitten
1 Handvoll gehacktes frisches Koriandergrün zum Garnieren
Salz und frisch gemahlener schwarzer Pfeffer

Die Chorizo sollte möglichst gut zerteilt werden. Sind die Stücke zu groß, besteht die Gefahr, dass das ganze »Nudelnest« auseinanderfällt.

1 Eine große Pfanne mit Antihaftbeschichtung erhitzen. Etwas Wasser in die Pfanne spritzen. Wenn es zischt, das Chorizo-Wurstbrät zugeben und 5 bis 7 Minuten braten, bis es angebräunt ist. Dabei mit einem Kochlöffel gut zerteilen. Mit einem Schaumlöffel herausnehmen und in eine Schüssel geben. Das Fett nicht abgießen.

2 Die Süßkartoffel-Nudeln in die Pfanne geben und mit Knoblauch- und Paprikapulver, Salz und Pfeffer würzen. Im Wurstfett 5 bis 7 Minuten braten, bis die »Nudeln« weich und leicht gebräunt sind. Zur Chorizo geben und 1 bis 2 Minuten abkühlen lassen. Die Eier unterrühren und gut vermengen.

3 Vier Tarteförmchen zur Hälfte mit den »Nudeln« füllen. Mit Alufolie oder Backpapier abdecken, die »Nudeln« fest zusammendrücken und mindestens 15 Minuten im Kühlschrank ruhen lassen.

4 In einer großen Pfanne mit Antihaftbeschichtung 1 Esslöffel Olivenöl erhitzen. Sobald das Öl glänzt, zwei »Nudelnester« direkt aus den Förmchen in die Pfanne geben. Dabei auf den Boden klopfen, bis die »Nudeln« aus der Form gleiten. Anschließend etwa 3 Minuten braten, bis die »Nester« fest werden. Dabei lose »Nudeln« andrücken. Die »Nudelnester« vorsichtig wenden. Nochmals 2 bis 3 Minuten braten, bis sie fest und auf beiden Seiten gebräunt sind. Beim Braten mit einem Pfannenwender flach drücken. Herausnehmen, das restliche Öl in die Pfanne geben und mit den restlichen »Nudelnestern« ebenso verfahren.

5 Währenddessen die Grillfunktion des Backofens einstellen. Ein Backblech mit Backpapier auslegen.

6 Die vier »Nudelnester« auf das Backblech legen. Mit je einer Tomaten- und einer Käsescheibe belegen und im Backofen 2 Minuten grillen, bis der Käse geschmolzen ist.

7 Die »Nudelnester« herausnehmen, die Avocadoscheiben obenauf legen und mit Koriandergrün garnieren.

Englisches Frühstück, vegetarisch

vegetarisch
glutenfrei
laktosefrei

VORBEREITUNG 10 Minuten
ZUBEREITUNG 15 Minuten
FÜR 4 Personen

NÄHRWERTE
Kalorien: 328
Fett: 9 g
Natrium: 588 mg
Kohlenhydrate: 58 g
Ballaststoffe: 11 g
Zucker: 17 g
Eiweiß: 16 g

FUNKTIONIERT AUCH MIT
Kartoffel

Während meiner Studienzeit in London habe ich all die klassisch britischen Gerichte ausprobiert – von »Toad-in-a-Hole« bis »Eton Mess«. Das *Full English Breakfast* war dabei eine große Überraschung für mich: Ich konnte gar nicht fassen, wie umfangreich es war. Inzwischen überzeugt mich das Motto »Frühstücke wie ein König, iss zu Mittag wie ein Prinz und zu Abend wie ein Bettelmann«. Ein großes, herzhaftes Frühstück bringt den Stoffwechsel in Schwung und versorgt den Körper mit allem, was er braucht. Die Gefahr, sich bei plötzlichen Hungerattacken vollzustopfen, wird dadurch minimiert. Bei dieser vegetarischen Kreation nehme ich Süßkartoffel-Nudeln statt Toast oder *Hash Browns*, was nicht nur gesünder ist, sondern auch noch besonders köstlich.

1 EL natives Olivenöl extra
2 mittelgroße Süßkartoffeln, geschält, mit KLINGE D in Spiralstreifen geschnitten, gekürzt
½ TL Knoblauchpulver
400 g vegetarische Baked Beans
2 Knoblauchzehen, geschält und fein gehackt
450 g Champignons, geputzt und geviertelt
60 ml salzarme Gemüsebrühe
2 Strauchtomaten, in dünne Scheiben (ca. 1 cm) geschnitten
1 Msp. getrockneter Thymian
Olivenöl-Kochspray oder natives Olivenöl extra
4 große Eier
Salz und frisch gemahlener schwarzer Pfeffer

1 Das Olivenöl in einer großen Pfanne erhitzen. Sobald das Öl glänzt, die Süßkartoffel-Nudeln zugeben. Mit Knoblauchpulver, Salz und Pfeffer würzen und 7 Minuten braten, bis sie bissfest sind. Auf vier Teller verteilen.

2 Währenddessen die Baked Beans in einem kleinen Topf zum Köcheln bringen. Dann die Hitze auf niedrige Stufe reduzieren und die Bohnen bis zum Servieren warm halten.

3 Eine mittelgroße Pfanne erhitzen. Etwas Wasser in die Pfanne spritzen. Wenn es zischt, Knoblauch und Champignons zugeben. Mit Salz und Pfeffer würzen und 2 Minuten braten, bis Saft austritt.

4 Die Brühe zugießen, den Deckel auflegen und die Pilze 5 bis 7 Minuten garen. Gleichmäßig auf den Tellern mit den Süßkartoffel-Nudeln verteilen.

5 Die Tomatenscheiben in die Pfanne legen, in der die Süßkartoffel-Nudeln gebraten wurden, und mit Thymian, Salz und Pfeffer würzen. Etwa 2 Minuten auf jeder Seite braten, dabei mit einem Pfannenwender flach drücken, bis sie gebräunt und durcherhitzt sind. Auf die Teller verteilen.

6 Die Pfanne mit Kochspray besprühen oder mit Öl einfetten. Die Eier vorsichtig hineinschlagen, sodass das Eigelb jeweils intakt bleibt und 3 bis 5 Minuten braten, bis das Eiweiß stockt. Ein Spiegelei auf jeden Teller legen.

7 Zum Schluss die Baked Beans auf die Teller verteilen und servieren.

Ei im Paprikabecher
nach mexikanischer Art

vegetarisch
glutenfrei
laktosefrei (opt.)
kalorienarm

VORBEREITUNG 10 Minuten
ZUBEREITUNG 25 Minuten
FÜR 4 Personen

NÄHRWERTE
Kalorien: 228
Fett: 12 g
Natrium: 287 mg
Kohlenhydrate: 18 g
Ballaststoffe: 4 g
Zucker: 6 g
Eiweiß: 11 g

FUNKTIONIERT AUCH MIT
Kartoffel, Pastinake

Dank Pinterest, dem sozialen Netzwerk, in dem Nutzer Bilderkollektionen an virtuelle Pinnwände heften, hatten die »Eier im Paprikabecher« bereits ihre »fifteen minutes of fame«. Auf den meisten Fotos sieht man nur einen schmalen Paprikaring mit Spiegelei. Das sieht zwar hübsch aus, macht aber nicht satt. Deshalb verwende ich die ganze Paprikaschote und nehme noch Süßkartoffel-Nudeln dazu, was Ihre Gäste, die zum Brunch kommen, überraschen wird. Und satt werden sie natürlich auch. Außerdem heizen die mexikanischen Aromen diesem schlichten Frühstücksgericht ordentlich ein.

Olivenöl-Kochspray oder natives Olivenöl extra
4 mittelgroße Paprikaschoten
1 EL natives Olivenöl extra
1 große Süßkartoffel, geschält, mit KLINGE D in Spiralstreifen geschnitten, gekürzt
½ TL Knoblauchpulver
½ TL Chilipulver
½ TL getrockneter Oregano
120 g mexikanischer Cotija- oder Fetakäse, zerbröckelt
4 große Eier
2 EL gehacktes frisches Koriandergrün zum Garnieren
Salz und frisch gemahlener schwarzer Pfeffer

Roh macht das Ei in der Paprikaschote nicht viel her, doch es gewinnt beim Backen an Volumen. Bei großen Paprikaschoten kann man den Rand oben etwas mehr abschneiden oder zwei Eier daraufschlagen. Wenn es perfekt aussehen soll, dann schneiden Sie den überschüssigen Rand erst nach dem Backen ab.

1 Den Backofen auf 200 °C vorheizen. Eine Auflaufform (oder einen Bräter) mit Kochspray besprühen oder mit Öl einfetten.

2 Oberen Teil der Paprikaschoten abschneiden und entsorgen. Vorsichtig Trennwände und Samen mit einem Schälmesser herauslösen. Bei Schoten mit rundem Boden ein Stück vom Boden abschneiden, sodass sie unten flach, aber nicht offen sind. Die Paprikaschoten aufrecht in die Auflaufform stellen und im Ofen 10 Minuten backen.

3 Währenddessen das Olivenöl in einer großen Pfanne erhitzen. Sobald das Öl glänzt, die Süßkartoffel-Nudeln zugeben. Mit Knoblauch- und Chilipulver, Oregano, Salz und Pfeffer würzen und 7 bis 10 Minuten braten, bis sie bissfest sind.

4 Die Süßkartoffel-Nudeln mit der Hälfte des Käses in die Schoten füllen. Je ein Ei über jeder Schote aufschlagen; das Eigelb sollte dabei intakt bleiben. Die Auflaufform nochmals 12 bis 15 Minuten in den Ofen stellen, bis das Eiweiß stockt.

5 Die Paprikaschoten aus dem Ofen nehmen und sofort mit restlichem Käse, dem Koriandergrün und Pfeffer garnieren.

Sahnige Chipotle-Süßkartoffel-Pasta

mit Hähnchen und Gewürzmais

glutenfrei
laktosefrei

VORBEREITUNG 25 Minuten, plus 2 bis 12 Stunden zum Einweichen der Cashewnüsse
ZUBEREITUNG 20 Minuten
FÜR 4 Personen

NÄHRWERTE
Kalorien: 464
Fett: 23 g
Natrium: 1950 mg
Kohlenhydrate: 39 g
Ballaststoffe: 6 g
Zucker: 9 g
Eiweiß: 32 g

FUNKTIONIERT AUCH MIT
Butternusskürbis, Steckrübe

Wer auf gesunde Ernährung achtet, vermeidet ja meist Gerichte mit dem Wort »sahnig« im Titel. Denn »sahnig« heißt oft, dass Butter, Zucker und Sahne enthalten sind. Doch es ist nicht schwer, einen ähnlich sahnigen Effekt mit Alternativen wie Cashewmus zu erzielen. Dank dieses Tricks klingt der Titel dieses Hähnchengericht zweifellos ein klein wenig irreführend!

Für den Mais

1 großer Maiskolben
½ TL Chilipulver
1 EL frisch gepresster Limettensaft
Salz

Für das Hähnchen und die Pasta

1 EL natives Olivenöl extra
4 Hähnchenbrustfilets, ohne Haut, flach geklopft
1 Msp. Knoblauchpulver
1 große Süßkartoffel, geschält, mit KLINGE C in Spiralstreifen geschnitten, gekürzt
Salz und frisch gemahlener schwarzer Pfeffer

Für die Sauce

30 g Cashewnüsse, mind. 2 Std. in Wasser eingeweicht (besser über Nacht) und abgetropft
1 EL Kokosöl, zerlassen
3–4 EL Chilisauce
1 TL Knoblauchpulver
1 TL Paprikapulver
1 EL frisch gepresster Zitronensaft
1 EL Apfelessig
Salz

1 EL gehackter frischer Koriander zum Garnieren

1 Den Maiskolben in einen mittelgroßen Topf legen, mit Wasser bedecken und salzen. Zum Kochen bringen, dann die Hitze reduzieren und etwa 5 Minuten köcheln lassen, bis der Mais gabelzart ist. Abgießen. Wenn der Mais etwas abgekühlt ist, die Körner abschneiden und in eine Schüssel geben. Chilipulver und Limettensaft zugeben und gut vermengen.

2 In einer großen Pfanne das Olivenöl erhitzen. Die Hähnchenfilets mit Knoblauchpulver, Salz und Pfeffer würzen. Sobald das Öl glänzt, das Fleisch zugeben und 3 bis 5 Minuten auf jeder Seite braten, bis es goldbraun und gar ist. Auf einem Teller in Scheiben schneiden.

3 Sofort die Süßkartoffel-Nudeln in die Pfanne geben. Mit Salz und Pfeffer würzen und unter Wenden 10 Minuten braten, bis sie bissfest sind.

4 Für die Sauce die Cashewnüsse in einem Mixer cremig verarbeiten. Die restlichen Saucenzutaten zugeben und vermengen. Falls nötig, etwas Wasser zufügen, bis die Sauce die gewünschte Konsistenz hat. In einem Topf warm halten.

5 Die Süßkartoffel-Nudeln auf Teller verteilen und die Sauce darübergießen. Die Hähnchenscheiben und den Gewürzmais verteilen und mit Koriandergrün garnieren.

Geschmorte Querrippe
auf Süßkartoffel-Pasta

- glutenfrei
- laktosefrei
- One Pot
- gut aufzubewahren

VORBEREITUNG 15 Minuten
ZUBEREITUNG 3 Stunden
FÜR 4 Personen

NÄHRWERTE
Kalorien: 496
Fett: 20 g
Natrium: 432 mg
Kohlenhydrate: 26 g
Ballaststoffe: 5 g
Zucker: 9 g
Eiweiß: 38 g

FUNKTIONIERT AUCH MIT
Butternusskürbis, Speiserübe, Steckrübe, Zucchini

Querrippe vom Rind wusste ich nicht zu schätzen, bis ich sie in einem Pasta Special bei *Frankies 457*, einem meiner Lieblingsitaliener in Brooklyn, probierte. Das zarte Fleisch zerging auf der Zunge und die herzhafte Sauce verfeinerte die Pasta. Ich erinnere mich an jeden Bissen – eine unvergessliche Erfahrung. Meine Süßkartoffel-Pasta schmeckt dank ihrer süßen Note vielleicht sogar noch köstlicher als das Original. Bereiten Sie dieses Gericht zu einem besonderen Anlass zu – es ist wirklich hervorragend.

3 EL natives Olivenöl extra
1 kg Rinderquerrippe mit Knochen (4–6 Rippen, in Rippchen zerteilt)
4 Knoblauchzehen, geschält und in Scheiben geschnitten
1 kleine Zwiebel, gewürfelt
2 Karotten, gewürfelt
2 Stangen Staudensellerie, geputzt und gewürfelt
3 EL Tomatenmark
360 ml Rotwein (ich nehme dazu gern einen Cabernet Sauvignon)
½ Handvoll abgezupfte Rosmarinnadeln
1 EL abgezupfte Thymianblättchen
2 Lorbeerblätter
360 ml salzarme Rinderbrühe, plus mehr bei Bedarf
2 mittelgroße Süßkartoffeln geschält, mit KLINGE C oder D in Spiralstreifen geschnitten, gekürzt
½ TL Knoblauchpulver
1 EL gehackte frische Petersilie
Salz und frisch gemahlener schwarzer Pfeffer

Das Gericht mit einigen Parmesanlocken oder mit veganem Parmesan (Seite 192) krönen.

1 Den Backofen auf 190 °C vorheizen.

2 Das Olivenöl in einem Bräter oder einem großen feuerfesten Topf erhitzen. Die Querrippen auf beiden Seiten mit Salz und Pfeffer würzen. Sobald das Öl glänzt, die Rippen zugeben und 3 Minuten auf jeder Seite braten, bis sie goldbraun und leicht knusprig sind. Herausnehmen und beiseitestellen.

3 Knoblauch, Zwiebel, Karotten und Sellerie zugeben und mit Salz und Pfeffer würzen. Unter häufigem Rühren 5 Minuten anbraten, bis das Gemüse weich ist. Das Tomatenmark zugeben und 1 Minute vermengen. Den Wein angießen und etwa 1 Minute köcheln lassen. Rosmarin, Thymian, Lorbeerblätter und Brühe zufügen.

4 Die Hitze erhöhen und die Brühe zum Kochen bringen. Die Querrippen wieder in den Topf legen. (Sie sollten zur Hälfte mit Flüssigkeit bedeckt sein.) Den Deckel auflegen, den Topf in den Ofen stellen, 2½ Stunden schmoren, bis das Fleisch gabelzart ist und sich leicht vom Knochen löst. Alle 45 Minuten prüfen, ob das Fleisch noch zur Hälfte mit Flüssigkeit bedeckt ist. Falls nötig, mehr Brühe zugießen. Vor dem Servieren Lorbeerblätter entfernen.

5 Die Süßkartoffel-Nudeln in eine große Pfanne geben und mit Knoblauchpulver, Salz und Pfeffer würzen. Bei mittlerer bis hoher Hitze 7 Minuten braten, bis sie bissfest sind. Falls nötig, in mehreren Durchgängen.

6 Die »Nudeln« auf vier Teller verteilen, die Rippchen darauflegen und die Sauce darüberlöffeln. Mit Petersilie garnieren.

Cremiger Spinat und Artischocken-Süßkartoffel-Pasta

- vegan
- vegetarisch
- glutenfrei
- paläo
- laktosefrei
- kalorienarm

VORBEREITUNG 25 Minuten
ZUBEREITUNG 25 Minuten
FÜR 4 Personen

NÄHRWERTE
Kalorien: 246
Fett: 13 g
Natrium: 756 mg
Kohlenhydrate: 26 g
Ballaststoffe: 10 g
Zucker: 8 g
Eiweiß: 8 g

FUNKTIONIERT AUCH MIT
Karotte, Knollensellerie, Speiserübe, Steckrübe

Spinat und Artischocken sind eine beliebte Kombination – auf Pizza, als Dip, in Saucen oder Aufläufen. Doch meist stecken die Gerichte voller Sahne, Käse und Butter. Spinat ist reich an Vitamin K und Eiweiß, und Artischockenherzen haben einen hohen Gehalt an Antioxidantien und Ballaststoffen: Warum sollte man das Nährwert-Plus also durch stark verarbeitete Zutaten schmälern? Mit dieser Pasta betone ich den gesundheitlichen Aspekt zusätzlich durch Süßkartoffeln und Blumenkohl. Das Gericht ist ideal für kalte Winterabende, wenn Sie etwas Warmes und Sättigendes brauchen.

1 mittelgroßer Blumenkohl, in Röschen zerteilt
½ TL Knoblauchpulver
2 EL Nährhefe
60 ml salzarme Gemüsebrühe
½ TL getrockneter Oregano
1 EL natives Olivenöl extra
2 mittelgroße Süßkartoffeln, geschält, mit KLINGE C in Spiralstreifen geschnitten, gekürzt
400 g Artischockenherzen (aus dem Glas), halbiert, abgetropft und trocken getupft
1 Knoblauchzehe, geschält und in Scheiben geschnitten
250 g Spinat
1 TL Chiliflocken zum Garnieren
Salz und frisch gemahlener schwarzer Pfeffer

Der Geschmack der Pasta wird noch intensiver, wenn Sie die Artischocken mit 1 Esslöffel Olivenöl, Salz und Pfeffer vermischen und bei 220 °C im Ofen 20 Minuten rösten. Nach dem Spinat zur Pasta geben.

1 Reichlich Wasser in einem großen Topf zum Kochen bringen. Den Blumenkohl zugeben und etwa 10 Minuten kochen, bis er gabelzart ist. Abgießen und in einen Mixer geben. Knoblauchpulver, Nährhefe, Brühe und Oregano zufügen. Mit Salz und Pfeffer würzen und zu einer glatten Paste verarbeiten. Nach Belieben abschmecken.

2 Währenddessen das Olivenöl in einer großen Pfanne erhitzen. Sobald das Öl glänzt, die Süßkartoffel-Nudeln zugeben. Mit Salz und Pfeffer würzen und 7 Minuten braten, bis sie bissfest sind. Die »Nudeln« aus der Pfanne nehmen und beiseitestellen.

3 Sofort die Artischocken in die Pfanne geben und mit Salz und Pfeffer würzen. Etwa 3 Minuten braten, bis sie durcherhitzt sind. Knoblauch und Spinat zugeben und 3 Minuten braten, bis der Spinat zusammenfällt. Die Süßkartoffel-Nudeln wieder in die Pfanne geben und die Blumenkohlsauce darübergießen. Gründlich vermengen.

4 Auf vier Teller verteilen und mit Chiliflocken garnieren.

Speiserübe

Die Speiserübe hat nicht den allerbesten Ruf – aber ich würde das gern ändern. Ja, sie schmeckt bitter, wenn man sie roh oder ohne Beilagen serviert. Mit der richtigen Zubereitung, den richtigen Gewürzen und Saucen aber ist sie geschmacklich schlicht nicht wiederzuerkennen.

Speiserüben sind gesund und kalorienarm. Sie lassen sich leicht spiralisieren und in alle möglichen »Pastagerichte« verwandeln. Die »Nudeln« bekommen eine weiche und samtige Konsistenz, wenn sie erhitzt werden. Zudem nehmen sie Dressing und Saucen gut auf.

Beim Kauf der Speiserüben sollten Sie darauf achten, dass sie fest sind und eine glatte Schale haben, die im oberen Teil violett ist. Dabei gilt: je kleiner, umso schmackhafter. Am besten eignen sich Rüben mit einem Durchmesser von 5 Zentimeter, denn sie lassen sich gut in Spiralstreifen schneiden. Speiserüben, die verschrumpelt sind oder größere Schönheitsfehler haben, sollte man liegen lassen.

NÄHRWERT-PLUS: Tatsächlich enthält eine mittelgroße Speiserübe 54 Prozent der empfohlenen Tagesdosis an abwehrstärkendem Vitamin C! Außerdem ist sie reich an Ballaststoffen und wirkt somit unterstützend, wenn man Gewicht verlieren oder halten will.

VORBEREITEN UND AUFBEWAHREN: Die Speiserübe komplett schälen, dann die Enden glatt abschneiden. Kann in einem luftdichten Behälter bis zu sieben Tage im Kühlschrank aufbewahrt werden.

GEEIGNETE MESSEREINSÄTZE

- **KLINGE C**
- **KLINGE D**

GEEIGNETE ZUBEREITUNGSARTEN

- **2 bis 3 Minuten kochen**
- **bei mittlerer bis hoher Hitze 5 bis 7 Minuten braten**
- **bei 220 °C 10 bis 12 Minuten backen**

Rübe in Wodkasauce

Schon bevor ich den Spiralschneider entdeckte, habe ich es vermieden, in Restaurants Pasta mit Sahnesauce zu bestellen. Ich stehe auf dem Standpunkt: Bei zu viel Sahne geht der Nudelgeschmack verloren! Lieber mehr Parmesan über das Essen streuen oder einen Klecks Ricotta daraufgeben. Zu Wodkasaucen hatte ich ebenfalls ein zwiespältiges Verhältnis – bis jetzt. Diese leichte Version der Wodkasauce hat jedoch die gleiche üppige Konsistenz und schmeckt ebenso kultig wie das Original. Der große Vorteil dabei ist aber, dass in der Sauce keine künstlichen Zusatzstoffe enthalten sind. Sie besteht aus gesundem Fett, und die Cashewnüsse liefern dem Körper Eiweiß. Nehmen Sie sich ein Stück Brot zum Stippen – und verschwenden Sie keinen Tropfen dieser leckeren Sauce!

vegan
vegetarisch
glutenfrei
laktosefrei
kalorienarm

VORBEREITUNG 15 Minuten, plus 4 bis 5 Stunden zum Einweichen der Cashewnüsse

ZUBEREITUNG 20 Minuten

FÜR 4 Personen

NÄHRWERTE
Kalorien: 248
Fett: 14 g
Natrium: 766 mg
Kohlenhydrate: 20 g
Ballaststoffe: 4 g
Zucker: 9 g
Eiweiß: 6 g

FUNKTIONIERT AUCH MIT
Steckrübe, Zucchini

40 g Cashewnüsse, mindestens 4–5 Std. eingeweicht und abgetropft

salzarme Gemüsebrühe, bei Bedarf

1 EL natives Olivenöl extra

1 große Knoblauchzehe, geschält und fein gehackt

1 Msp. Chiliflocken

½ rote Zwiebel, fein gewürfelt

400 g stückige Tomaten (aus der Dose)

½ TL getrockneter Oregano

½ TL getrocknetes Basilikum

60 ml Wodka

2 Speiserüben, geschält, mit KLINGE D in Spiralstreifen geschnitten, gekürzt

60 g veganer Parmesan (siehe Seite 192)

2 EL gehackte frische Petersilie

Salz und frisch gemahlener schwarzer Pfeffer

1 Die Cashewnüsse in einen Mixer geben und zu einer glatten Paste verarbeiten. Die Brühe esslöffelweise zugeben, bis die Sauce eine cremige Konsistenz erreicht hat, die der einer Wodkasauce oder einer Sauce Alfredo ähnelt.

2 Das Olivenöl in einer großen Pfanne erhitzen. Sobald das Öl glänzt, Knoblauch, Chiliflocken und Zwiebel zugeben und 3 Minuten braten, bis die Zwiebel glasig ist.

3 Tomaten, Oregano, Basilikum, Wodka und Speiserüben-Nudeln zufügen und mit Salz und Pfeffer würzen. Hitze reduzieren und 5 Minuten köcheln lassen, bis der Alkohol verdunstet ist.

4 Die Cashew-Sauce und den veganen Parmesan einrühren und alles 1 Minuten köcheln lassen, bis die Speiserüben-Nudeln bissfest sind.

5 Die Rüben-Pasta auf vier Teller verteilen und mit Petersilie garnieren.

Blumenkohl-Steak

auf Rüben-Nudeln mit Knoblauch und Tomaten

Blumenkohl-Steak ist eines der am besten gehüteten Geheimnisse unter Vegetariern. Allmählich findet es jedoch seinen Weg auf die Speisekarten der Restaurants und in die heimischen Küchen. Das Blumenkohl-Steak kann leicht oder kräftig gewürzt werden, je nach Gericht. Mit den richtigen Beilagen kann man also ein Steak-Dinner ganz ohne Steak genießen! Bei dieser veganen, aber kräftigen Version ruht der herzhafte Kohl wie eine Krone auf der gerösteten Pasta. Knoblauch und Tomaten fügen italienischen Flair hinzu.

- ✓ vegan
- ✓ vegetarisch
- ✓ glutenfrei
- paläo
- laktosefrei
- kalorienarm
- gut aufzubewahren

VORBEREITUNG 25 Minuten
ZUBEREITUNG 50 Minuten
FÜR 4 Personen

NÄHRWERTE
Kalorien: 279
Fett: 12 g
Natrium: 1333 mg
Kohlenhydrate: 40 g
Ballaststoffe: 9 g
Zucker: 18 g
Eiweiß: 9 g

FUNKTIONIERT AUCH MIT
Butternusskürbis, Pastinake, Süßkartoffel

1 Knoblauchknolle, die äußere Haut entfernt
1 EL natives Olivenöl extra, plus 1 TL mehr
1 großer Kopf Blumenkohl
Salz und frisch gemahlener schwarzer Pfeffer

Für die Sauce und die »Pasta«
1 EL natives Olivenöl extra
1 kleine rote Zwiebel, fein gewürfelt
1 EL Tomatenmark
1 Msp. Chiliflocken
½ TL Italienische Kräutermischung
800 g stückige Tomaten (aus der Dose)
2 EL grob gehacktes frisches Basilikum
2 große oder 3 mittelgroße Speiserüben, geschält, mit KLINGE D in Spiralstreifen geschnitten, gekürzt
2 EL veganer Parmesan (siehe Seite 192) zum Garnieren (nach Belieben)
Salz und frisch gemahlener schwarzer Pfeffer

1 Den Backofen auf 200 °C vorheizen und einen Grillrost auf die mittlere Schiene schieben.

2 An der Spitze der Knoblauchknolle 5 Millimeter abschneiden, sodass die Spitzen der einzelnen Zehen sichtbar werden. Den sichtbaren Teil der Zehen mit 1 Teelöffel Olivenöl beträufeln. Den Knoblauch in Alufolie wickeln und auf ein Backblech geben. Im Ofen 40 bis 50 Minuten rösten, bis er leicht karamellisiert und schön weich ist. Herausnehmen, die Folie entfernen. Den Knoblauch etwas abkühlen lassen, dann die einzelnen Zehen schälen und beiseitelegen.

Fortsetzung auf Seite 226

3 Während der Knoblauch im Ofen röstet, ein Backblech mit Backpapier auslegen. Die Blätter des Blumenkohls entfernen und den Kopf mit einem stabilen, großen Messer von oben nach unten in vier, 2 Zentimeter dicke »Steaks« schneiden. Mit Salz und Pfeffer würzen.

4 Das restliche Olivenöl in einer großen Pfanne erhitzen. Sobald das Öl glänzt, die Blumenkohl-Steaks in einer einzigen Schicht in die Pfanne geben; falls nötig, portionsweise anbraten. Die »Steaks« etwa 1 Minute auf jeder Seite braten, bis sie goldbraun sind. Auf das Backblech legen und im Ofen 15 bis 20 Minuten backen, bis sie gar sind.

5 Währenddessen die Sauce und die »Pasta« zubereiten. In der gleichen Pfanne, in der der Blumenkohl gebraten wurde, das Olivenöl erhitzen. Sobald das Öl glänzt, die Zwiebelwürfel zufügen und 3 bis 5 Minuten braten, bis sie glasig sind.

6 Tomatenmark, Chiliflocken und Italienische Gewürzmischung zugeben und unter Rühren etwa 1 Minute braten. Die Tomaten zufügen und mit Salz und Pfeffer würzen. Die Sauce zum Kochen bringen, dann die Hitze reduzieren und 20 Minuten köcheln lassen, bis sie um ein Viertel eingekocht ist.

7 Die Sauce zusammen mit den gerösteten Knoblauchzehen in einen Mixer geben und zu einer cremigen Paste verarbeiten. Nach Bedarf abschmecken.

8 Die Pfanne erneut erhitzen, die Sauce zugeben und das Basilikum unterrühren. Die Speiserüben-Nudeln zufügen und vermengen. Den Deckel auflegen und 5 bis 7 Minuten köcheln lassen, bis die »Nudeln« bissfest sind.

9 Die Speiserüben-Nudeln auf vier Teller verteilen und jeweils mit einem Blumenkohl-Steak krönen. Nach Belieben mit veganem Parmesan garnieren.

Wer seine eigene italienische Kräutermischung herstellen möchte, vermischt einfach je 1 Messerspitze getrockneten Rosmarin, Oregano, Basilikum und Petersilie.

Weiße Bohnen, Endivie und Speiserüben-Nudeln
in Parmesan-Brühe

glutenfrei
kalorienarm
gut aufzubewahren

VORBEREITUNG 15 Minuten
ZUBEREITUNG 15 Minuten
FÜR 2 Personen

NÄHRWERTE
Kalorien: 213
Fett: 8 g
Natrium: 300 mg
Kohlenhydrate: 26 g
Ballaststoffe: 10 g
Zucker: 7 g
Eiweiß: 10 g

Weiße Bohnen mit Endivie in Hühnerbrühe war eine Spezialität meiner Mutter – jedes Mal, wenn ich vom College nach Hause fuhr, freute ich mich schon darauf. Zu dieser spiralisierten Version gehören Speiserüben-Nudeln, die sich mit den Aromen der butterigen Bohnen, der Endivienblätter und der Parmesan-Brühe vollgesogen haben. Das Gericht ist ein Zwischending zwischen Suppe und »Pasta« – ich bereite es gern zu, wenn es schnell gehen soll.

1 EL natives Olivenöl extra
1 große Knoblauchzehe, geschält und fein gehackt
1 Prise Chiliflocken
1 Endiviensalat, geputzt und in ca. 5 cm große Stücke geschnitten
1 große Speiserübe, geschält, mit KLINGE C in Spiralstreifen geschnitten, gekürzt
250 ml salzarme Hühnerbrühe
60 g weiße Bohnen (aus der Dose), abgespült und abgetropft
2 EL frisch geriebener Parmesan
Salz und frisch gemahlener schwarzer Pfeffer

1 Das Olivenöl in einer großen Pfanne erhitzen. Sobald das Öl glänzt, Knoblauch und Chiliflocken zugeben und 30 Sekunden braten, bis es zu duften beginnt. Endiviensalat, Speiserüben-Nudeln und Brühe zufügen und mit Salz und Pfeffer würzen. Den Deckel auflegen und 5 bis 7 Minuten dünsten, bis der Endiviensalat zusammengefallen ist und die »Nudeln« bissfest sind. Mit einer Küchenzange den Endiviensalat und die »Nudeln« auf zwei Schüsseln verteilen, die Brühe aber noch in der Pfanne lassen.

2 Die Bohnen und den Parmesan zur Brühe geben und vom Herd nehmen. Etwa 2 Minuten umrühren, bis die Bohnen komplett durchgewärmt sind.

3 Bohnen und Parmesan-Brühe über die »Nudeln« löffeln und sofort servieren.

Koteletts mit Pilzsauce
und Speiserüben-Nudeln

Der Unterschied zwischen einem Kotelett mit und einem Nacken-/Rückensteaks ohne Knochen ist groß. Bei Koteletts intensiviert sich der Geschmack, da das Fleisch während des Garvorgangs die Säfte aus dem Knochen aufnimmt. Für alle, die gern Fleisch essen, ist dieses Gericht rundum perfekt. Die Speiserübe bildet eine wunderbare Ergänzung zu den Pilzen und der Sauce. Wer kein Fleisch isst, lässt die Koteletts einfach weg und macht die Sauce aus Gemüsebrühe. Die Sauce schmeckt übrigens – das brauche ich eigentlich nicht zu erwähnen – wunderbar!

glutenfrei
paläo
laktosefrei
kalorienarm
gut aufzubewahren

VORBEREITUNG 20 Minuten
ZUBEREITUNG 35 Minuten
FÜR 4 Personen

NÄHRWERTE
Kalorien: 229
Fett: 10 g
Natrium: 158 mg
Kohlenhydrate: 12 g
Ballaststoffe: 2 g
Zucker: 5 g
Eiweiß: 21 g

FUNKTIONIERT AUCH MIT
Knollensellerie, Steckrübe, Zucchini

- **1 EL natives Olivenöl extra**
- **2 Schweinekoteletts (ca. 1,5 cm dick), das Fett entfernt**
- **1 Msp. Paprikapulver**
- ***1 kleine Zwiebel, geschält, mit KLINGE A in Spiralstreifen geschnitten, gekürzt***
- **2 Knoblauchzehen, geschält und fein gehackt**
- **250 g Champignons, geputzt und in Scheiben geschnitten**
- **120 ml salzarme Hühnerbrühe**
- **240 ml fettarme Kokosmilch**
- **1 TL getrockneter Thymian**
- ***2 mittelgroße Speiserüben, geschält, mit KLINGE C in Spiralstreifen geschnitten, gekürzt***
- **2 EL gehackte frische Petersilie zum Garnieren**
- **Salz und frisch gemahlener schwarzer Pfeffer**

1 Das Olivenöl in einer großen Pfanne erhitzen. Die Koteletts mit Paprikapulver, Salz und Pfeffer würzen. Sobald das Öl glänzt, die Koteletts in einer Schicht in die Pfanne legen (falls nötig, in mehreren Durchgängen) und 3 bis 4 Minuten auf jeder Seite braten. Auf einen Teller geben und mit Alufolie abdecken, um sie warm zu halten.

2 Zwiebel-Nudeln, Knoblauch und Pilze in die Pfanne geben. Mit Salz und Pfeffer würzen und etwa 10 Minuten braten, bis die »Nudeln« weich sind. Die Brühe zugeben und die Bratreste vom Topfboden lösen. Etwa 5 Minuten unter Rühren köcheln lassen. Kokosmilch, Thymian, Salz und Pfeffer zugeben und 7 bis 10 Minuten einkochen lassen. In eine Schüssel füllen und beiseitestellen.

3 Die Speiserüben-Nudeln in die Pfanne geben, mit Salz und Pfeffer würzen, den Deckel auflegen und 5 bis 7 Minuten braten, bis die »Nudeln« bissfest sind. Gelegentlich umrühren. Die Pilzsauce zugeben und 1 bis 2 Minuten verrühren, bis die Speiserüben gleichmäßig bedeckt sind.

4 Die Koteletts auf Teller verteilen. Ausgetretenen Fleischsaft zu den »Nudeln« geben. Die »Nudeln« mit Sauce darübergeben. Mit Petersilie garnieren.

Speiserüben-Risotto

mit Pancetta und Schnittlauch

Als ich entdeckte, wie man aus spiralisiertem Gemüse »Reis« macht, experimentierte ich mit einem Dutzend unterschiedlicher Gerichte – von gefüllten Paprikaschoten bis zu Burrito Bowls. Ich kam dabei zu dem Schluss, dass Gemüse-Reis der Konsistenz eines Risottos am nächsten kommt. In diesem Gemüse-Risotto saugt der spiralisierte »Reis« den Geschmack des italienischen Schinkens und der anderen Aromen in sich auf. Köstlich! Noch ein Vorteil: Gemüse-Risotto ist einfacher und viel schneller zuzubereiten als ein traditionelles Risotto-Gericht. Und dabei werden alle Mitesser glauben, dass Sie sich stundenlang am Herd abgerackert haben!

glutenfrei
laktosefrei (opt.)
kalorienarm
gut aufzubewahren

VORBEREITUNG 10 Minuten
ZUBEREITUNG 15 Minuten
FÜR 4 Personen

NÄHRWERTE
Kalorien: 186
Fett: 12 g
Natrium: 755 mg
Kohlenhydrate: 9 g
Ballaststoffe: 2 g
Zucker: 5 g
Eiweiß: 9 g

FUNKTIONIERT AUCH MIT
Butternusskürbis, Kohlrabi, Süßkartoffel

100 g Pancetta, fein gewürfelt
2 Knoblauchzehen, geschält und fein gehackt
2 EL gehackte Schalotte
½ TL Chiliflocken
2 große Speiserüben, geschält, mit KLINGE D in Spiralstreifen geschnitten, dann zu Reis verarbeitet (siehe Seite 16)
240 ml salzarme Gemüsebrühe
1 Handvoll fein gehackter frischer Schnittlauch
100 g frisch geriebener Parmesan (siehe Tipp)
Salz und frisch gemahlener schwarzer Pfeffer

1 Den Pancetta in einer großen Pfanne 7 Minuten anbraten, bis er rundum gebräunt ist. Dabei mehrfach umrühren. Pancetta auf einem mit Küchenpapier ausgelegten Teller abtropfen lassen. Von dem ausgelassenen Fett 1 Esslöffel in der Pfanne belassen, den Rest entsorgen.

2 Knoblauch, Schalotte und Chiliflocken in die Pfanne geben und 30 Sekunden braten, bis es duftet. Speiserüben-Reis zugeben, mit Salz und Pfeffer würzen und etwa 2 Minuten braten, bis der »Reis« allmählich weich wird. Die Brühe zugießen und weitere 5 Minuten köcheln lassen, bis der Speiserüben-Reis bissfest ist.

3 Die Hälfte des Pancettas, Schnittlauchs und den Käse zufügen. Die Pfanne vom Herd nehmen und rühren, bis der Käse völlig geschmolzen ist.

4 Den Risotto auf vier Schüsseln verteilen und mit dem restlichen Pancetta und Schnittlauch krönen.

Wer keine Milchprodukte isst, kann statt Parmesan auch Kokoscreme (siehe Seite 20) verwenden.

Kartoffel

Bei einem »Fleisch-und-Kartoffel«-Typ brauchen Sie keine große Überzeugungsarbeit zu leisten, wenn es um Mahlzeiten in Spiralstreifenform geht. Hier rennen Sie offene Türen ein, denn Kartoffeln unterscheiden sich zwar in Geschmack und Stärkegehalt, lassen sich aber alle gut in Spiralstreifen schneiden und sind eben viel mehr als Pommes, Püree und Chips!

Es gibt so viele unterschiedliche Kartoffelsorten, von denen in diesem Kapitel nur einige zum Einsatz kommen. Mehligkochende Sorten sind beispielsweise Bintje, Knollen mit erdigerem, mildem Geschmack Leyla oder Solara. Es gibt Kartoffeln mit blauer Schale wie die Blaue Trüffelkartoffel oder Sorten mit roter Schale wie Laura.

Bei der Zubereitung von Kartoffel-Nudeln ist es in manchen Fällen gut, auf Kartoffeln mit einem mäßigen Stärkegehalt zurückzugreifen. So sind in der Regel frühreife, aber auch festkochende Sorten durch einen niedrigeren Stärkegehalt gekennzeichnet als später reifende und mehligkochende Sorten.

Außerdem gilt es zu beachten, dass Kartoffeln schnell oxidieren, sobald sie geschält und geschnitten werden. Daher sollte man mit dem Kleinschneiden warten, bis die Kartoffel tatsächlich verarbeitet werden soll, oder aber man stellt die Kartoffel-Nudeln in einer Schüssel mit kaltem Wasser für bis zu 24 Stunden in den Kühlschrank.

NÄHRWERT-PLUS: Kartoffeln enthalten sehr viel Vitamin B_6, Kalium und das Spurenelement Kupfer, die allesamt helfen, den Blutdruck zu senken und die grundlegenden Stoffwechselfunktionen zu unterstützen.

ZUBEREITEN UND AUFBEWAHREN: Nach Belieben die Kartoffel schälen und die runden Enden abschneiden, um glatte Oberflächen zu bekommen. Im Kühlschrank können die Kartoffeln in einem Gefäß mit Wasser bis zu 24 Stunden aufbewahrt werden. Kartoffel-Nudeln sind tiefgefroren bis zu acht Monate haltbar.

GEEIGNETE MESSEREINSÄTZE

- **KLINGE A**
- **KLINGE B**
- **KLINGE C**
- **KLINGE D**

GEEIGNETE ZUBEREITUNGSARTEN

- **bei mittlerer Hitze 5 bis 7 Minuten braten**
- **bei 220 °C 10 bis 15 Minuten braten**

Karotten-Kartoffel-Mumien

mit Beluga-Linsen und Feta-Käse

vegetarisch
glutenfrei
laktosefrei (opt.)
gut aufzubewahren

VORBEREITUNG 15 Minuten
ZUBEREITUNG 50 Minuten
FÜR 4 Personen

NÄHRWERTE
Kalorien: 389
Fett: 21 g
Natrium: 324 mg
Kohlenhydrate: 45 g
Ballaststoffe: 9 g
Zucker: 9 g
Eiweiß: 14 g

FUNKTIONIERT AUCH MIT
Steckrübe, Süßkartoffel

Die Leser meines *Inspiralized-Blogs* erinnern sich, dass ich für Halloween ein Rezept mit in Kartoffelstreifen gewickelten Karotten kreiert habe, die ein wenig an Mumien erinnern ... Hier ist es. Es versorgt Sie mit Kohlenhydraten (der guten Sorte!) und ist geschmacklich mit marokkanisch gewürzten schwarzen Linsen und Feta-Käse abgerundet. Die dekorative Umhüllung mit Kartoffelstreifen ist nicht nur was fürs Auge, sondern liefert zusätzliche Nährstoffe. Wer das Rezept probieren, sich aber das aufwendige Umwickeln sparen will, kocht die Kartoffel-Nudeln separat und rührt sie dann in die Linsen.

200 g schwarze Beluga Linsen, gut abgespült
½ Handvoll frische Thymianblätter
500 ml Gemüsebrühe, plus mehr bei Bedarf
500 g Karotten (am besten eine alte Sorte, z. B. Gelbe Pfälzer, Jaune de Doubs), geputzt (nicht geschält!) und trocken getupft
2 große rote Kartoffeln (festkochend oder vorwiegend festkochend, z. B. Sorte Laura), mit KLINGE D in Spiralstreifen geschnitten
1 ½ EL natives Olivenöl extra
½ TL gemahlener Kreuzkümmel
Salz und frisch gemahlener schwarzer Pfeffer

Für das Dressing
1 EL frisch gepresster Zitronensaft
1 TL Honig
3 EL natives Olivenöl extra
½ TL gemahlener Kreuzkümmel
1 Msp. gemahlener Zimt
1 Msp. gemahlener Ingwer
1 Msp. geräuchertes Paprikapulver
1 Msp. gemahlener Koriander
1 Prise Cayennepfeffer
Salz und frisch gemahlener schwarzer Pfeffer

1 Handvoll gehackter Koriander zum Garnieren
100 g zerböckelter Feta zum Garnieren

1 Den Backofen auf 220 °C vorheizen. Ein Backblech mit Backpapier auslegen.

2 Die Linsen, den Thymian und die Brühe in einen Topf geben und zum Kochen bringen, dann den Deckel auflegen und die Hitze reduzieren. Die Linsen etwa 30 Minuten köcheln lassen, bis sie gar, aber nicht zerkocht sind. Ist die Flüssigkeit verkocht, bevor die Linsen gar sind, nach und nach jeweils 100 Milliliter mehr Brühe zugießen.

3 Die Karotten gleichmäßig auf dem Backblech verteilen. Im Ofen 15 Minuten garen, dann herausnehmen und etwas abkühlen lassen. Die rohen Kartoffel-Nudeln von oben nach unten um die Karotten wickeln (siehe Abbildung rechts).

4 In einer kleinen Schüssel Öl und Kreuzkümmel vermengen. Die Karotten mit der Mischung bestreichen. Mit Salz und Pfeffer würzen und weitere 30 bis 40 Minuten im Ofen backen.

5 Währenddessen alle Zutaten für das Dressing in einer Schüssel verrühren. Mit Salz und Pfeffer abschmecken und bei Bedarf nachwürzen.

6 Karotten auf den Linsen anrichten. Mit Dressing beträufeln und mit Koriander und Feta garnieren.

Wählen Sie die längsten Kartoffel-Nudeln zum Umwickeln der Karotten aus. Die kürzeren »Nudeln«, die sich nicht zum Umwickeln eignen, können Sie für ein anderes Gericht verwenden.

Spargel, Spiegelei und Kartoffel-Nudeln

mit Grünkohl

vegetarisch
glutenfrei
paläo
laktosefrei

VORBEREITUNG 10 Minuten
ZUBEREITUNG 15 Minuten
FÜR 2 Personen

NÄHRWERTE
Kalorien: 365
Fett: 26 g
Natrium: 86 mg
Kohlenhydrate: 25 g
Ballaststoffe: 5 g
Zucker: 3 g
Eiweiß: 11 g

FUNKTIONIERT AUCH MIT
Süßkartoffel

Das perfekte Essen nach einem langen Tag in der Schule, einem ermüdenden Bürotag oder einer anstrengenden Fitness-Stunde. Vor dem Schlafengehen sollte man keine schweren Mahlzeiten zu sich nehmen – der Körper braucht nicht so viel Energie, wenn er schläft. Dieses schnelle Gericht ist nahrhaft, aber man hat nicht das Gefühl, mit vollem Bauch ins Bett zu gehen: Es bietet Gemüse, Eier, komplexe Kohlenhydrate und ballaststoffreichen Spargel.

3 EL natives Olivenöl extra

8 große grüne Spargelstangen, die unteren Enden entfernt

1 mittelgroße mehligkochende Kartoffel (z. B. Bintje), mit KLINGE D in Spiralstreifen geschnitten, gekürzt

1 Msp. Knoblauchpulver

1 Msp. Paprikapulver

300 g Grünkohlblätter, grob gehackt

Olivenöl-Kochspray oder natives Olivenöl extra

2 große Eier

Salz und frisch gemahlener schwarzer Pfeffer

Soll aus dem Gericht eine etwas sättigendere Mahlzeit werden, dann kann man es mit Avocadoscheiben und/oder geröstetem Bacon ergänzen.

1 Die Hälfte des Olivenöls in einer großen Pfanne erhitzen. Sobald das Öl zu glänzen beginnt, den Spargel zugeben. Mit Salz und Pfeffer würzen und etwa 5 Minuten braten, bis die Stangen hellgrün und gabelzart sind. Auf zwei Tellern anrichten.

2 Das restliche Olivenöl in der gleichen Pfanne erhitzen. Sobald das Öl zu glänzen beginnt, die Kartoffel-Nudeln zugeben und mit Knoblauch- und Paprikapulver, Salz und Pfeffer würzen. Den Deckel auflegen und 5 Minuten köcheln lassen, bis die »Nudeln« etwas zusammengefallen sind.

3 Die Kohlblätter unterrühren, den Deckel auflegen und weitere 5 Minuten braten, bis die »Nudeln« bissfest sind. Die Mischung auf die beiden Spargelteller verteilen.

4 Die Pfanne mit Kochspray einsprühen oder mit Öl einfetten und erhitzen. Die Eier hineinschlagen und etwa 3 Minuten braten, bis das Eiweiß fest, das Eigelb aber noch flüssig ist.

5 Die Spiegeleier auf die beiden Teller verteilen und sofort servieren.

Gemüse-Pasta
halb und halb

Sie haben Freunde, die Vorbehalte haben, »inspiralisiert« zu werden? Dann versuchen Sie es mal mit diesem Rezept. Diese »Pasta« besteht aus dem, was der Name verspricht: zur Hälfte aus Zucchini-, zur Hälfte aus Kartoffel-Nudeln! Letztere sorgen für die Konsistenz, die der Pastaliebhaber von Nudelgerichten erwartet. Und wenn erst der Parmesan zwischen den »Nudeln« schmilzt, denkt man nur noch... köstlich! Ein Tipp für Profis: den Zucchino schälen, bevor er spiralisiert wird – dann ähneln die »Nudeln« noch mehr echter Pasta!

- vegetarisch
- glutenfrei
- gut aufzubewahren

VORBEREITUNG 10 Minuten
ZUBEREITUNG 15 Minuten
FÜR 2 Personen

NÄHRWERTE
Kalorien: 382
Fett: 20 g
Natrium: 367 mg
Kohlenhydrate: 39 g
Ballaststoffe: 6 g
Zucker: 5 g
Eiweiß: 14 g

2 EL natives Olivenöl extra
2 Knoblauchzehen, geschält und fein gehackt
1 Msp. Chiliflocken
1 mittelgroße mehligkochende Kartoffel (z. B. Bintje), geschält, mit KLINGE D in Spiralstreifen geschnitten, gekürzt
1 großer Zucchino, mit KLINGE D in Spiralstreifen geschnitten, gekürzt
100 g frisch geriebener Parmesan
frische Petersilie, gehackt, zum Garnieren
Salz und frisch gemahlener schwarzer Pfeffer

1 In einer großen Pfanne 1 Esslöffel Olivenöl erhitzen. Sobald das Öl glänzt, Knoblauch und Chiliflocken zufügen und 30 Sekunden braten, bis es zu duften beginnt. Die Kartoffel-Nudeln zufügen, mit Salz und Pfeffer würzen und die Zutaten vorsichtig vermengen. Den Deckel auflegen und etwa 7 Minuten braten, bis die »Nudeln« bissfest sind. Gelegentlich umrühren. Aus der Pfanne nehmen und beiseitestellen.

2 Sofort die Zucchini-Nudeln in die Pfanne geben und unter gelegentlichem Rühren 3 bis 5 Minuten braten, bis sie bissfest sind.

3 Die Kartoffel-Nudeln wieder in die Pfanne geben. das restliche Öl darübergeben und gut vermengen. Den Herd ausschalten, den Parmesan untermengen, bis der Käse geschmolzen ist.

4 Mit Petersilie garnieren und sofort servieren.

Die Kartoffel-Nudeln können Sie natürlich durch ganz normale Pasta ersetzen, aber Sie werden feststellen, dass die Gemüsenudeln tatsächlich eine ganz neue Dimension an Geschmack und Struktur mitbringen.

»Pan« con tomate
mit Serranoschinken

Meine Freundin Sarah und ich verbrachten während des Studiums gemeinsam ein Jahr in Barcelona in Spanien, dem Land der Tapas. Dort wurden wir regelrecht süchtig nach *pan con tomate*, also Brot mit Tomate, eine der allgegenwärtigen und billigsten Tapas. Davon haben wir Unmengen gegessen und verfielen hinterher schon fast in ein Kohlenhydrat-Koma. Diese Spiralstreifenversion ersetzt das Brot durch Kartoffel-Nudeln und peppt das Ganze noch mit etwas Schinken auf!

glutenfrei
laktosefrei
kalorienarm

VORBEREITUNG 10 Minuten
ZUBEREITUNG 30 Minuten
FÜR 2 Personen

NÄHRWERTE
Kalorien: 272
Fett: 15 g
Natrium: 52 mg
Kohlenhydrate: 26 g
Ballaststoffe: 3 g
Zucker: 2 g
Eiweiß: 6 g

- 4 TL natives Olivenöl extra
- *1 mehligkochende Kartoffel (z. B. Bintje), geschält, mit KLINGE D in Spiralstreifen geschnitten, gekürzt*
- 1 Msp. *Pimentón de la Vera* (geräuchertes Paprikapulver)
- 1 großes Ei, verquirlt
- 1 große aromatische Tomate
- 1 Knoblauchzehe, gehackt
- 2 dünne Scheiben Serranoschinken
- Salz und frisch gemahlener schwarzer Pfeffer

Wer eine vegetarische Variante des Gerichts bevorzugt, lässt den Schinken weg und streut stattdessen ein wenig geräuchertes Meersalz darüber.

1 In einer großen Pfanne mit Antihaftbeschichtung 2 Teelöffel Olivenöl erhitzen. Sobald das Öl glänzt, die Kartoffel-Nudeln zugeben. Mit Paprikapulver, Salz und Pfeffer würzen und 5 bis 7 Minuten braten, bis die »Nudeln« weich und leicht gebräunt sind.

2 Die Kartoffel-Nudeln in eine Schüssel geben und 2 Minuten abkühlen lassen. Das Ei gut unterrühren.

3 Zwei Auflaufförmchen zur Hälfte mit »Nudeln« füllen und die Formen mit Alufolie bedecken. Die »Nudeln« in die Form pressen und mindestens 15 Minuten in den Kühlschrank stellen.

4 Das restliche Öl in der gleichen Pfanne erhitzen. Sobald das Öl glänzt, beide Kartoffel-Nudelnester zugeben, indem man die Förmchen über die Pfanne hält, umdreht und leicht auf die Unterseite klopft, bis sich die Masse löst und in die Pfanne gleitet. Etwa 3 Minuten braten, bis der Boden fest wird. Dabei lose »Nudeln« wieder in die Masse drücken. Kartoffel-Nudelnester vorsichtig wenden und weitere 2 bis 3 Minuten braten, bis die »Nester« fest und auf beiden Seiten gebräunt sind. Mit der Rückseite des Pfannenwenders flach drücken.

5 Die Tomate mit einer Vierkantreibe zerkleinern (Grobreibe mit den größten Löchern benutzen). Die Gemüse-Nudelnester mit Knoblauch belegen und die geriebene Tomate darübergeben. Mit je einer Scheibe Schinken belegen und servieren.

Ofenkartoffelvariante
mit BBQ-Sauce

Mit geschmolzenem Käse und Bacon sind diese speziellen Ofenkartoffeln mit Barbecue-Sauce das perfekte Wohlfühl-Essen, wenn Sie eine Party feiern. Die spiralisierten Ofenkartoffeln sind eine gesunde Variante des Klassikers – ganz ohne die traditionellen Zutaten wie Butter und Sauerrahm. Kartoffel-Nudeln sind unglaublich lecker und erinnern an knusprige Nachos!

glutenfrei
kalorienarm

VORBEREITUNG 15 Minuten
ZUBEREITUNG 20 Minuten
FÜR 4 Personen

NÄHRWERTE
Kalorien: 261
Fett: 16 g
Natrium: 359 mg
Kohlenhydrate: 28 g
Ballaststoffe: 4 g
Zucker: 2 g
Eiweiß: 11 g

FUNKTIONIERT AUCH MIT
Steckrübe, Süßkartoffel

4 Scheiben Bacon

4 rote Kartoffeln (festkochend oder vorwiegend festkochend, z. B. Laura), geschält, mit KLINGE D in Spiralstreifen geschnitten, gekürzt

½ TL Knoblauchpulver

1 Msp. Chilipulver

1 große Avocado, geschält, entkernt und das Fruchtfleisch in Stücke geschnitten

1 EL frisch gepresster Limettensaft

1 Msp. Paprikapulver

30 g geriebener Cheddar

30 g geriebener Gouda

2 Frühlingszwiebeln, geputzt, nur der grüne Teil, in feine Ringe geschnitten

2 EL Barbecue-Sauce (aus dem Glas)

Salz und frisch gemahlener schwarzer Pfeffer

1 Den Backofen mit Grillfunktion vorheizen.

2 Den Bacon in einer großen Pfanne 10 Minuten braten, bis er gebräunt ist und knusprig ist, dabei gelegentlich wenden. Zum Abtropfen auf einen mit Küchenpapier ausgelegten Teller geben. Von dem ausgelassenen Fett 1 Esslöffel in der Pfanne belassen, restliches Fett entsorgen.

3 Die Kartoffel-Nudeln in die Pfanne mit dem Fett geben und mit Knoblauchpulver, Chilipulver, Salz und Pfeffer würzen. Gut vermengen und 7 Minuten braten, bis sie bissfest sind. Die Kartoffel-Nudeln in eine Auflaufform geben.

4 Währenddessen in einer Schüssel Avocado und Limettensaft mit einer Gabel vermengen und zerdrücken, bis keine größeren Stücke mehr übrig sind. Mit Paprika, Salz und Pfeffer abschmecken.

5 Die Kartoffel-Nudeln in die Form geben. Die Hälfte des Bacon über die »Nudeln« bröckeln und mit dem geriebenen Käse bestreuen. Im Ofen etwa 2 Minuten grillen, bis der Käse geschmolzen ist und Blasen wirft.

6 Aus dem Ofen nehmen und mit den Frühlingszwiebeln bestreuen. Den restlichen Bacon darüberbröckeln. Mit Barbecue-Sauce beträufeln Mit der Avocadocreme servieren.

Zucchini

Last but not least: Zucchini. Wenn ich jemandem das Spiralisieren näherbringen möchte, dann schlage ich in der Regel vor, mit diesem Gemüse anzufangen.

Zucchini sind zum Spiralisieren geradezu ideal: Vorbereitungen sind kaum erforderlich, das Gemüse lässt sich mühelos verarbeiten – und die Konsistenz der Spiralstreifen ähnelt echter Pasta. Die »Nudeln« sind elastisch und brechen nicht so leicht in der Pfanne. Einziger Nachteil: Werden Zucchini gebraten, geben sie viel Feuchtigkeit ab. Um diesen Effekt möglichst gering zu halten, kann man einige Vorkehrungen treffen:

- **Die »Nudeln« trocken tupfen, sobald sie in Spiralstreifen geschnitten wurden.**
- **Die »Nudeln« in einer separaten Pfanne braten und in einem Küchensieb abtropfen lassen, bevor man sie mit Saucen oder einem Dressing vermischt.**
- **Werden die »Nudeln« direkt in der Sauce gekocht, kann das fertige Gericht mit einer Pastazange auf einen Servierteller gegeben werden, sodass die Flüssigkeit erst ein wenig in die Pfanne abtropfen kann, statt sich auf dem Teller zu sammeln.**
- **Immer etwas mehr »Nudeln« als Sauce nehmen, da sich die Flüssigkeit der Zucchini mit der Sauce vermengt und diese verdünnt.**

Beim Kauf von Zucchini sollten Sie darauf achten, dass sie fest und prall sind. Zucchini sollten einen Durchmesser von mindestens 4 Zentimeter haben und nicht länger als 20 Zentimeter sein (sonst schmecken sie womöglich bitter).

NÄHRWERT-PLUS: Zucchini haben wenig Kalorien und enthalten Folsäure, die das Wachstum der Zellen unterstützt. Außerdem sind sie eine gute Kalium- und Vitamin-C-Quelle und wirken aufgrund ihres hohen Wassergehalts entgiftend und hydratisierend. Schälen ist nicht unbedingt nötig – die Schale am besten mitverarbeiten, da sie viele Nährstoffe enthält.

VORBEREITEN UND AUFBEWAHREN: Die Enden abschneiden, um eine glatte Oberfläche zu erhalten, mit der man arbeiten kann. In einem luftdichten, mit Küchenpapier ausgelegten Gefäß halten sich die Zucchini bis zu fünf Tage.

GEEIGNETE MESSEREINSÄTZE

- **KLINGE A**
- **KLINGE B**
- **KLINGE C**
- **KLINGE D**

GEEIGNETE ZUBEREITUNGSARTEN

- **roh**
- **in Suppen mitköcheln lassen**
- **bei mittlerer Hitze 2 bis 5 Minuten braten**

Thailändischer Steak-Salat

laktosefrei
gut aufzubewahren

VORBEREITUNG 20 Minuten
ZUBEREITUNG 20 Minuten
FÜR 4 Personen

NÄHRWERTE
Kalorien: 408
Fett: 27 g
Natrium: 484 mg
Kohlenhydrate: 15 g
Ballaststoffe: 4 g
Zucker: 9 g
Eiweiß: 29 g

FUNKTIONIERT AUCH MIT
Kohlrabi

Wenn ich schon mal ein Steak esse, dann achte ich darauf, dass der Rest meines Tellers mit Gemüse gefüllt ist. In diesem Rezept bildet Gemüse eine gesunde und farbenfrohe Ergänzung zum Fleisch. Die süße, nussige Sauce dazu peppt die rohen Zucchini-Nudeln auf, die umso weicher werden, je länger man sie ziehen lässt. Wie auch immer man sein Steak zubereitet – in diesem Gericht brilliert es in jedem Fall wunderbar!

1 EL natives Olivenöl extra
500 g Rumpsteak oder Flank Steak
Salz und frisch gemahlener schwarzer Pfeffer

Für das Dressing
50 g Mandelmus
1 ½ EL frisch gepresster Limettensaft
1 EL Reisessig
1 EL Sojasauce
1 ½ TL Sesamöl
1 ½ TL Honig
1 TL geriebener frischer Ingwer
1 TL Chilisauce

2 mittelgroße Zucchini, geschält, mit KLINGE C in Spiralstreifen geschnitten, gekürzt
1 große Karotte, geschält, mit KLINGE D in Spiralstreifen geschnitten, gekürzt
1 große rote Paprikaschote, mit KLINGE A in Spiralstreifen geschnitten, gekürzt
2 Frühlingszwiebeln, geputzt und in Ringe geschnitten
2 EL Mandelsplitter
1 Handvoll gehacktes frisches Koriandergrün
Salz und frisch gemahlener schwarzer Pfeffer

1 Das Olivenöl bei mittlerer Hitze in einer großen Pfanne erhitzen. Das Steak großzügig mit Salz und Pfeffer würzen. Sobald das Öl glänzt, das Fleisch in die Pfanne legen und 4 Minuten auf jeder Seite scharf anbraten, bis es medium gegart ist. Auf ein Schneidebrett legen und 10 Minuten ruhen lassen. In dünne Scheiben quer zur Faser aufschneiden, dann jede Scheibe noch einmal dritteln.

2 Während das Steak ruht, das Dressing zubereiten. Alle Zutaten für das Dressing in einen Mixer geben und zu einer Paste verarbeiten. Esslöffelweise Wasser zugeben, bis die gewünschte Konsistenz erreicht ist. Abschmecken.

3 Zucchini-, Karotten- und Paprika-Nudeln in einer Schüssel vermischen. Frühlingszwiebeln, Mandeln und Koriander zugeben. Das Dressing über den Salat gießen und die Zutaten gut vermischen. Wer möchte, kann den Salat 15 Minuten im Kühlschrank ziehen lassen, bis die Zucchini-Nudeln weich sind.

4 Den Nudelsalat auf vier Teller verteilen und mit den Steakscheiben krönen.

Bei diesem Rezept ziehe ich es vor, das Steak eisgekühlt zu servieren – wer Zeit hat, sollte das Fleisch nach der Ruhezeit noch 30 Minuten in den Kühlschrank stellen. Das ergibt einen wunderbaren kalten Steaksalat!

Hoisin-Lachs
mit Zucchinisalat

Oft werde ich gefragt, ob ich auch mal ein Gericht zweimal esse. Jeder geht davon aus, dass ich ständig neue Rezepte ausprobiere. Obwohl das stimmt, habe ich natürlich auch meine »lazy meals«, auf die ich zurückgreife, wenn ich mich gerade mal nicht so inspiriert fühle. Eines davon ist der Hoisin-Lachs. Er könnte schnell auch zu Ihrem Lieblingsgericht für faule Tage werden! Die Hoisin-Sauce ist eine sämige Sauce, die in der chinesischen Küche verwendet wird. Sie schmeckt sowohl süß als auch würzig. Der Zucchinisalat nimmt die Aromenvielfalt der Hoisin-Sauce auf und macht das Gericht frisch und knackig. Diese Version ist damit quasi ein aufgepepptes »lazy meal«!

laktosefrei

VORBEREITUNG 25 Minuten
ZUBEREITUNG 25 Minuten
FÜR 2 Personen

NÄHRWERTE
Kalorien: 424
Fett: 10 g
Natrium: 2300 mg
Kohlenhydrate: 45 g
Ballaststoffe: 8 g
Zucker: 24 g
Eiweiß: 42 g

FUNKTIONIERT AUCH MIT
Butternusskürbis, Chayote, Kohlrabi, Süßkartoffel

Für die Glasur

Saft von 2 Limetten, frisch gepresst
1 Msp. Chiliflocken
80 ml salzarme Sojasauce
100 ml Hoisin-Sauce
1 daumengroßes Stück frischer Ingwer, geschält und fein gehackt
2 Knoblauchzehen, geschält und fein gehackt

2 Lachsfilets (à 100 g)
2 mittelgroße Zucchini, mit KLINGE D in Spiralstreifen geschnitten, gekürzt
3 Frühlingszwiebeln, geputzt und in feine Ringe geschnitten
2 Karotten, geschält, mit KLINGE D in Spiralstreifen geschnitten, gekürzt
1 rote Paprikaschote, mit KLINGE A in Spiralstreifen geschnitten, gekürzt
2 EL gehackter frischer Koriander
1 TL weiße Sesamsaat zum Garnieren

Die Hoisin-Sauce ist ein wenig klebrig – am besten reinigen Sie alle Schüsseln und die Arbeitsfläche gleich, während der Lachs noch im Ofen gart.

1 Den Backofen auf 200 °C vorheizen. Ein Backblech mit Backpapier auslegen.

2 Alle Zutaten für die Glasur in einen Mixer geben und zu einer Sauce verarbeiten.

3 Eine mittelgroße Pfanne erhitzen. Etwas Wasser in die Pfanne spritzen. Wenn es zischt, die Hälfte der Glasur zugeben, den Rest in ein Schüsselchen geben und beiseitestellen. Die Glasur 15 Minuten einköcheln lassen, bis sie sich sirupartig verdickt hat. Die Pfanne vom Herd nehmen.

4 Die Lachsfilets auf das vorbereitete Blech legen und dünn mit der beiseitegestellten Glasur bestreichen. Restliche Glasur beiseitestellen.

5 Die Filets im Ofen 9 bis 12 Minuten backen, bis das Fleisch sich leicht mit der Gabel zerteilen lässt.

6 Währenddessen eine große Pfanne erhitzen. Etwas Wasser in die Pfanne spritzen. Wenn es zischt, Zucchini, Frühlingszwiebeln, Karotten und Paprika zugeben und etwa 3 Minuten bissfest braten. Das Gemüse in einem Sieb abtropfen lassen, dann wieder in die Pfanne geben und die restliche Glasur darübergießen. Etwa 1 Minute verrühren, dann den Koriander zugeben. Salat auf zwei Teller verteilen und jeweils mit einem Lachsfilet belegen. Mit Sesamsaat garnieren.

Zucchini-Pasta für grüne Göttinnen

vegan
vegetarisch
glutenfrei
laktosefrei (opt.)
ohne Kochen
gut aufzubewahren

Dieses Rezept ist meinen Schwestern im Geiste gewidmet, den grünen Göttinnen, die sich einer gesunden Lebensweise verschrieben haben und stolz sind auf ihre Gerichte sind, in denen sie gesunde Lebensmittel verarbeiten. Diese »Pasta« mit entzündungshemmender Avocado, Ingwer fürs Immunsystem und Zitrone mit ihrer entgiftenden Wirkung gibt einem das Gefühl, etwas für seine Gesundheit zu tun. Ob es nun das zweite Stück Geburtstagstorte oder eine emotional belastende Woche war, die uns zum Junkfood-Gelage verführt hat – diese Mahlzeit gibt Ihnen Ihren Status als grüne Göttin zurück.

VORBEREITUNG 35 Minuten
ZUBEREITUNG 55 Minuten
FÜR 2 Personen

NÄHRWERTE
Kalorien: 413
Fett: 32 g
Natrium: 65 mg
Kohlenhydrate: 31 g
Ballaststoffe: 8 g
Zucker: 6 g
Eiweiß: 10 g

50 g Quinoa

Für das Dressing

1 kleine Knoblauchzehe, geschält und fein gehackt
½ mittelgroße Avocado, geschält und entkernt
1 Handvoll gehackte frische Basilikumblätter
2 EL gehackte frische Petersilie
2 EL gehackter frischer Schnittlauch
3 EL natives Olivenöl extra
1 Frühlingszwiebel, nur der grüne Teil, in feine Ringe geschnitten
½ TL Schale von 1 unbehandelten Zitrone
Saft von 1 kleinen Zitrone, frisch gepresst
1 EL Rotweinessig
Salz und frisch gemahlener schwarzer Pfeffer

2 mittelgroße Zucchini, mit KLINGE A in Spiralstreifen geschnitten, gekürzt
2 EL Mandelsplitter
2 Handvoll frische Brunnenkresse
2 EL Ziegenkäse, zerbröckelt (nach Belieben)

Um die Zucchini zu spiralisieren, nur sehr leichten Druck ausüben und die Kurbel langsam drehen, um Streifen zu erhalten, die etwas dünner sind als normal. Wer sich bei der Handhabung nicht ganz sicher ist, kann auch einfach KLINGE D verwenden.

1 Die Quinoa und 160 Milliliter Wasser in einen Topf geben. Zudecken und zum Kochen bringen, dann den Deckel abnehmen und auf mittlere Hitze reduzieren. Etwa 15 Minuten köcheln lassen, bis die Samen aufgequollen sind. In eine Schüssel geben und 30 Minuten in den Kühlschrank stellen.

2 Währenddessen alle Zutaten für das Dressing plus 1 Esslöffel Wasser in einen Mixer geben und zu einer weichen Paste verarbeiten. Nach Bedarf esslöffelweise Wasser zugeben, bis die gewünschte Konsistenz erreicht ist. Zum Schluss mit Salz und Pfeffer abschmecken.

3 Die Zucchini-Nudeln in eine große Schüssel geben. Dressing über die »Nudeln« gießen und die Zutaten vermengen. Etwa 5 Minuten ziehen lassen.

4 Eine kleine Pfanne bei mittlerer Hitze erhitzen. Die Mandeln 5 Minuten darin unter ständigem Rühren rösten, bis sie duften und goldbraun sind. Pfanne sofort vom Herd nehmen.

5 Die Brunnenkresse und die Quinoa in die Schüssel mit der Zucchini geben und alles gut vermischen. Die Zucchini-Pasta auf zwei Teller verteilen und mit den gerösteten Mandeln und nach Belieben mit Ziegenkäse bestreuen.

Sämige Muschelsuppe
mit Zucchini-Nudeln

Ein klassisches Sommergericht aus New England ist *Clam Chowder*, eine dicke Muschelsuppe, die auf traditionelle Weise mit Milch und Mehl zubereitet wird. Sie schmeckt dermaßen lecker, dass ich nicht anders konnte, als eine leichte, »inspiralisierte« Version zu erfinden. Ein gut gewürztes Blumenkohlpüree verleiht dieser Suppe ihre typisch sämige Konsistenz. Sobald man den allerletzten Löffel in den Mund geschoben hat, blickt man in die leere Schüssel und wundert sich: »Und da war wirklich keine Milch drin?!« Die Zucchini-Nudeln geben der Suppe Struktur – und sollte etwas Brühe übrig bleiben, dann stippen Sie sie am besten mit getoastetem Mehrkornbrot.

glutenfrei
laktosefrei
kalorienarm

VORBEREITUNG 15 Minuten
ZUBEREITUNG 30 Minuten
FÜR 4 Personen

NÄHRWERTE
Kalorien: 200
Fett: 4 g
Natrium: 476 mg
Kohlenhydrate: 35 g
Ballaststoffe: 9 g
Zucker: 13 g
Eiweiß: 9 g

FUNKTIONIERT AUCH MIT
Kohlrabi

1 großer Kopf Blumenkohl, geputzt und in Röschen zerteilt
1 EL natives Olivenöl extra
1 kleine Zwiebel, gewürfelt
2 Knoblauchzehen, geschält und fein gehackt
1 Karotte, gewürfelt
1 Stange Staudensellerie, geputzt und gewürfelt
2 Lorbeerblätter
350 ml salzarme Hühnerbrühe
400 g Venusmuscheln in Aufguss (aus dem Glas), grob gehackt
½ TL Knoblauchpulver
2 EL Hefeflocken, etwas mehr bei Bedarf
1 TL frische Thymianblätter
1 TL Chilipulver
2 kleine Zucchini, geschält, mit KLINGE D In Spiralstreifen geschnitten, gekürzt
100 g Mais (aus der Dose)
Salz und frisch gemahlener schwarzer Pfeffer

Wer die Suppe nicht ganz so dickflüssig haben möchte, nimmt nur die Hälfte der Blumenkohlröschen und gibt noch 100 Milliliter Hühnerbrühe hinzu.

1 Einen großen Topf mit Wasser zum Kochen bringen. Die Blumenkohlröschen zugeben und etwa 10 Minuten garen, bis sie gabelzart sind. Abgießen und in einen Mixer geben.

2 Den Topf sauber wischen und darin das Olivenöl erhitzen. Sobald das Öl glänzt, Zwiebel, Knoblauch, Karotte und Sellerie zugeben und 5 Minuten sautieren, bis das Gemüse weich ist. Lorbeerblätter, drei Viertel der Brühe und die Muscheln mit Saft zugeben. Etwa 10 Minuten sanft köcheln lassen.

3 Währenddessen für die Sauce Knoblauchpulver, Hefeflocken, Thymian und die restliche Brühe zum Blumenkohl in den Mixer geben und mit Salz abschmecken. Zu einer glatten Paste verarbeiten. Abschmecken und nach Belieben mit etwas mehr Hefeflocken, Salz oder Pfeffer würzen.

4 Die Sauce mit Chilipulver in die köchelnde Brühe mit den Muscheln geben und vorsichtig einrühren. Mit Pfeffer würzen und salzen. Etwa 10 Minuten köcheln lassen, damit sich die Aromen entfalten.

5 Zucchini-Nudeln und Mais in die Suppe geben und weitere 5 Minuten köcheln lassen. Abschmecken und bei Bedarf nachwürzen. Vor dem Servieren die Lorbeerblätter entfernen.

Geflügel-Burger nach italienischer Art

glutenfrei
paläo
laktosefrei
kalorienarm
gut aufzubewahren

ZUBEREITUNG 20 Minuten
VORBEREITUNG 15 Minuten
FÜR 4 Personen
(2 Burger pro Portion)

NÄHRWERTE
Kalorien: 120
Fett: 9 g
Natrium: 52 mg
Kohlenhydrate: 4 g
Ballaststoffe: 1 g
Zucker: 2 g
Eiweiß: 12 g

Meiner Meinung nach schmecken Zucchini-Nudeln zu fast allem – warum also nicht auch Burger? Es ist eine witzige und simple Möglichkeit, um mehr Gemüse in eine Mahlzeit zu schmuggeln. In diesem Rezept wird gehacktes Hähnchenfleisch verwendet; der Fettgehalt ist niedrig – und trotzdem bleibt das saftige Aroma eines traditionellen Burgers erhalten. Außerdem sorgen die grünen »Schlangen« im Burger auf einer Party für Gesprächsstoff.

1 kleiner Zucchino, mit KLINGE D in Spiralstreifen geschnitten, »Nudeln« grob gehackt
500 g Geflügelhack
1 große Knoblauchzehe, geschält und fein gehackt
2 TL getrocknete Petersilie
1 TL getrockneter Oregano
1 TL getrocknetes Basilikum
½ TL Zwiebelpulver
1 Msp. Chiliflocken
2 EL natives Olivenöl extra
½ kleine rote Zwiebel, geschält, mit KLINGE A in Spiralstreifen geschnitten, gekürzt
8 Blätter Buttersalat oder Kopfsalat
2 Eiertomaten, in Scheiben geschnitten
2 Kästchen Salatsprossen, z. B. Rettichsprossen und Kresse
Ketchup zum Servieren (nach Belieben)
Salz und frisch gemahlener schwarzer Pfeffer

1 In einer großen Schüssel die Zucchini-Nudeln, Hackfleisch, Knoblauch, Petersilie, Oregano, Basilikum, Zwiebelpulver und Chiliflocken vermengen und mit Salz und Pfeffer würzen. Die Fleischmischung zu acht kleinen (oder vier großen) Bratlingen formen und etwa 10 Minuten im Kühlschrank ziehen lassen.

2 Das Olivenöl in einer großen Pfanne erhitzen. Sobald das Öl glänzt, die Zwiebelstreifen in eine Pfannenhälfte geben und die Bratlinge in die andere. Falls nötig, in mehreren Durchgängen anbraten. Zwiebel mit Salz und Pfeffer würzen und unter gelegentlichem Rühren anbraten, bis sie leicht karamellisiert ist. Die Bratlinge 5 Minuten auf jeder Seite braten, bis sie gebräunt und durchgegart sind.

3 Die Salatblätter auf einer Servierplatte anrichten und auf jedes davon einen bzw. zwei Burger legen. Jeden Burger mit Tomaten, Zwiebel und Sprossen belegen. (Bei Großen Burgern ein weiteres Salatblatt nehmen.) Nach Belieben mit Ketchup servieren.

Noch mehr Gemüse in den Burger packen: Legen Sie den Belag auf dicke, gebratene Süßkartoffelscheiben oder Gemüse-Nudelnester (siehe Seite 16)!

Zucchini-Nudel-Brot mit Chocolate Chips

und Kokosguss

- glutenfrei
- paläo
- laktosefrei
- gut aufzubewahren

VORBEREITUNG 20 Minuten
ZUBEREITUNG 50 Minuten
FÜR 6 bis 8 Personen

NÄHRWERTE
Kalorien: 481
Fett: 31 g
Natrium: 238 mg
Kohlenhydrate: 43 g
Ballaststoffe: 7 g
Zucker: 24 g
Eiweiß: 10 g

Mehle aus Gemüse, Nüssen und Früchten sind nicht nur glutenfrei, sondern auch wesentlich nahrhafter als Weizenmehl! Das Spiralisieren der Zucchini in diesem Rezept ist hundertmal leichter als das Reiben, wie es in Standardrezepten für Zucchinibrot verlangt wird. Zudem erhält man eine tolle Konsistenz und eine interessante Optik mit grünen Hinguckern. Die lockere Kokoscreme ist die perfekte Ergänzung zur Kokosnote des Mehls.

Für das Zucchinibrot
1 mittelgroßer Zucchino
50 g Tapiokamehl
50 g Kokosmehl
1 TL Backnatron
1 TL Backpulver
½ TL Salz
2 TL gemahlener Zimt
½ TL gemahlene Muskatnuss
3 große Eier, verquirlt
3 EL Ahornsirup
2 TL Vanilleextrakt
60 ml ungesüßte Mandelmilch (natur)
1 EL Kokosöl, zerlassen und auf Zimmertemperatur abgekühlt
1 reife Banane, mit einer Gabel zerdrückt, sodass keine größeren Stücke mehr sichtbar sind
60 g grob gehackte Walnusskerne
80 g Zartbitter-Schokotropfen (Chocolate Chips)

Für den Guss
250 g Kokoscreme (siehe Seite 20)
1 ½ TL Vanilleextrakt
1 EL Honig

1 Zuerst das Zucchinibrot backen. Dazu den Backofen auf 180 °C vorheizen. Eine Kastenform (25 x 11 cm) oder eine Auflaufform (13 x 23 cm) mit Backpapier auslegen; das Papier darf auf zwei Seiten überstehen.

2 Die Enden des Zucchino abschneiden und das Gemüse dann der Länge nach maximal bis zur Mitte einschneiden, sodass ein Schlitz entsteht. Mit **KLINGE D** in Spiralstreifen schneiden. Kürzen und trocken tupfen.

3 In einer mittelgroßen Schüssel Tapiokamehl, Kokosmehl, Backnatron, Backpulver, Salz, Zimt und Muskatnuss vermengen.

4 In einer großen Schüssel Eier, Ahornsirup, Vanille, Mandelmilch, Kokosöl und Banane vermischen.

Fortsetzung auf Seite 252

5 Die trockenen und die feuchten Zutaten zusammengeben und vermischen. Die Zucchini-Nudeln zufügen und zu einem Teig verrühren. Walnusskerne und Schokotropfen einrühren.

6 Den Teig in die vorbereitete Form gießen und im Ofen 40 bis 50 Minuten backen. Ist das Brot oben gebräunt und bleibt kein Teig haften, wenn man mit einem Zahnstocher in die Mitte sticht, ist das Brot fertig gebacken. Herausnehmen und mithilfe des Backpapiers aus der Form heben, das Papier entfernen und das Brot mindestens 10 Minuten auf ein Kuchengitter stellen.

7 Währenddessen den Guss vorbereiten. Mit einem Handrührgerät Kokoscreme, Vanille und Honig in einer Schüssel 5 Minuten mit einem Schneebesen oder in einer Küchenmaschine mit Schneebeseneinsatz verrühren.

8 Sobald das Brot abgekühlt ist, in dicke Scheiben schneiden und mit einem großzügigen Klecks Kokosguss krönen.

Es ist wichtig, das Brot vor dem Glasieren vollständig abkühlen zu lassen – der Guss soll ja nicht zerlaufen, wenn man ihn daraufgibt!

Garnelen nach griechischer Art

Wer ein einfaches Abendessen sucht, das sich rasch zuzubereiten lässt, sollte es mit Garnelen probieren. Sie werden traditionellerweise mit Knoblauch, Olivenöl, Kräutern und einer Pasta serviert. Dies ist eine ganz neue Version des italienisch-amerikanischen Klassikers: Tomaten und Feta-Käse sorgen für griechischen Flair – und eine pikante Sauce krönt die Zucchini-Nudeln!

glutenfrei
laktosefrei (opt.)
kalorienarm

VORBEREITUNG 15 Minuten
ZUBEREITUNG 10 Minuten
FÜR 4 Personen

NÄHRWERTE
Kalorien: 266
Fett: 10 g
Natrium: 670 mg
Kohlenhydrate: 13 g
Ballaststoffe: 4 g
Zucker: 7 g
Eiweiß: 29 g

FUNKTIONIERT AUCH MIT
Chayote, Kohlrabi

2 EL natives Olivenöl extra
1 EL gehackter Knoblauch
1 Msp. Chiliflocken
500 g TK-Riesengarnelen, aufgetaut, geschält und entdarmt
300 g Tomaten, entkernt und gewürfelt
60 ml trockener Weißwein
½ TL Schale von 1 unbehandelten Zitrone
2 EL frisch gepresster Zitronensaft
3 mittelgroße Zucchini, mit KLINGE D in Spiralstreifen geschnitten, gekürzt
2 EL gehackte frische Petersilie
100 g Feta, zerbröckelt, zum Garnieren
Salz und frisch gemahlener schwarzer Pfeffer

1 Das Olivenöl in einer großen Pfanne erhitzen. Sobald das Öl glänzt, Knoblauch und Chiliflocken zugeben und 30 Sekunden braten, bis es zu duften beginnt. Die Riesengarnelen zugeben, mit Salz und Pfeffer würzen und etwa 2 Minuten auf jeder Seite braten, bis sie rosa, nicht mehr durchsichtig und gar sind. Mit einer Zange oder einem Pfannenwender herausnehmen und beiseitestellen.

2 Sofort Tomate, Wein, Zitronenschale und Zitronensaft in die Pfanne geben und den Bratsatz mit einem Kochlöffel vom Pfannenboden lösen. Etwa 2 Minuten einköcheln lassen. Die Zucchini-Nudeln zufügen und großzügig mit Pfeffer würzen, dann 2 bis 3 Minuten garen, bis sie bissfest sind.

3 Die Garnelen wieder in die Pfanne geben. Die Petersilie einrühren und die »Pasta« auf vier Teller verteilen. Vor dem Servieren Feta darübergeben.

Wer das Gericht aufpeppen möchte, kann statt der Garnelen auch Krebs- oder Hummerfleisch verwenden.

Minestrone
mit Zucchini-Nudeln

Als ich mich vegan ernährte, unterstützte meine Familie – von gelegentlichen Witzeleien abgesehen – meine Ernährungsweise vollauf. Wenn ich am Sonntagabend meine Großeltern besuchte, bereitete meine Großmutter extra für mich *pasta e fagioli* oder eine Minestrone zu. Die italienische Minestrone ist eine Suppe aus gewürfeltem Gemüse, Bohnen und Pasta. Hätte ich das Spiralisieren schon damals gekannt, hätte ich sie auf jeden Fall dazu überredet, es mit dieser Version zu probieren! Obwohl ich mich heute nicht mehr vegan ernähre, greife ich immer auf diese Version mit Zucchini-Nudeln zurück, wenn ich etwas Herzhaftes brauche.

vegan ✓
vegetarisch ✓
glutenfrei
laktosefrei
One Pot
gut aufzubewahren

VORBEREITUNG 15 Minuten
ZUBEREITUNG 30 Minuten
FÜR 4 Personen

NÄHRWERTE
Kalorien: 373
Fett: 8 g
Natrium: 720 mg
Kohlenhydrate: 60 g
Ballaststoffe: 15 g
Zucker: 16 g
Eiweiß: 18 g

2 EL natives Olivenöl extra
2 Knoblauchzehen, geschält und fein gehackt
½ TL Chiliflocken
1 große rote Zwiebel, gewürfelt
2 mittelgroße Karotten, fein gewürfelt
2 Stangen Staudensellerie, geputzt und gewürfelt
2 Lorbeerblätter
800 g stückige Tomaten (aus der Dose)
1,5 Liter salzarme Gemüsebrühe
1 TL getrockneter Oregano
½ TL getrockneter Rosmarin
1 TL getrockneter Thymian
½ TL getrocknetes Basilikum
2 mittelgroße Zucchini
800 g Cannellini-Bohnen (aus der Dose), abgespült und abgetropft
Salz und frisch gemahlener schwarzer Pfeffer

Je länger die Zucchini-Nudeln in der Suppe ziehen, umso mehr Flüssigkeit geben sie ab, wodurch die Suppe wässriger wird – am besten sofort servieren.

1 Das Olivenöl in einem mittelgroßen Topf erhitzen. Sobald das Öl glänzt, Knoblauch und Chiliflocken zugeben und 30 Sekunden braten, bis es zu duften beginnt. Zwiebel, Karotten und Staudensellerie zugeben. Etwa 7 Minuten braten, bis das Gemüse bissfest ist.

2 Lorbeerblätter zugeben, Tomaten, Brühe, Oregano, Rosmarin, Thymian und Basilikum einrühren und mit Salz und Pfeffer würzen. Die Suppe zum Kochen bringen, dann die Hitze auf mittlere Hitze reduzieren, den Deckel auflegen und etwa 20 Minuten köcheln lassen, damit sich die Aromen entfalten.

3 Während die Suppe köchelt, die Zucchini der Länge nach maximal bis zur Mitte einschneiden, sodass ein Schlitz entsteht. Mit **KLINGE D** in Spiralstreifen schneiden.

4 Den Deckel abnehmen. Die Bohnen und die Zucchini-Nudeln zugeben und etwa 3 Minuten köcheln lassen, bis die Zucchini-Nudeln weich sind. Die Lorbeerblätter herausnehmen und die Minestrone sofort servieren.

Glutenfreies Parmesan-Hähnchen

auf Zucchini-Nudeln

glutenfrei

VORBEREITUNG 20 Minuten
ZUBEREITUNG 30 Minuten
FÜR 4 Personen

NÄHRWERTE
Kalorien: 461
Fett: 23 g
Natrium: 805 mg
Kohlenhydrate: 24 g
Ballaststoffe: 8 g
Zucker: 13 g
Eiweiß: 44 g

FUNKTIONIERT AUCH MIT
Butternusskürbis, Steckrübe, Süßkartoffel

Den italienisch-amerikanischen Klassiker *Chicken Parmesan* habe ich schon immer geliebt, aber in Restaurants bestelle ich ihn so gut wie nie, denn dort ist das Fleisch paniert, gebraten, mit Käse bedeckt und wird mit Pasta als Beilage gereicht. In dieser glutenfreien Version kommt eine nahrhafte Mandelmischung als Panade zum Einsatz. Das Fleisch wird im Ofen gebacken und mit Tomaten-Basilikum-Zucchini-Nudeln serviert. Das ultimative Hähnchengericht – ohne die heftige Kalorien- oder Kohlenhydratdosis.

Für die Panade
80 g gemahlene Mandeln (nicht blanchiert)
½ TL Knoblauchpulver
½ TL getrocknete Petersilie
½ TL getrockneter Oregano
1 Msp. Zwiebelpulver
3 EL frisch geriebener Parmesan
Salz und frisch gemahlener schwarzer Pfeffer

1 großes Ei
4 Hähnchenbrustfilets (ca. 1 cm dick), ohne Haut
1 EL natives Olivenöl extra
1 mittelgroße Zwiebel, gewürfelt
2 Knoblauchzehen, geschält und fein gehackt
½ TL Chiliflocken
800 g stückige Tomaten (aus der Dose)
1 TL getrockneter Oregano
1 Handvoll gehackte frische Basilikumblätter
4 Scheiben Mozzarella
4 Zucchini, mit KLINGE D in Spiralstreifen geschnitten, gekürzt
Salz und frisch gemahlener schwarzer Pfeffer

1 Den Backofen auf 200 °C vorheizen. Ein Backblech mit Backpapier auslegen.

2 Alle Zutaten für die Panade auf einem großen Teller vermengen. Das Ei in einer Schüssel verquirlen. Teller und Schüssel nebeneinanderstellen. Jeweils ein Hähnchenfilet nehmen und in das Ei tauchen. Überschüssiges Ei wieder in die Schale abtropfen lassen, dann in die Panade legen. Wenden, damit es von beiden Seiten gleichmäßig bedeckt ist, und leicht andrücken, damit die Panade haften bleibt. Alle Filets auf das vorbereitete Blech legen und 15 bis 20 Minuten backen, bis das Fleisch gar und nicht mehr rosa ist.

3 Währenddessen das Öl in einer großen Pfanne erhitzen. Sobald das Öl glänzt, Zwiebel, Knoblauch und Chiliflocken zugeben und 2 Minuten braten, bis die Zwiebel weich ist. Tomaten und Oregano zufügen und mit Salz und Pfeffer würzen. Die Tomaten mit der Rückseite eines Kochlöffels zerdrücken. Hitze auf niedrige Stufe reduzieren und die Sauce 10 Minuten köcheln lassen, bis sie eindickt. Das Basilikum einrühren. Die Hälfte der Sauce in eine mittelgroße Schüssel füllen und beiseitestellen. Den Rest in der Pfanne bei niedriger Hitze weiterköcheln lassen.

4 Das Blech aus dem Ofen nehmen und die Sauce aus der Schüssel über das Hähnchen gießen. Jedes Stück mit einer Mozzarella-Scheibe belegen. Erneut in den Ofen geben und 5 bis 10 Minuten überbacken, bis der Käse geschmolzen ist.

5 Die Pfanne mit der verbleibenden Sauce auf mittlere Hitze stellen, die Zucchini-Nudeln zugeben und 5 Minuten köcheln lassen, bis sie bissfest sind. Die »Nudeln« auf vier Teller verteilen und mit dem Hähnchen krönen.

Sautierte Jakobsmuscheln

auf Zucchini-Nudeln mit einer Sauce aus gerösteter Paprika

glutenfrei
paläo
laktosefrei
kalorienarm

VORBEREITUNG 15 Minuten
ZUBEREITUNG 40 Minuten
FÜR 2 Personen

NÄHRWERTE
Kalorien: 239
Fett: 13 g
Natrium: 387 mg
Kohlenhydrate: 19 g
Ballaststoffe: 5 g
Zucker: 10 g
Eiweiß: 14 g

FUNKTIONIERT AUCH MIT
Butternusskürbis

Es gibt Fertigdressings und Pasta-Saucen, die so gut sind, dass man sie kaum besser hinbekommt, wenn man in Zeitnot ist. Allerdings kann es bei manchen Saucen schwierig sein, eine gesunde Variante zu finden. Diese selbst gemachte Rote-Paprika-Sauce ist besser als jede gekaufte: Wenigstens ist sie garantiert frei von Milchprodukten, Konservierungsmitteln oder Zuckerzusätzen. Die Sauce ist zwar leicht, hat aber einen intensiven Geschmack – sie könnte glatt als Gourmetgericht durchgehen!

Olivenöl-Kochspray oder natives Olivenöl extra
2 rote Paprikaschoten
1 EL natives Olivenöl extra, plus 2 TL mehr
2 Knoblauchzehen, geschält und fein gehackt
1 Msp. Chiliflocken
1 kleine Zwiebel, gewürfelt
1 TL getrockneter Oregano
80 ml salzarme Hühnerbrühe
2 mittelgroße Zucchini, mit KLINGE C in Spiralstreifen geschnitten, gekürzt
6 frische, große Jakobsmuscheln, trocken getupft
1 EL gehackte frische Petersilie zum Garnieren
Salz und frisch gemahlener schwarzer Pfeffer

Für dieses Rezept eignet sich auch KLINGE B. Wie wäre es mal mit einem kleinen Wechsel in der Konsistenz der Spiralstreifen?

1 Den Backofen auf 200 °C vorheizen. Ein Backblech leicht mit Kochspray einsprühen oder mit Öl einfetten.

2 Deckel und Boden der Paprika abschneiden und die Schoten der Länge nach halbieren. Die Samen entfernen. Schotenhälften mit der Schnittseite nach oben auf das Blech legen. Im Ofen etwa 25 Minuten backen, dann die gerösteten Paprika in einen Mixer geben und zu einer glatten Paste verarbeiten.

3 In einer großen Pfanne 1 Esslöffel Olivenöl erhitzen. Sobald das Öl glänzt, Knoblauch, Chiliflocken und Zwiebel zugeben und 5 Minuten braten, bis die Zwiebel weich ist. Das Püree aus gerösteter Paprika und Oregano einrühren. Die Brühe zugeben und 5 bis 7 Minuten auf niedrigster Stufe köcheln lassen, bis die Mischung eingedickt ist und sich die Aromen entfaltet haben.

4 Eine weitere große Pfanne erhitzen. Etwas Wasser in die Pfanne spritzen. Wenn es zischt, die Zucchini-Nudeln zugeben und 3 bis 5 Minuten braten, bis sie bissfest sind. Abtropfen lassen und in einer großen Schüssel beiseitestellen.

5 Die restlichen 2 Teelöffel Olivenöl in die Pfanne geben, in der die Zucchini-Nudeln zubereitet wurden, und das Öl erhitzen. Die Muscheln großzügig mit Salz und Pfeffer würzen. Sobald das Öl glänzt, die Muscheln zugeben und 2 bis 3 Minuten auf jeder Seite braten, bis sie nicht mehr durchsichtig und gar sind.

6 Die Paprikasauce über die Zucchini-Nudeln in der Schüssel geben und vermengen. Auf zwei Teller verteilen, mit jeweils drei Muscheln krönen und mit Petersilie garnieren.

Zucchini-Ravioli

mit Tomate, Basilikum und Cashew-Käse

vegan
vegetarisch
glutenfrei
paläo
laktosefrei
kalorienarm

Wer noch immer nicht überzeugt davon ist, dass der Spiralschneider das unglaublichste Küchengerät auf Erden ist, sollte diese Ravioli-Variante probieren. Ich verwende hierzu Cashew-Käse, mit dem Veganer schon seit Jahren Ravioli zubereiten. Bei diesem Gericht wollte ich zu diesem veganen Käse etwas Warmes und Samtweiches ergänzen. Daher habe ich die Zucchini in der Pfanne angewärmt – und zum Schluss wird das Gericht noch mit einer aromatischen Tomaten-Basilikum-Sauce abgerundet.

VORBEREITUNG 30 Minuten, plus 2 bis 12 Sunden zum Einweichen der Cashewnüsse

ZUBEREITUNG 15 Minuten

FÜR 4 Personen (3 Ravioli pro Portion)

NÄHRWERTE
Kalorien: 59
Fett: 4 g
Natrium: 100 mg
Kohlenhydrate: 5 g
Ballaststoffe: 1 g
Zucker: 2 g
Eiweiß: 2 g

Für den Cashew-Käse

100 g ungesalzene Cashewnüsse, mind. 2 Stunden (vorzugsweise über Nacht) in Wasser eingeweicht und abgetropft

1 EL Hefeflocken

1 Msp. getrockneter Oregano

1 Msp. getrocknetes Basilikum

1 Msp. getrocknete Petersilie

1 Msp. Knoblauchpulver

1 ½ EL frisch gepresster Zitronensaft

Salz und frisch gemahlener schwarzer Pfeffer

Für die Ravioli

1 mittelgroßer Zucchino

200 g Tomaten-Basilikum-Sauce (aus dem Glas)

1 Handvoll gehackte Basilikumblätter zum Garnieren

Die Größe der Zucchini-Ravioli hängt ganz von der Breite der verarbeiteten Zucchini ab. Für ein optimales Ergebnis wählen Sie am besten einen mittelgroßen Zucchino mit etwa 4 Zentimeter Durchmesser.

1 Cashewnüsse, Hefe, Kräuter, Knoblauchpulver und Zitronensaft in einem Standmixer vermengen. Einige Male die Pulse-Taste betätigen, um die Nüsse zu zerkleinern. Nach und nach 2 Esslöffel Wasser zugeben und verarbeiten, bis der Cashew-Käse schön cremig ist. Mit Salz und Pfeffer würzen.

2 Für die Ravioli den Zucchino der Länge nach maximal bis zur Mitte einschneiden, sodass ein Schlitz entsteht. Mit **KLINGE A** in Spiralstreifen schneiden, dann 24 Zucchinischeiben auswählen und den Rest für ein anderes Rezept aufheben.

3 Die Tomatensauce in einem Topf zum Kochen bringen, dann die Hitze reduzieren, um die Sauce warm zu halten, bis sie serviert werden soll.

4 Eine Pfanne erhitzen. Etwas Wasser in die Pfanne spritzen. Wenn es zischt, eine Schicht Zucchini-Scheiben hineingeben (falls nötig, portionsweise braten) und 2 Minuten garen.

5 Eine Zucchinischeibe auf jeden Teller geben und 1 Esslöffel Cashew-Käse darübergeben. Eine weitere Zucchinischeibe darauflegen und zusammendrücken, um eine Ravioli zu formen. Fortfahren, bis auf jedem Teller drei Ravioli liegen. Über jede Portion etwas Sauce geben und mit Basilikum garnieren.

Zucchini-Pasta mit
Avocado, Bacon, Salat und Tomate

glutenfrei
paläo
laktosefrei

VORBEREITUNG 10 Minuten
ZUBEREITUNG 20 Minuten
FÜR 2 Personen

NÄHRWERTE
Kalorien: 330
Fett: 21 g
Natrium: 432 mg
Kohlenhydrate: 28 g
Ballaststoffe: 12 g
Zucker: 9 g
Eiweiß: 20 g

FUNKTIONIERT AUCH MIT
Brokkoli, Butternusskürbis, Chayote, Pastinake, Süßkartoffel

Wenn Lu und ich ein Restaurant besuchen, das wir schon kennen, versuchen wir immer, etwas Neues zu bestellen – vor allem in den Stammlokalen in unserem Viertel. Ein Restaurant allerdings gibt es, in dem Lu sich schlicht weigert, irgendetwas anderes zu bestellen als sein Sandwich mit Bacon, Salat, Avocado und Tomate. Dazu nimmt er noch ein Spiegelei, Hähnchen und Süßkartoffel-Pommes. Er kann nicht widerstehen! Diese Zucchini-Pasta ist eine gesündere, leichtere Version von Lus Lieblingssandwich. Es ist schnell zusammengestellt und eignet sich gut für einen Brunch oder zum Abendessen.

- 12 aromatische Kirschtomaten, jeweils geviertelt
- 1 EL natives Olivenöl extra
- ½ TL Knoblauchpulver
- 4 Scheiben Bacon
- Olivenöl-Kochspray oder natives Olivenöl extra
- 1 Knoblauchzehe, geschält und fein gehackt
- 1 Msp. Chiliflocken
- *2 mittelgroße Zucchini, mit KLINGE C in Spiralstreifen geschnitten, gekürzt*
- 300–400 g grob gehackte Grünkohlblätter
- ½ reife Avocado, geschält, entkernt und das Fruchtfleisch gewürfelt
- Salz und frisch gemahlener schwarzer Pfeffer

Das Rezept lässt sich leicht in ein vegetarisches Gericht verwandeln, indem man den Bacon durch den Kokos- oder Shiitake-Bacon auf den Seiten 73 und 156 ersetzt.

1 Den Backofen auf 200 °C vorheizen. Ein Backblech mit Backpapier auslegen.

2 In einer Schüssel die Tomaten mit dem Olivenöl vermengen. Knoblauchpulver zugeben und großzügig mit Salz und Pfeffer würzen, dann erneut mischen. Die Tomaten auf dem vorbereiteten Blech verteilen und im Ofen 25 Minuten backen, bis sie in sich zusammenfallen und ihre Haut geschmort ist. Herausnehmen, das Backpapier aufnehmen und die Tomaten und den ausgetretenen Saft vom Papier in eine mittelgroße Schüssel füllen.

3 Währenddessen den Bacon in eine große Pfanne legen und 8 bis 10 Minuten braten, bis er knusprig ist. Gelegentlich wenden. Zum Abtropfen auf einen Teller mit Küchenpapier legen.

4 Den Großteil des Fetts entsorgen und die Pfanne etwas abkühlen lassen. Die Pfanne mit Kochspray besprühen oder mit Öl einfetten und erneut erhitzen. Knoblauch und Chiliflocken zugeben und braten, bis sie aromatisch duften. Die Zucchini-Nudeln, Grünkohl und Avocado zufügen. Unter häufigem Rühren 2 bis 3 Minuten braten, bis die »Nudeln« bissfest sind. Tomaten und Tomatensaft zugeben und den Bacon darüberbröckeln. Kurz mischen und sofort servieren.

Zitronen-Heilbutt

mit Sommerkürbis-Gratin und einem Coulis aus Tomaten

glutenfrei
paläo
laktosefrei

VORBEREITUNG 30 Minuten, plus 2 bis 12 Stunden zum Einweichen der Cashewnüsse

ZUBEREITUNG 15 Minuten

FÜR 4 Personen

NÄHRWERTE
Kalorien: 338
Fett: 18 g
Natrium: 168 mg
Kohlenhydrate: 22 g
Ballaststoffe: 4 g
Zucker: 9 g
Eiweiß: 27 g

FUNKTIONIERT AUCH MIT
Butternusskürbis, Gelbe Bete, Kartoffel, Steckrübe, Süßkartoffel

Ein Gratin ist eigentlich etwas für kalte Winterabende. Hier habe ich mir mal eine sommerlich leichte Schönwetter-Version mit einer Sauce ohne Milchprodukte ausgedacht. Dabei kommt nicht nur die Zucchini zur Geltung, sondern auch der Sommerkürbis, was dieses Gericht zu einem wahren Festessen aus Sommergemüse macht. Der Heilbutt im Tomatenpüree ist die perfekte Ergänzung zu diesem frischen Gratin.

Für die Tomaten-Coulis

1,5 kg reife Eiertomaten, entkernt und grob gehackt
1 Knoblauchzehe, geschält und gepresst
2 große Basilikumblätter
Salz und frisch gemahlener schwarzer Pfeffer

Für die Cashew-Creme

120 g ungesalzene Cashewnüsse, mind. 2 Stunden in Wasser eingeweicht, abgespült und abgetropft
240 ml salzarme Gemüsebrühe
1 EL frisch gepresster Zitronensaft
1 EL Hefeflocken
Salz und frisch gemahlener schwarzer Pfeffer

Für das Gratin

1 grüner Zucchino
1 gelber Sommerkürbis
Olivenöl-Kochspray oder natives Olivenöl extra
2 TL natives Olivenöl extra
2 Knoblauchzehen, geschält und fein gehackt
1 EL gehackte Schalotte
2 EL gehacktes frisches Basilikum
Salz und frisch gemahlener schwarzer Pfeffer

Für den Heilbutt

Olivenöl-Kochspray oder natives Olivenöl extra
4 Heilbuttfilets (à ca. 110 g), ohne Haut
1 große unbehandelte Zitrone, in 4 Scheiben geschnitten
2 TL natives Olivenöl extra, plus mehr bei Bedarf
Salz und frisch gemahlener schwarzer Pfeffer

1 Den Backofen auf 230 °C vorheizen.

2 Alle Zutaten für die Tomaten-Coulis in einen Mixer geben und zu einer glatten Paste verarbeiten. Mit Salz und Pfeffer abschmecken, in eine Schüssel geben und beiseitestellen. Schüssel und Klinge des Mixers reinigen.

3 Nun alle Zutaten für die Cashew-Creme in den Mixer geben und zu einer cremigen Paste verarbeiten. Abschmecken und nach Belieben mit Salz und Pfeffer nachwürzen.

4 Für das Gratin den Zucchino und den Sommerkürbis der Länge nach maximal bis zur Mitte einschneiden, sodass ein Schlitz entsteht. Mit **KLINGE A** in Spiralstreifen schneiden und kürzen, sodass die Stücke flach auf der Arbeitsfläche liegen, nicht in Spiralen.

5 Eine mittelgroße Auflaufform mit Kochspray besprühen oder mit Öl einfetten und mit einer Schicht Zucchini- und Kürbisscheiben auslegen.

6 Das Olivenöl in einer großen Pfanne erhitzen. Sobald das Öl glänzt, Knoblauch und Schalotte zugeben und 30 Sekunden braten, bis sie zu duften beginnen. Die Cashew-Creme und das gehackte Basilikum zufügen und umrühren.

7 Etwa ein Viertel der Cashew-Creme-Mischung in die Auflaufform geben und gleichmäßig über den Zucchini- und Kürbisscheiben verstreichen, dann mit einer weiteren Schicht Zucchini- und Kürbisscheiben belegen. Zweimal wiederholen und mit der Cashew-Creme enden. Oberste Schicht mit Salz und Pfeffer würzen und im Ofen 15 bis 20 Minuten backen, bis das Ganze leicht mit einer Gabel zerteilt werden kann.

8 Währenddessen den Heilbutt zubereiten. Eine zweite mittelgroße Auflaufform mit Kochspray besprühen oder mit Öl einfetten. Die Tomaten-Coulis auf dem Boden der Form verteilen. Die Fischfilets darauflegen und die Zitronenscheiben auf den Filets platzieren. Den Fisch mit Salz und Pfeffer würzen und jedes Filet mit Olivenöl beträufeln. In den Ofen geben und neben dem Gratin 10 bis 12 Minuten backen, bis das Fleisch des Fischs nicht mehr durchsichtig und gar ist.

9 Beide Formen aus dem Ofen nehmen. Die Coulis wieder über den Heilbutt löffeln. Jedes Filet mit einer Portion Gratin servieren.

Um den Geschmack des Gratins zu verfeinern, etwas Tomaten-Coulis über die Gemüsescheiben geben und erst dann mit der Sauce krönen.

Blumenkohl-Pizza

mit Zucchini, Ricotta, Mais und Pesto

vegetarisch
glutenfrei
kalorienarm

VORBEREITUNG 20 Minuten
ZUBEREITUNG 35 Minuten
FÜR 4 Personen

NÄHRWERTE
Kalorien: 270
Fett: 16 g
Natrium: 173 mg
Kohlenhydrate: 20 g
Ballaststoffe: 6 g
Zucker: 7 g
Eiweiß: 16 g

Vor einigen Jahren las ich einen Artikel: »Blumenkohl ist der neue Grünkohl!« Seither habe ich Blumenkohl praktisch überall gesehen – als Ersatz für Hähnchen (siehe Seite 143), als »Reis« oder »Pizzaboden«. Obwohl dieser Blumenkohl-Pizzaboden nicht die Konsistenz wie Weizen hat (er ist weder so dick noch so dehnfähig), erfüllt er absolut seinen Zweck, denn er bildet die Basis für den köstlichen Belag! Schließlich wäre eine Pizza ohne Belag doch einfach nur ein riesiges Stück Teig, oder? Ricotta, Pesto und Mais bieten sommerliche Aromen, platziert auf Zucchini-Nudeln.

1 Blumenkohl, geputzt und in Röschen zerteilt
1 TL getrockneter Oregano
½ TL getrocknetes Basilikum
½ TL Knoblauchpulver
2 große Eier, verquirlt
2 EL frisch geriebener Parmesan
30 g gemahlene Mandeln (blanchiert)
Olivenöl-Kochspray oder natives Olivenöl extra
Körner von 1 Maiskolben
Salz und frisch gemahlener schwarzer Pfeffer

Für den Pesto
4 Handvoll frische Basilikumblätter
1 große Knoblauchzehe, geschält und fein gehackt
2 TL Pinienkerne
1 EL natives Olivenöl extra, plus mehr bei Bedarf
1 EL frisch geriebener Parmesan
Salz und frisch gemahlener schwarzer Pfeffer

100 g Ricotta
1 mittelgroßer Zucchino, mit KLINGE D in Spiralstreifen geschnitten, gekürzt
1 ½ TL Chiliflocken (nach Belieben)
Salz und frisch gemahlener schwarzer Pfeffer

Fortsetzung auf Seite 266

1 Den Backofen auf 220 °C vorheizen. Ein Backblech oder eine Pizzapfanne (ø 25 cm) mit Backpapier auslegen.

2 Die Blumenkohlröschen in einen Mixer geben und zu »Reis« verarbeiten. Auf ein Stück Mulltuch oder ein sehr dünnes Geschirrtuch geben und überschüssige Flüssigkeit auswringen. In eine große Schüssel füllen und Oregano, Basilikum, Knoblauchpulver, Eier, Parmesan und Mandelmehl zufügen. Mit Salz und Pfeffer würzen und mit einer Gabel vermengen, bis die Mischung eine teigartige Konsistenz hat.

3 Den Teig auf dem vorbereiteten Blech oder in der Pfanne ausbreiten und festdrücken, bis er eine gleichmäßige Dicke von etwa 1,5 Zentimeter hat. Im Ofen 10 bis 15 Minuten backen, bis die Kruste fest und an den Rändern leicht goldbraun ist. Aus dem Ofen nehmen und mitsamt Backpapier auf ein Abkühlgitter stellen.

4 Während der Teig bäckt, eine mittelgroße Pfanne erhitzen und mit Kochspray besprühen oder mit Öl einfetten. Etwas Wasser in die Pfanne spritzen. Wenn es zischt, den Mais zugeben und 5 Minuten braten, bis er gabelzart ist.

5 Währenddessen alle Zutaten für den Pesto in den Mixer geben und zu einer cremigen Paste verarbeiten. Abschmecken und nach Belieben nachwürzen.

6 Jetzt die Pizza belegen. Dazu den Pesto gleichmäßig auf dem Blumenkohlteig verteilen, dabei einen 2 Zentimeter breiten Rand lassen. Den Ricotta daraufgeben und gleichmäßig mit der Rückseite eines Löffels verteilen. Mit Salz und Pfeffer würzen. Die Zucchini-Nudeln auf der Pizza ausbreiten und den Mais darüberstreuen.

7 Die Pizza (noch immer auf dem Backpapier) erneut auf das Backblech legen und im Ofen weitere 10 Minuten backen, bis die Zucchini-Nudeln zusammenfallen und der Pizzaboden unten braun wird. Herausnehmen und nach Belieben mit Chiliflocken bestreuen. Etwa 5 Minuten ruhen lassen, damit sich der Teig festigen kann. Mit einem Pizzaschneider oder einem scharfem Messer die Pizza in Stücke schneiden und sofort servieren.

Der Blumenkohlteig sollte mindestens 1,5 Zentimeter dick sein, sonst zerbröckelt er sehr schnell. Wer ganz sichergehen will, kann zusätzlich 2 Esslöffel gemahlene Mandeln zufügen, dann ist der Teig etwas fester. Und: Je nach Größe der Pfanne bedeckt der Teig eventuell nicht die gesamte Oberfläche.

Salat aus Gemüse-Streifen und Graupen

mit Basilikum-Feta-Vinaigrette

vegetarisch
glutenfrei
kalorienarm
gut aufzubewahren

VORBEREITUNG 15 Minuten
ZUBEREITUNG 1 Stunde
FÜR 4 Personen

NÄHRWERTE
Kalorien: 172
Fett: 11 g
Natrium: 263 mg
Kohlenhydrate: 13 g
Ballaststoffe: 3 g
Zucker: 5 g
Eiweiß: 5 g

Bevor die Gemüse-Nudeln erfunden wurden, gab es Gemüse-Streifen. Sie werden einfach mit einem Gemüseschäler hergestellt – oder man nimmt KLINGE A am Spiralschneider (siehe Seite 15) und übt leichten Druck aus. Dieser Salat kombiniert mein Lieblingsgemüse mit Vollkorn und einer köstlichen Basilikum-Feta-Vinaigrette. Der Salat eignet sich perfekt für Sommerfeste. Er kann in größeren Mengen vorbereitet werden und sieht mit seinen bunten Gemüsesträngen besonders appetitlich aus.

125 g Perlgraupen
1 EL natives Olivenöl extra
1 mittelgroßer Zucchino, mit KLINGE A in Spiralstreifen geschnitten, gekürzt
1 große Karotte, geschält, mit KLINGE A in Spiralstreifen geschnitten, gekürzt
12 große grüne Spargelstangen, die unteren Enden abgeschnitten, die Stangen mit einem Gemüseschäler in Streifen geschnitten
Salz und frisch gemahlener schwarzer Pfeffer

Für die Vinaigrette

3 EL in Streifen geschnittenes frisches Basilikum
100 g Feta, zerbröckelt
1 Schalotte, gehackt
1 EL frisch gepresster Zitronensaft
2 EL natives Olivenöl extra
2 EL Rotweinessig

1 Die Perlgraupen und 400 Milliliter Wasser in einem großen Topf mit Deckel zum Kochen bringen. Dann die Hitze reduzieren und bei geschlossenem Deckel etwa 45 Minuten sanft köcheln lassen, bis die Graupen gar sind.

2 Währenddessen alle Zutaten für die Vinaigrette in einen Mixer geben und zu einer cremigen Sauce verarbeiten.

3 Das Olivenöl in einer großen Pfanne erhitzen. Sobald das Öl glänzt, Zucchini-, Karotten- und Spargelstreifen zugeben. Mit Salz und Pfeffer würzen und 3 bis 5 Minuten braten, bis das Gemüse weich ist. In eine große Schüssel füllen.

4 Die Perlgraupen zum Gemüse geben und die Vinaigrette darübergießen. Gut vermischen und sofort servieren.

Die Perlgraupen kann man durch Blumenkohl-Reis ersetzen. Das Gericht erhält dadurch eine milde Note.

Salsicce und Paprika

mit Zucchini-Nudeln

glutenfrei
paläo
laktosefrei
gut aufzubewahren

VORBEREITUNG 15 Minuten
ZUBEREITUNG 30 Minuten
FÜR 4 bis 6 Personen

NÄHRWERTE
Kalorien: 399
Fett: 32 g
Natrium: 488 mg
Kohlenhydrate: 16 g
Ballaststoffe: 3 g
Zucker: 10 g
Eiweiß: 15 g

Salsicce mit Paprika und dazu Weizengrießbrot ist mein Lieblingsgericht unter den italienischen Sommergerichten. Von Juni bis September gab es im Haus meiner Großeltern fast jedes Mal, wenn ich sie besuchte, Salsicce mit Paprika. Um den Gemüse-Anteil zu erhöhen, habe ich mich hier für Zucchini-Nudeln entschieden. Sie sind für den nötigen Biss verantwortlich, der an Pasta erinnert, geben dem Gericht Volumen und sorgen dafür, dass man sich nach dem Essen satt und zufrieden fühlt. Es kommt zwar viel Olivenöl hinein, aber es kommt ja immer auf ein gesundes Gleichgewicht an, oder?

5 EL natives Olivenöl extra
2 Salsicce mit Süßfenchel
2 scharfe Salsicce
2 mittelgroße Zwiebeln, geschält, mit KLINGE A in Spiralstreifen geschnitten, gekürzt
1 rote Paprikaschote, mit KLINGE A in Spiralstreifen geschnitten, gekürzt
1 orangefarbene Paprikaschote, mit KLINGE A in Spiralstreifen geschnitten, gekürzt
1 ½ EL Tomatenmark
1 Msp. Chiliflocken
4 Knoblauchzehen, geschält und fein gehackt
½ TL getrockneter Oregano
240 ml salzarme Hühnerbrühe
2 EL fein gehackte frische Petersilie
2 mittelgroße Zucchini, mit KLINGE D in Spiralstreifen geschnitten, gekürzt
Salz und frisch gemahlener schwarzer Pfeffer

Wer dieses Gericht im Sommer serviert, kann auch gehackte Basilikumblätter statt Petersilie verwenden.

1 In einer großen Pfanne mit Deckel 2 Esslöffel Olivenöl erhitzen. Sobald das Öl glänzt, die Würstchen zugeben und den Deckel auflegen. Die Würstchen 7 Minuten braten, bis sie an der Unterseite gebräunt sind. Den Deckel abnehmen und 5 weitere Minuten braten, dabei die Würstchen wenden, bis sie von außen gebräunt, aber noch nicht gar sind. Die Würstchen mit einer Zange auf ein Schneidebrett heben und in mundgerechte Stücke schneiden. Beiseitestellen.

2 Das restliche Öl, die Zwiebel-Nudeln und die Paprika-Nudeln in die Pfanne geben und 5 Minuten braten, bis das Gemüse allmählich weich wird. Das Tomatenmark zugeben und verrühren. Chiliflocken und Knoblauch zufügen und 30 Sekunden braten, bis es zu duften beginnt. Die Würstchen wieder in die Pfanne geben und Oregano und Brühe zufügen. Mit Salz und Pfeffer abschmecken. Den Deckel auflegen und 10 Minuten köcheln lassen, bis die Würstchen gar sind. Den Deckel abnehmen und die Sauce etwa 5 Minuten auf ein Viertel einköcheln lassen. Die Petersilie einrühren.

3 Auf eine Servierplatte oder in eine Schüssel geben und die Zucchini-Nudeln zufügen. Gut mischen, bis die »Nudeln« in sich zusammenfallen. Sofort servieren.

Rezepte nach Kategorien

Rezepttitel	vegan	vege-tarisch	gluten-frei	paläo	laktose-frei	kalorien-arm	ohne Kochen	gut aufzube-wahren	One Pot
Crab Cakes ohne Krabbe und Guacamole mit grünem Apfel		X	X		X				
Cremesuppe aus Butternusskürbis mit Apfel-Nudeln	X	X	X	X	X				
Apfel-Walnuss-Muffins		X	X	X		X		X	
Apfel-Eiersalat-Wrap mit Curry		X	X			X	X		
Sangria mit Ingwer, Birne und Apfel		X			X		X		
Würzige Lammspieße mit Bete-Nudeln			X						
Rote-Bete-Nudeln mit Falafeln und Tahinidressing		X	X		X	X			
Hähnchen-Tajine mit Reis aus Gelber Bete und Aprikosen			X						
Grünes Curry mit Gelbe-Bete-Nudeln	X	X	X	X					
Gebackener Ziegenkäse mit Feigen, Chicorée und Bete-Nudeln		X	X						
Spiralisierte Shakshuka		X	X	X	X				X
Puten-Picadillo mit »Nudeln« aus grüner Paprika			X	X	X			X	
Schnelle Steak-Paprika-Pfanne					X	X		X	
Paprika-Taco-Pfanne			X		X			X	
Salat aus gerösteter Paprika und Chicorée mit Sardellen-Bohnen-Dressing und weich gekochten Eiern			X		X				
Sommer-Ratatouille	X	X	X	X	X	X		X	X
Wolfsbarsch-Päckchen			X	X	X	X			
Großmutters Thunfisch-Makkaroni-Salat			X		X	X			
Brokkoli-Pasta mit getrockneten Tomaten und Hähnchen			X		X	X		X	
Garnelen Tom Kha mit Brokkoli-Nudeln			X		X				X
Butternusskürbis-Reis mit Bohnen	X	X	X		X	X		X	

Rezepttitel	vegan	vege-tarisch	gluten-frei	paläo	laktose-frei	kalorien-arm	ohne Kochen	gut aufzube-wahren	One Pot
Rosmarin-Kürbis »Alfredo« mit knusprigem Prosciutto			X	X	X			X	
Butternusskürbis-Ravioli mit Salbei und gerösteten Pinienkernent		X	X			X			
Buttnernusskürbis-Nudeln mit Mandel-Ricotta und Kokos-Bacon	X	X	X	X	X				
Salat aus Nashi-Birne, Granatapfel und Pute mit Butternusskürbis und einer Ahornsirup-Sesam-Vinaigrette					X			X	
Winter-Lasagne mit Rosenkohl und Würstchen			X					X	
Teriyaki-Fleischbällchen auf gebratenen Frühlingszwiebeln und Butternusskürbis-Nudeln					X			X	
Avocado-Tacos mit Chipotle-Creme		X	X	X	X	X			
Butternusskürbis-Nudeln mit Limabohnen in Tomaten-Kokos-Sauce	X	X	X		X	X			
Knackiger Salat aus Pak Choi und Chinakohl		X	X	X	X	X	X	X	
Spanischer Kohleintopf mit Kabeljau und Safran			X	X	X	X			
Würzige Detox-Suppe mit Wirsing und Karotten			X	X	X	X		X	X
Rotkohl-Buddha-Bowl mit Kichererbsen-Avocado-Mus und BBQ-Tahini	X	X	X		X		X		
Röst-Karotten-Nudeln mit Räucherlachs, Avocado und cremigem Kräuterdressing			X	X	X				
Knoblauch-Miso-Suppe mit Karotten-Nudeln, Algen und Tofu	X	X	X		X	X			
Moms Matzeknödelsuppe mit Karotten-Nudeln		X			X	X			
Za'atar-Kichererbsen auf Radicchio und Karotten		X	X		X	X			
Würziger Linsen-Blumenkohl-Eintopf auf Karotten-Reis		X	X	X	X	X		X	
Krautwickel mit Sellerie-Reis und Adzuki-Bohnen	X	X	X		X			X	

Rezepttitel	vegan	vegetarisch	glutenfrei	paläo	laktosefrei	kalorienarm	ohne Kochen	gut aufzubewahren	One Pot
Hühnersuppe mit Sellerie-Reis			X	X	X	X		X	
Sellerie-Spaghetti mit vegetarischen Bällchen		X			X			X	
Chicken Wings mit Selleriesalat			X						
Carnitas-Suppe aus dem Slow Cooker mit Chayote-Nudeln			X	X	X			X	
Tex-Mex-Schale mit Chayote und Tomatillo-Sauce	X	X	X		X				
Gebräunter Tilapia auf Salat aus Chayote-Nudeln mit Mango			X	X	X	X			
Putenbruströllchen mit Spinat und Gurken-Nudeln in Hummus			X		X	X	X		
California Roll Sushi Bowl mit Ingwer-Karotten-Dressing					X	X			
Lamm-Feta-Burger mit griechischem Gurken-Nudel-Salat			X						
Carrot Dogs im Chicago-Style mit spiralisierten Dillgurken	X	X			X	X		X	
Pochierter Lachs auf Jícama-Nudel-Salat mit Koriander-Limetten-Joghurtdressing			X			X			
Cobb Salad mit Jícama-Nudeln			X		X				
Kalter vietnamesischer Jícama-Nudel-Salat			X	X	X	X	X	X	
Carne Asada mit Manchego-Chimichurri und Jícama-Nudeln			X						
Kohlrabi-Spaghettini »aglio e olio«		X	X		X	X		X	
General Tso's Blumenkohl mit Kohlrabi-Reis		X			X	X			
Kohlrabi-Tortilla-Suppe mit Garnelen			X		X			X	X
Gebratene grüne Tomaten mit Kohlrabi in Avocado-Mandelmilch-Dressing		X	X	X	X				
Hähnchenbrust in mexikanischer Schokosauce mit Kohlrabi-Reis			X	X	X			X	
Grünkohl-Quinoa-Salat mit eingelegten Zwiebeln und Caesar-Dressing		X	X		X	X	X		

Rezepttitel	vegan	vegetarisch	glutenfrei	paläo	laktosefrei	kalorienarm	ohne Kochen	gut aufzubewahren	One Pot
Salatspalten mit karamellisierten Zwiebeln, »Bacon« aus Pilzen und Joghurt-Balsamico-Dressing		X	X						
Französische Zwiebel-Linsen-Suppe ohne Käse		X	X		X	X			
Rotzunge in Mandelkruste mit Salat aus Tomaten, Zwiebeln und Kapern			X	X	X				
Zwiebel-Frittata mit Rosmarin und Oliven, dazu Rucola mit Parmesan-Vinaigrette			X		X			X	X
Pastinaken-Waffeln und glutenfreies Brathähnchen			X	X	X				
Rindfleischeintopf mit Pastinaken- und Karotten-Nudeln			X		X	X		X	
Avocado-»Toast« mit Kirschtomaten-Marmelade			X	X	X				
Pastinaken-Pasta mit karamellisiertem Lauch und Schinken			X		X	X		X	
Stängelkohl mit Wurst und Pastinaken-Nudeln			X		X	X		X	
Gegrillter Halloumi auf Linsen und Rucola mit Fenchel und Birnen-Nudeln		X	X						
Birnen-Haferbrei mit Chai-Aroma	X	X	X		X	X			
Birnen-Nudel-Bowl mit geröstetem Eichelkürbis und Granatapfel-Dressing	X	X	X		X	X			
Birnen-Nudel-Pancakes mit Zimt und Pekannuss		X	X	X	X	X			
Schnelles Schweinekotelett mit Grünkohl-Streifen und Birnen-Nudeln			X	X	X			X	
Scharfsaure Suppe mit Daikon-Nudeln		X			X	X		X	X
Salat aus Rettich, Orange und Radicchio mit Lachsfrikadellen			X						
Gebratener Daikon-Reis mit Ingwer-Krebsfleisch					X	X			
Wassermelonen- Rettich-Salat mit Zitronen-Ingwer-Vinaigrette und veganem Parmesan	X	X	X	X	X		X		

Rezepttitel	vegan	vegetarisch	glutenfrei	paläo	laktosefrei	kalorienarm	ohne Kochen	gut aufzubewahren	One Pot
Gegrilltes Steak mit Blattsenf und Rettich-Nudeln			X	X	X				
Klare Immunsystem-Suppe mit Daikon-Nudeln	X	X	X	X	X	X			X
Schweinefleisch-Curry mit Mandeln und Steckrüben-Nudeln			X	X	X				
Steckrübengratin mit Lauch	X	X	X	X	X				
Miesmuscheln auf Steckrüben-Pasta			X		X	X			
Chicken Cacciatore auf Steckrüben-Nudeln			X		X			X	
Überbackene Rüben-Ziti mit Pilzen und Grünkohl		X	X					X	
Tandoori-Hähnchen auf Süßkartoffel-Reis			X	X	X			X	
Süßkartoffel-Pizza aus der Pfanne		X	X					X	X
Chorizo-Süßkartoffel-Nudelnester mit Tomaten und Chilikäse			X						
Englisches Frühstück, vegetarisch		X	X		X				
Ei im Paprikabecher nach mexikanischer Art		X	X		X	X			
Sahnige Chipotle-Süßkartoffel-Pasta mit Hähnchen und Gewürzmais			X		X				
Geschmorte Querrippe auf Süßkartoffel-Pasta			X		X			X	X
Cremiger Spinat und Artischocken-Süßkartoffel-Pasta	X	X	X	X	X	X			
Rübe in Wodkasauce	X	X	X		X	X			
Blumenkohl-Steak auf Rüben-Nudeln mit Knoblauch und Tomaten	X	X	X	X	X	X		X	
Weiße Bohnen, Endivie und Speiserüben-Nudeln in Parmesan-Brühe			X			X		X	
Koteletts mit Pilzsauce und Speiserüben-Nudeln			X	X	X	X		X	
Speiserüben-Risotto mit Pancetta und Schnittlauch			X		X	X		X	

Rezepttitel	vegan	vege-tarisch	gluten-frei	paläo	laktose-frei	kalorien-arm	ohne Kochen	gut aufzube-wahren	One Pot
Karotten-Kartoffel-Mumien mit Beluga-Linsen und Feta-Käse		X	X		X			X	
Spargel, Spiegelei und Kartoffel-Nudeln mit Grünkohl		X	X	X	X				
Gemüse-Pasta halb und halb		X	X					X	
»Pan« con tomate mit Serranoschinken			X		X	X			
Ofenkartoffelvariante mit BBQ-Sauce			X			X			
Thailändischer Steak-Salat					X			X	
Hoisin-Lachs mit Zucchinisalat					X				
Zucchini-Pasta für grüne Göttinnen	X	X	X		X		X	X	
Sämige Muschelsuppe mit Zucchini-Nudeln			X		X	X			
Geflügel-Burger nach italienischer Art			X	X	X	X		X	
Zucchini-Nudel-Brot mit Chocolate Chips und Kokosguss			X	X	X			X	
Garnelen nach griechischer Art			X		X	X			
Minestrone mit Zucchini-Nudeln	X	X	X		X			X	X
Glutenfreies Parmesan-Hähnchen auf Zucchini-Nudeln			X						
Sautierte Jakobsmuscheln auf Zucchini-Nudeln mit einer Sauce aus gerösteter Paprika			X	X	X	X			
Zucchini-Pasta mit Avocado, Bacon, Salat und Tomate			X	X	X				
Zitronen-Heilbutt mit Sommerkürbis-Gratin und einem Coulis aus Tomaten			X	X	X				
Blumenkohl-Pizza mit Zucchini, Ricotta, Mais und Pesto		X	X			X			
Salat aus Gemüsestreifen und Graupen mit Basilikum-Feta-Vinaigrette		X	X			X		X	
Salsicce und Paprika mit Zucchini-Nudeln			X	X	X			X	

Danksagung

Eine klassische Situation: Sie schießen ein Foto, um einen grandiosen Sonnenuntergang am Strand einzufangen oder um die leuchtende Skyline von New York festzuhalten. Zu Hause zeigen Sie die Bilder Ihren Lieben. Doch während Sie gemeinsam die Fotos betrachten, wird Ihnen bewusst, dass die Bilder diesen verzauberten Moment mit all Ihren Emotionen nicht angemessen wiedergeben.

So geht es mir jedes Mal, wenn mich jemand auf mein Buch *Inspiralisiert* anspricht. Worte wie »vom Glück verwöhnt« und »dankbar« kommen mir dann über die Lippen, aber sie können meine Gefühle nicht adäquat ausdrücken!

Tag für Tag darf ich durch *Inspiralisiert* Tausenden von Menschen dabei helfen, die gesunde Küche kennenzulernen. Ironischerweise habe ich in den vergangenen drei Jahren mithilfe der *»Inspiralized«*-Community mich selbst neu entdeckt. Das war für mich wohl der gesündeste und glücklichste Effekt, den *Inspiralisiert* hatte.

Die täglichen Ermunterungen der *»Inspiralized«*-Community bedeuten mir sehr viel. Als Erstes möchte ich daher allen meinen treuen Leserinnen und Lesern *grazie* sagen!

Abgesehen von meiner *#inspiralizedsquad* gibt es noch ein paar andere Menschen, die mich auf meinem Weg begleitet und unterstützt haben.

Ein Dankeschön geht an das Clarkson-Potter-Team: Ihr habt dafür gesorgt, dass dieses Kochbuch einen besonderen Platz in der Küche vieler Leser bekommen hat. Doris, danke, dass du es gewagt hast, meinen Traum in die Tat umzusetzen. Kate, Carly und Erica, danke, dass Ihr der Welt gezeigt habt, welche Möglichkeiten dieses Kochbuch bietet. An alle hinter den Kulissen (Stephanie, La Tricia, Amy, Mark, Alex und Heather): Dieses Buch gehört ebenso Euch wie mir. Ich hoffe, Ihr seid genauso stolz darauf!

Natürlich geht mein Dank an meine Lektorin, Amanda Englander, die mich an Bord geholt hat und bei der ich so sein konnte, wie ich bin! Du hast meine ungeordnete Rezeptliste in ein umwerfendes Kochbuch verwandelt. Du hast in kritischen Momenten meine Hand gehalten und hast mich erst hinaus auf die Bühne geschoben, als ich bereit dafür war. Danke für Deine Unterstützung und danke, dass du mir beigebracht hast, »glänzendes Öl« und Kommaregeln korrekt zu verwenden!

Alyssa Reuben (Sedrish!), danke, dass du meine Testleserin warst und dich für meine verrückte Idee eingesetzt hast. Die unglaublichen Möglichkeiten, die sich mir seit der Veröffentlichung meines ersten Kochbuchs bieten, wären ohne dein Vertrauen nicht zustande gekommen. Wer weiß, was für tolle Dinge nach diesem Kochbuch auf mich zukommen?

Danke an die Foto-Crew, die meine gedruckten Worte zum Leben erweckt hat. Obwohl ich jeden Tag mit dem Spiralschneider arbeite, sehen meine Spiralstreifen nicht immer so gut aus wie im Buch! Evan Sung, danke, dass du die ganze Show mit der Ruhe eines Zen-Meisters durchgezogen hast. Du bist ein echter Star, ein Profi und inzwischen auch ein Freund fürs Leben. Deine Fähigkeit, meine hausgekochte Gesundheitskost wie das Gericht eines Sternekochs aussehen zu lassen, ist geradezu unheimlich. Diese Fotos bedeuten mir fast so viel wie unsere Lachanfälle am Set! Zweifellos wären sie ohne die Unterstützung des Teams nicht so glanzvoll geworden: Prop Stylistin Carla Gonzalez-Hart, du zerknüllst Servietten und platzierst Löffel mit künstlerischer Präzision. Suzanne Lenzer, ihres Zeichens Food Stylistin extraordinaire: Ich bin froh, dass ich mit so einer talentierten Frau arbeiten durfte, aber noch wichtiger war mir, dass auch du daran glaubst, dass ein wenig Olivenöl, Salz und Pfeffer völlig ausreichend sind.

Laura Arnold, danke, dass du alle Rezepte in diesem Kochbuch nachgekocht und ausprobiert hast. Hoffentlich wurdest du auch »inspiralisiert« und freust dich über das Endprodukt.

Meaghan, Meaghan, Meaghan ... Meaghan Prenda, ich liebe dich wie ein Mitglied meiner Familie! Neben anderen Dingen in meinem Leben (wie meiner Hochzeit, dem »Inspiralizer« und der Work-Life-Balance) wäre dieses Kochbuch ohne dich niemals Realität geworden. Ich bin so froh, dass ich dich Tag für Tag in meinem Team habe, damit wir gemeinsam lachen und die Augen verdrehen, uns Ideen zuwerfen und lächelnd diese gewissen E-Mails beantworten können. Ich bin wirklich schon gespannt, was aus der kleinen Marke, die wir zusammen aufbauen, noch wird. Und ich werde Dir immer für Deine Freundlichkeit und Deine Mühen dankbar sein.

Felicia, du bist für mich wie eine kleine Schwester, und ich möchte, dass du immer stolz auf mich bist. Ich bin so froh, dass du in die Wohnung neben uns gezogen bist, sodass wir mehr Zeit miteinander verbringen können. Danke, dass du all Deine Freunde »inspiralisiert« hast – wir wissen ja, dass du beliebter als ich bist. Ich liebe dich so sehr, Feesh. Und auch ein Extra-Hurra für Ben, der eigentlich auf die Gehaltsliste gehört, weil er für mein Werk *Inspiralisiert* überall wirbt! Ihr beide seid ein tolles Team, und wer weiß, was das Leben noch so mit Euch vorhat. Zwinker, zwinker.

Dad, seit meinem ersten Buch bist du mein Geschäftspartner und außerdem der Schwiegervater meiner großen Liebe. Es bedeutet mir sehr viel, dass du bei dieser Reise an meiner Seite bist. Mir wird immer bewusster, wie ähnlich wir uns sind – und ich bin stolz darauf, so wie du zu sein! Ich bin so glücklich, dass ich in Deine Fußstapfen getreten und nun auch Unternehmerin bin. So ist das Leben viel schöner! Und wenn dieses Buch herauskommt, feiern wir Deinen sechzigsten Geburtstag. Happy Birthday, Dad!

Mom. Du bist meine allerbeste Freundin, und *Inspiralisiert* gäbe es ohne dich nicht. Du hast das Spiralisieren buchstäblich entdeckt und es mir gezeigt. Aber ganz davon abgesehen, warst du immer an meiner Seite, um mich zu unterstützen und mir Mut zu machen. Ich weiß, dass du an mich glaubst, und das beeinflusst jeden Aspekt meines

Lebens. Danke Mom, dass du Lu letztes Jahr herzlich in unsere Familie aufgenommen hast. Ich kann nur davon träumen, eines Tages einmal so eine tolle Mutter wie du zu sein!

Grams und Pops: Eure Liebe und Euer Glaube sind wunderbar ansteckend! Grams, danke, dass du das vergangene, furchtbar schlimme Jahr für Pops da warst. Ich weiß, dass du für jeden in der Familie betest. Diese Gebete sorgen dafür, dass wir uns nahe sind. Du bist die liebste Frau der Welt, und ich denke jeden Tag an die Dinge, die du mir beigebracht hast. Pops: Obwohl es mir schreckliche Angst eingejagt hat, hat mir Dein Kampf gegen den Krebs bewiesen, dass du der stärkste Mann der Welt bist. Du hast so viel durchgemacht und genießt dennoch das Leben in jeder Minute. Dabei hast du Dir Optimismus und Familiensinn bewahrt. Ich liebe dich so sehr und trage dich immer in meinem Herzen.

Ich könnte das ganze Kochbuch mit Dankeschöns an Lu füllen. Lu, stattdessen werde ich einige der Eheversprechen, die ich zu unserer Hochzeit abgelegt habe, verewigen, indem ich sie hier abdrucke – denn schließlich stehen in diesem Kochbuch schon viele Anekdoten und Erlebnisse aus unserem gemeinsamen Leben.

Vielleicht wissen es einige von euch nicht: Beinahe jeden Tag, wenn Lu nach Hause kommt, sitze ich noch an meinem Schreibtisch und arbeite an meinen Kochbüchern (...). In unserer Wohnung gibt es einen kleinen Flur, sodass ich Lu nicht sehen kann, wenn er die Haustür öffnet, bis er um die Ecke kommt und ins Wohnzimmer schaut. Lu, in den Sekunden, in denen ich den Schlüssel in der Tür höre, du die Tür öffnest und die Wohnung betrittst, schlägt mein Herz höher. Ich habe Schmetterlinge im Bauch, auch wenn ich dich erst acht Stunden zuvor gesehen habe. Ich finde es so wundervoll, dich wieder zu sehen, dich zu küssen und in den Armen zu halten. Dieses Gefühl möchte ich jeden Tag meines Lebens spüren, für immer!

Lu, du bist es, der mich erst zu einem ganzen Menschen macht – ich danke Dir von Herzen.

Register